文化馆总分馆制研究

刘海丽 著

WENHUAGUAN ZONGFENGUANZHI YANJIU

WUHAN UNIVERSITY PRESS
武汉大学出版社

图书在版编目(CIP)数据

文化馆总分馆制研究/刘海丽著.—武汉：武汉大学出版社,2019.12
ISBN 978-7-307-21369-2

Ⅰ.文… Ⅱ.刘… Ⅲ.文化馆—建设—研究—中国 Ⅳ.G249.2

中国版本图书馆 CIP 数据核字(2019)第 290777 号

责任编辑:林　莉　喻　叶　　责任校对:李孟潇　　版式设计:马　佳

出版发行：**武汉大学出版社**　(430072　武昌　珞珈山)
(电子邮箱：cbs22@ whu.edu.cn　网址：www.wdp. com.cn)
印刷:广东虎彩云印刷有限公司
开本:720×1000　1/16　印张:13.25　字数:238 千字　插页:2
版次:2019 年 12 月第 1 版　2019 年 12 月第 1 次印刷
ISBN 978-7-307-21369-2　定价:45.00 元

作者简介

刘海丽

女，博士毕业于北京大学，研究方向为公共文化服务。已在专业学术期刊上发表论文多篇，参编著作1部，参与课题研究多项。2019年始就职于郑州大学信息管理学院，担任图书馆学教研室教师，讲授信息资源描述、信息检索导论、信息管理概论等课程。

前　言

文化馆总分馆制是构建公共文化服务体系的一项重要举措。但总体来看，文化馆总分馆制建设还处于初步阶段。在公共文化服务体系背景下，《中华人民共和国公共文化服务保障法》《中华人民共和国公共图书馆法》以及党中央、国务院、国家文化行政部门一系列政策性文件，为文化馆总分馆制建设提供了方向引领和政策保障。

国内外文化馆、公共图书馆总分馆制的具体做法不尽相同。依据总馆与分馆的一体化程度可以区分为三种基本管理模式：一体化，总馆管理整个体系的行政和业务活动；紧密型，总馆管理分馆的部分行政和业务活动，分馆具有一定独立性；松散型，总馆只管理分馆的部分业务活动，不管理分馆的行政活动，分馆独立性强。

文化馆总分馆制建设面临五大关键问题：

一是政府责任。政府在文化馆总分馆制建设中承担推动建设和保障运行的责任。推动建设可以运用的工具，包括制定法律、提供经费和监管。为实现保障运行，政府相关部门应把文化馆总分馆制纳入资产、人员和财政管理制度。我国文化馆总分馆制政府责任分配和执行存在的主要问题是，县级以上政府责任不明确；对乡镇政府责任与权益重视不够。

二是治理机构。治理机构是政府为了实现跨行政区域行政管理而组建的机构。治理机构的性质、总馆和分馆影响力不同，治理机构成员构成也有所不同。国外的经验是，治理机构的权力受到多种因素制约，单馆与总分馆治理机构有联系也有区别。我国文化馆总分馆制治理机构建设的难点，一是政府授权问题，二是总分馆体系的稳定性问题。

三是管理模式。文化馆总分馆制的基本要素包括总馆与分馆共同认可的领导、总馆、分馆和组织结构。有总馆与分馆共同认可的领导，具备组织的基本标准。文化馆总分馆制的管理模式，分为一体化、紧密型和松散型，它们各有不同的适用条件。我国文化馆总分馆制管理模式存在的主要问题是：总馆对分馆的管理权力不足，缺乏总馆与分馆共同认可的领导者，专门经费难以保证。

四是资源配置。文化馆总分馆体系内可配置的资源类型是经费、固定资产和人员。配置的原则是：为整个总分馆体系分配资源；总馆人力资源富集；资源与分馆功能相匹配；分馆资源分配以人口为基础；紧密型总分馆给予分馆自主性；根据资源特点确定管理权分配；以分馆为服务重点。我国文化馆总分馆制在经费、固定资产、人员配置上，均不同程度存在问题。

五是地域单元。地域单元选择受地方政府行政资源、地理交通因素、人口因素、文化馆服务特点和互联网技术的影响。地域单元选择的原则是规模适度、以行政区域为基础、以人口规模为主导、城乡兼容。我国文化馆总分馆制以县域为基本地域单元是合理的，存在的主要问题是省、市文化馆的职能定位重复。

我国县域文化馆总分馆制建设基本思路是，县级政府发挥主导作用；县镇村组建总分馆治理机构；做强县级馆；规范资源配置；以人员为纽带连接总馆与分馆；充分发挥互联网的支持作用；县级以上政府在法律、财政和行政上提供保障；调整省、市文化馆职能。不同管理模式的具体实现方式、政府和文化馆站应采取的措施不完全相同，实践中的模式选择应立足本地实际、因地制宜。

作　者

2019 年 10 月

目　　录

第1章　绪　　论

1.1　研究缘起与研究意义

1.1.1　研究缘起

1. 文化馆总分馆制是构建公共文化服务体系的一项重要举措

2005年10月，党的十六届五中全会提出建设公共文化服务体系，拉开了我国公共文化服务体系快速发展的序幕。2007年10月，党的十七大报告将基本建成覆盖全社会的公共文化服务体系纳入我国2020年实现全面建成小康社会奋斗目标的新要求。2011年的十七届六中全会、2012年的十八大报告均提出了建设公共文化服务体系的目标。2013年11月，党的十八届三中全会发布《中共中央关于全面深化改革若干重大问题的决议》，提出构建现代公共文化服务体系的新任务。2015年1月，中共中央办公厅、国务院办公厅印发《关于加快构建现代公共文化服务体系的意见》，明确要求以县级文化馆、图书馆为中心推进总分馆制建设，促进城乡基本公共文化服务均等化。2016年12月，原文化部等五部委为落实中办国办《意见》的要求，出台了《关于推进县级文化馆图书馆总分馆制建设的指导意见》，对我国全面推进文化馆总分馆制作出了具体部署。2016年12月，《中华人民共和国公共文化服务保障法》审议通过，法律要求县级以上人民政府完善公共文化服务体系、建设公共文化设施网络，为实施总分馆制奠定了法律基础。2017年11月，《中华人民共和国公共图书馆法》审议通过，该法明确规定，县级人民政府因地制宜地建设"以县级公共图书馆为总馆，乡镇（街道）综合文化站、村（社区）图书室等为分馆或者基层服务点的总分馆制"，构建县域公共图书馆总分馆制成为县级人民政府的法定任务。2017年10月，党的十九大宣告中国特色社会主义进入新时代，我国社会主要矛盾已经转化为人民日益增长的美好生活需要和不平衡不充分的发展之间的矛盾。人民群众对美好生活的新需要，要求进一步完善公共文化服务体系，丰富群众性文化活动。2018 年 9 月，中共中央、国务院发布《乡村振兴战略规划（2018—2022 年）》，推动县级图书馆、文化馆总分馆制、发挥县级公共文化机构辐射作用，被纳入了健全乡村公共文化服务体系、实现乡村两级公共文化服务全覆盖的总体布局。

梳理以上政策演进和实践进展不难发现，2005 年以来，我国的公共文化服务政策一直紧密围绕体系建设和体系完善快速推进。总分馆制建设从本质上说，就是公共文化机构与服务体系相适应的组织体系构建，因此，文化馆总分馆制既是构建公共文化服务体系的一项重要举措，也是公共文化服务体系建设的一个重要内容。

2. 文化馆总分馆制推进亟需经验总结和理论支撑

我国的文化馆总分馆制建设目前尚处于初步阶段。从全国范围来看，运行较好的文化馆总分馆制主要集中在东部地区和西部个别城市，总体进展较为缓慢。造成这种状况的一个重要原因是国内外文化馆总分馆制建设的成功经验较为缺乏，可资借鉴的成果不多。因此，文化馆总分馆制建设亟需对已有做法进行梳理总结，从基层实践中提炼基本规律、基本要素和基本实现方式，用以指导实践。

文化馆总分馆制建设的另一重要制约，是理论研究不足，理论支撑薄弱。目前已有的研究成果，主要是对文化馆总分馆制做法进行介绍，基本停留在就事论事的层面，对为什么这样做，这样做的合理性、可行性、预期效果缺乏深入分析，本质上是理论解释、理论支撑不足。因此全面推进文化馆总分馆制建设，亟需加强理论研究，作出理论阐释，构建理论支撑，从而更好地指导实践。

3. 笔者的专业积累与研究兴趣

笔者攻读博士学位以来，对文化馆及其相关研究领域持续关注，积累了开展本研究的基本知识和资料。第一，多次参与导师李国新教授组织的文化馆等公共文化机构实地调研，积累了大量第一手材料；第二，有过在中国文化馆协会实习的经历，具有了解和掌握全国文化馆事业发展基本状况的优势；第三，多次参加中国文化馆年会和相关学术会议，对新的研究动态和研究进展大体了解；第四，参与过一些相关的研究课题，有过这一研究方向上的实际锻炼，2014—2016年间，笔者先后参加了导师李国新教授主持的《苏州市公共文化中心实体数字空间研究与实践》《第四次全国文化馆评估定级数据分析》等课题研究，获取了有关全国文化馆发展的大量数据和案例；第五，笔者从本科开始，系统接受图书馆学专业训练。文化馆和图书馆、文化馆总分馆制和图书馆总分馆制，有不同之点，更有相通之处。以笔者的教育背景研究文化馆总分馆制，虽有需要补充的专业知识和需要变化的专业思维，但也能在不同领域相互借鉴、相互启发，既有利于笔者研究视野和研究范围的拓展，也有利于图书馆学基本原理的广泛应用。

1.1.2 研究意义

1. 理论意义

首先，提升文化馆研究的理论层次。文化馆是构建文化馆总分馆制的基础，因此对文化馆总分馆制研究以文化馆为起点。本书从理论层面进行了多重分析，主要表现为：应用基本公共服务均等化理论、规模效应理论分析文化馆服务是否具备构建总分馆制的现实基础；运用组织理论解释与分析文化馆总分馆制运行的理论基础；采用萨瓦斯公共服务提供与生产相分离、法约尔一般管理原则和马克斯·韦伯组织理论阐释文化馆总分馆制构建中的关键问题。这类阐释和分析，提升了文化馆研究的理论层次。

其次，完善公共文化服务体系的理论构成。本书以实践需求及问题解决为导向，对文化馆总分馆制进行研究，研究过程中充分吸收了公共管理、公共行政、公共服务方面的理论研究成果，拓展和深化了这些理论的应用范围。文化馆总分馆制是公共文化服务体系建设中的重要问题，总分馆制研究中相关理论的引入和应用，从根本上说，也是在完善公共文化服务体系的理论构成。

最后，拓展图书馆学研究成果的影响。公共图书馆及其总分馆制理论研究已经取得了很多成果，本书在研究过程中，充分借鉴、吸收公共图书馆总分馆制研究成果，实际是将图书馆学研究成果的影响扩大到了文化馆研究领域。本书的研究证明，图书馆总分馆制的理论和实践，对文化馆总分馆制建设多有启发，这也从一个侧面说明，图书馆学研究成果可以有更大范围的应用，在构建各公共文化服务体系中可以发挥更大作用。

2. 实践意义

首先，为文化馆总分馆制建设提供实践指导。从全国范围看，文化馆总分馆制还处于初步探索阶段，缺乏系统总结与归纳。本书系统收集、整理了国内外文化馆、公共图书馆总分馆制建设的实践做法，并对它们进行了系统总结，深入分析文化馆总分馆制建设中面临的普遍性问题，提出了文化馆总分馆制建设整体思路，可以为各地文化馆总分馆制建设提供实践指导。

其次，为其他公共文化机构总分馆制建设提供借鉴。不同公共文化机构的总分馆制有不同的特点，但也面临着一些共同的问题，如政府责任、管理模式、地域单元等。本书对文化馆总分馆制建设中一些普遍性问题、共同性要素的研究，结论的适用性不仅限于文化馆，对公共图书馆、美术馆、博物馆、科技馆、工人文化宫等公共文化机构也具有一定参考价值。因此，本书对于其他公共文化机构总分馆制建设具有较为广泛的参考价值。

1.2　概念界定与辨析

厘清概念是研究的起点。本书根据研究需要确定了四个核心概念，即文化馆、文化馆总分馆制、文化馆联盟和文化馆服务体系，它们在内容上具有高度相关性，所以本节要对其内涵与关系进行明确界定。

1.2.1　文化馆

1. 文化馆、文化站、文化室

（1）文化馆的概念界定

什么是文化馆？学术界、实践领域以及相关政策文件中有不同的说法。表 1.1 汇总了一些较有影响的说法。

表 1.1　**代表性的文化馆概念界定**

年份	来源	内　容
1953	原文化部《关于整顿和加强文化馆、站工作的指示》〔1953〕337	文化馆（站）是政府为开展群众文化工作、活跃群众文化生活而设立的事业机构。

续表

年份	来源	内　　容
1992	原文化部《群众艺术馆、文化馆管理办法》	两馆是国家设立的全民所有制文化事业机构。……省、自治区、直辖市，计划单列市，地（州、盟）、地级市设立群众艺术馆。县、旗、县级市、市辖区设立文化馆。群众艺术馆与文化馆是业务指导关系。群众艺术馆是组织、指导群众文化艺术活动，培训业余文艺骨干及研究群众文化艺术的文化事业单位，也是群众进行文化艺术活动的场所。文化馆是开展社会宣传教育、普及科学文化知识、组织辅导群众文化艺术（娱乐）活动的综合性文化事业单位和活动场所。
1992	郑永富著《文化馆管理学》，杭州大学出版社，1992 年 12 月，第 1 页	文化馆是国家设立的全民所有制文化事业机构，是开展社会宣传教育，普及科学文化知识，组织辅导群众文化艺术（娱乐）活动的综合性文化事业单位和活动场所。
2014	孙政著《群众艺术馆文化治理的历史嬗变》，华中师范大学，硕士学位论文，2014 年	文化馆（站）是政府进行公共文化普及和人民群众生活文化娱乐场所。民众教育馆、群众艺术馆、文化馆这三个概念都指同一个机构，只是沿着不同的历史时期不同政府对其命名不同而已，并且在不同的时期承担的功能也有所差别。
2015	胡惠林，胡训珉，宋仲琤主编《长江三角洲发展报告 2013：文化产业的发展》，上海人民出版社，2015 年 4 月，第 60 页	文化馆一般是县市一级的文化活动中心，为城市居民开展各种群众性文化娱乐活动的场所，与之类似的文化站则是为群众提供的最基层的文化活动场所，多位于各级乡镇及城市居民社区之中，二者均属于各级地方政府的财政分配体系，为我国公共文化服务体系的重要组成部分，是培育积极向上的和谐民间文化的重要空间。
2015	戴珩编著《现代公共文化服务体系 200 问》，南京师范大学出版社，第 38 页	文化馆是由国家、地方政府建立、支持和资助的公益性文化机构，它向社会所有成员平等开放，以开展社会公众教育、普及文化艺术知识、传承优秀传统文化、辅导基层文化骨干、组织群众文化活动为主要工作内容，为全体公民提供各类公共文化资源和公共文化服务，使他们可以获得知识、信息、娱乐和创造力。

续表

年份	来源	内　　容
2016	《中华人民共和国公共文化服务保障法》第十四条	本法所称公共文化设施是指用于提供公共文化服务的建筑物、场地和设备，主要包括图书馆、博物馆、文化馆（站）、美术馆、科技馆、纪念馆、体育场馆、工人文化宫、青少年宫、妇女儿童活动中心、老年人活动中心、乡镇（街道）和村（社区）基层综合性文化服务中心、农家（职工）书屋、公共阅报栏（屏）、广播电视播出传输覆盖设施、公共数字文化服务点等。

基于以上概念界定现状与分析，本书对文化馆概念的界定采用“功能+性质”的描述方法。

首先，对文化馆性质进行分析。从上表列举的界定可以看出，对文化馆机构性质的认识主要存在三种说法：①将文化馆看成是“事业单位”或“事业机构”。一般认为，事业单位/机构是一个极具中国体制特色的词汇，国外没有与之明确对应的概念，一般被翻译为 Institution Unit。本书研究需要借鉴国内外实践经验，因此在文化馆的性质界定上希望尽量使用与国际接轨的概念，而西方国家没有“事业单位”概念①，因此本书不使用“事业单位/机构”来定性文化馆。②将文化馆看成是“公共文化设施”或“活动场所”。《中华人民共和国公共文化服务保障法》《公共文化体育设施条例》将文化馆界定为公共文化设施中的一种。设施包括建筑物、场地和设备三要素，有学者认为，文化馆是“活动场所”的定义，自然也就包括在了“设施”的三要素中。在文化馆总分馆制研究中，不但要涉及建筑物、场地、设备三要素，更涵盖了人才队伍建设、经费、活动、政府责任等关键要素，所以使用“公共文化设施”来定义文化馆，对本书而言略显外延涵盖性的薄弱。③将文化馆看成是“公益性文化机构”。公益通常被认为含有公共、平等、包容、不以营利为目的之意，公益性文化机构可以由政府举办，也可以由基金会、NGO 等公益组织举办。就文化馆而言，其提供的服务当然是公益性的，但举办主体目前在我国仅限于各级政府，尚未出现由公益组织举办的文化馆，因此，以公益性文化机构

① 黄恒学. 分类推进我国事业单位管理体制改革研究［M］. 北京：中国经济出版社，2012：12.

界定文化馆的性质属性，至少在目前尚显宽泛。

“公共文化机构”这一词汇能更好地描述文化馆的性质。从该词的含义来看，它包含了设施、人员及其运行等要素，能够很好地概括“文化馆”在本书中的内涵和外延。该词汇也频繁出现在政府文件中，从2006年的《国家“十一五”时期文化发展规划纲要》，到2012年《文化部“十二五”时期文化改革规划》，再到2017年的《关于深入推进公共文化机构法人治理结构改革的实施方案》等诸多的政府政策性文件中，均使用了此概念。再者，从国际通行角度看，英语国家大多使用了“public cultural institution”“public institutions in the cultural sector”等词汇来概括表达公共图书馆、博物馆、文化中心等机构，翻译为中文即是“公共文化机构”。

综合考虑以上观点，笔者认为结合文化馆总分馆制建设的核心关键要素内涵、国际通行程度以及国内通用表述的不同侧重点，“公共文化机构”能够界定文化馆的机构属性。同时考虑到文化馆服务的公益属性，在“公共文化机构”一词前加限定词修饰词“公益性”能够更加准确地定性文化馆。

其次，分析文化馆的功能。在我国，公共文化机构的类型多样，主要有图书馆、博物馆、文化馆（站）、美术馆、科技馆、纪念馆、体育场馆、工人文化宫、青少年宫、妇女儿童活动中心、老年人活动中心、乡镇（街道）和村（社区）基层综合性文化服务中心等。文化馆的社会功能是它区别于其他公共文化机构的重要特征，因此界定它的功能可以使人们更加清楚、明确地认识文化馆。笔者认为，文化馆的核心功能是全民艺术普及和优秀传统文化传承，而文化馆日常开展的所有服务，如组织群众文化活动、指导群众文化创作、培育群众文化团队、进行群众文化辅导、保护传承民族民间文化、实施群众文化调研等是其实现基本社会功能的具体方式。

综上所述，笔者认为，本书中的文化馆是指由政府设立、面向社会公众开放的，以全民艺术普及、优秀传统文化传承为核心功能的公益性公共文化机构。在此定义中，首先是明确了文化馆的建设主体是政府；其次是指出其提供的服务是公益性的，不是市场化的、商业性的；再次是明确了文化馆的基本社会功能；最后，明确了文化馆的性质定位。

（2）文化馆与文化站、文化室的关系

从机构性质与基本社会功能角度看，文化馆、文化站与文化室没有本质的区别，它们都是公益性的公共文化机构。所不同的，一是设置主体有所区别，二是承担的任务有所不同。

按照我国现行体制，县以上政府设立独立建制的文化馆。文化站通常由乡镇（街道）政府设立并负责管理，它的基本职能是社会服务、指导基层和协助管理农村文化市场，它承担的任务比文化馆丰富，图书馆、博物馆、文化馆、美术馆等机构职能均由乡镇文化站承担。我国的村文化室设置主体较为多元，主要的设置主体是村（社区）自治组织，它的基本职能更加多元化，承载了多个行政管理部门在村（社区）的职能。

文化馆与文化站、文化室间无行政隶属关系，只有业务指导关系。《群众艺术馆、文化馆管理规定》明确指出，省、地市级文化馆与县级文化馆之间属于业务指导关系；《乡镇综合文化站管理办法》指出，县文化馆、图书馆等相关文化单位负责对文化站开展对口业务指导和辅导。

（3）文化馆与文化站、文化室的名称表达

文化馆、文化站和文化室的名称均有多种。

①文化馆。从历史角度看，文化馆的名称一直在变化当中。文化馆的前身可以追溯到清末设立的宣讲所、图书馆及简易识字学塾、白话报、阅报社、讲演会、宣讲所等。1915 年，各地政府纷纷设立了通俗教育馆。1928 年之后，各地通俗教育馆又改称为民众教育馆。1949 年 10 月前后，民众教育馆又易名为人民文化馆、文化馆。1992 年，文化部发布《群众艺术馆、文化馆管理办法》，《办法》规定“省、自治区、直辖市，计划单列市，地（州、盟）、地级市设立群众艺术馆。县、旗、县级市、市辖区设立文化馆。”“第四次全国文化馆评估定级系统”数据显示，我国文化馆的名称达几十种，并没有完全遵循《群众艺术馆、文化馆管理办法》统一名称的规定。

②文化站。笔者统计，目前我国乡镇（街道）级文化站的名称有乡镇文化站、乡镇综合文化站、文化中心、文化服务中心、综合文化服务中心、基层综合性文化服务中心等多种表达，但基本离不开“文化站”和“文化服务中心”这两个核心词汇。2015 年国务院办公厅出台《关于推进基层综合性文化服务中心建设的指导意见》中将乡镇（街道）级文化站称为“综合文化站”。

③文化室。笔者通过大量的走访和文献调研，发现文化室的常见名称有文化礼堂、社区文化中心、文化中心、文化活动室、综合性文化服务中心等。《关于推进基层综合性文化服务中心建设的指导意见》将村（社区）级的文化室统称为“基层综合性文化服务中心”。

《关于推进基层综合性文化服务中心建设的指导意见》提出，到 2020 年，全国范围的乡镇（街道）和村（社区）普遍建成集宣传文化、党员教育、科学普及、普法教育、体育健身等功能于一体的基层综合性公共文化设施和场所。在建设方式上，它主要依托已有设施进行完善和补缺，因此，乡镇文化站和村文化室是它建设的基础。在功能上，基层综合性文化服务中心更加具有综合性，它是提供公共服务的综合平台，超越了文化站和文化室的已有功能定位。

2018 年 7 月，中共中央办公厅印发《关于建设新时代文明实践中心试点工作的指导意见》。新时代文明实践中心是融思想引领、道德教化、文化传承等多种功能于一体的城乡基层综合平台。新时代文明实践中心以乡镇和村为中心进行建设，各地在建设过程中，一般是以已有公共文化设施为基础推进，它在功能上与文化站、文化室存在重合之处。目前，我国的新时代文明实践中心还尚未成为一种新型机构，它更多是依托已有机构开展一些党的思想教育活动，侧重于体育教育、科普教育和民生活动等。

④文化馆名称统一有利于文化馆明确功能定位，有利于提高文化馆的社会认知程度。我国一些地方已经开始了文化馆名称统一的工作，如江苏省除苏州市吴江区公共文化艺术中心、常州市新北区文化艺术活动中心外，其他文化馆的名称都已经统一。

我国台湾地区将文化馆称为生活美学馆、社会教育馆等，其称谓、数量规模、管理方式均与大陆地区存在区别。本书中对文化馆总分馆制的研究不包括我国台湾地区，结论也不适用于台湾地区。

2. 文化馆与公共图书馆

20 世纪 50 年代初期，我国文化馆兼具公共图书馆的职能。从 20 世纪 50 年代中期开始，中央和地方政府出台的关于农村文化建设的文件开始鼓励建设独立建制的县图书馆，如 1956 年原文化部和共青团中央联合出台的《关于配合农村合作化运动高潮开展农村文化工作的指示》要求各地积极建立县图书馆。1956 年山东省文化局在其《关于农村文化工作的规划》中鼓励建立县图书馆，随后越来越多的地区开始设置独立建制的县级图书馆①。目前，全国绝大多数县级以上公共图书馆均为独立建制机构，在极少数人口稀疏、经济不发达地区，文化馆与公共图书馆仍为一个机构。虽然公共图书馆已成为独立建制

① 韩永进．中国图书馆事业发展报告，农村图书馆卷［M］．北京：国家图书馆出版社，2016：13.

机构，但文化馆仍保留了文献阅览职能。从建设主体角度看，我国实际上基本形成了“一级政府一座文化馆、图书馆”的格局（我国目前未设国家级文化馆），两者数量相当，2016年我国共有文化馆3322座，公共图书馆3153座①。在乡镇和街道、村和社区，一般是设置综合性的文化服务机构，称为文化站或文化室。

文化馆与公共图书馆的区别很明显。首先，从服务资源看，文献信息资源是公共图书馆的主要服务依托，而文化馆的主要服务资源则是业务干部及其所生产的艺术普及、文化传承类服务活动。其次，从服务功能看，公共图书馆具有满足公民信息需求、推动全民阅读的功能，而文化馆的核心功能是全民艺术普及、优秀传统文化传承。最后，从机构名称的国际通行程度看，公共图书馆的称谓是世界各国普遍采用的，而和我国文化馆功能类似的机构，在国际上的名称五花八门，到目前还没有国际通行的机构称谓。

3. 文化馆与工人文化宫

1949年之后，我国学习苏联经验开始建设工人文化宫。1954年，原文化部在《关于加强厂矿、工地、企业中文化艺术工作的指示》中指出：“个别大城市设立的区工会俱乐部，其性质与文化馆（站）相类似，应由当地政府文化主管部门商同工会组织或工作上加以适当调整，以避免重复。”由此可见，到1954年，原文化部已经认识到文化馆与工人文化宫在性质上相同，因此提出对它们要加以区别。一些地方的工人文化宫与文化馆在历史发展过程中也屡有分合。如1958年，北京市昌平县（现昌平区）工人俱乐部合并到文化馆，建立文化宫；1960年，天津市塘沽区（现并入滨海新区）文化馆与文化宫合并，1963年二者分开，1970年再合并，1973年又分开；河北省无极县文化馆在20世纪50年代中期指导全县俱乐部工作，1969年又与县工会、俱乐部、书店、广播站、电影管理站合并为毛泽东思想宣传站②。尽管在建设之初文化馆与工人文化宫业务范围有过交叉，在发展过程中也有过机构分合现象，但文化馆与工人文化宫还是有区别的。

---

① 中华人民共和国文化部．中国文化文物统计年鉴（2017）［M］．北京：国家图书馆出版社，2014：117；40.

② 孙进舟．中国文化馆志［G］．北京：专利文献出版社，1999：21-22；34-37；47-49；90-91.

首先，从设置形式看，两者都按地方政府行政级别设置，均无国家级机构，但工人文化宫还设有产业行业级文化宫①。其次，文化馆管理主体是文化行政主管部门，工人文化宫的管理主体是工会组织。再次，从经费来源看，绝大多数的文化馆由各级财政部门拨款，目前工人文化宫的经费主要由工会拨款。最后，从服务对象看，文化馆的服务对象是全体公民，公民不论性别、职业、年龄、身份、地位都是文化馆的服务对象，而工人文化宫（俱乐部）原本是以某一范围内的人员为服务对象，比如某企业、厂矿的工作者。新中国成立后的前30年，产业工人是工人文化宫的服务对象。今天，伴随着市场经济的建立，伴随着"工人"概念的变化，工人文化宫的服务对象已经发生了巨大变化，和文化馆的区别正在消失，工人文化宫也被《中华人民共和国公共文化服务保障法》列入了公共文化设施之列。倒是有些工人文化宫的从业人员提出，目前工人文化宫的服务主体应是"白领"和"中产阶层"②。

4. 文化馆的国外类似机构

"文化馆是中国特有的文化机构"是一种较为普遍的看法。如孙政认为"文化馆（站）是中国独有的，世界上没有哪个国家设有文化馆（站）。"③ 笔者以"culture center""cultural center""community center""community cultural center""culture palace"等相关词汇为检索词，对Web of Knowledge、互联网进行了广泛检索，通过对检索结果仔细甄别发现，虽然国际上其他国家没有与"文化馆"同名的文化机构，但是还存在着功能类似的机构。比如，在日本、新加坡、以色列、俄罗斯、法国、德国、克罗地亚、亚美尼亚、爱沙尼亚、芬兰、格鲁吉亚、拉脱维亚、立陶宛、马其顿、摩尔多瓦、荷兰、波兰、圣马力诺、塞尔维亚、斯洛文尼亚、西班牙、土耳其、美国、澳大利亚等20多个国家均有与我国文化馆功能类似机构，遍布亚洲、欧洲、非洲、北美洲、大洋洲（详见表1.2）。

---

① 胡霁荣．社会主义中国文化政策的转型：上海工人文化宫与当代中国文化政治［M］．上海：上海人民出版社，2016：43.

② 胡霁荣．社会主义中国文化政策的转型：上海工人文化宫与当代中国文化政治［M］．上海：上海人民出版社，2016：203.

③ 孙政．群众艺术馆文化治理的历史嬗变［D］．武汉：华中师范大学，2014.

表1.2　　　　国外文化馆类似机构列表

国家	名　称	数量(年)	简　介
日本	公民馆 Kominkan，Community Learning Center，Citizens' Public Hall	18720 (2015)	依据1945年《社会教育法》设立，社会教育机构，由市町村设置。
新加坡	民众联络所/俱乐部 Community Center/Club	108 (2018)	前身是社区康乐机构，通过了《人民协会法案》，人民协会负责管理。
以色列	社区中心 Community Center	160及816分支 (2017)	建于20世纪60年代。
法国	文化屋、社区文化俱乐部 Cultural Houses、Community Cultural Clubs		1963年开始设立，包括社区和社会文化中心、青年俱乐部和联合会、乡村中心、度假和休闲中心。
克罗地亚	文化屋、社区文化俱乐部 Cultural Houses、Community Cultural Clubs	217 (2012)	统称为文化中心，大部分由地方政府设立和运营，一部分由NGO运营，主要设置在地方层面。
亚美尼亚	文化屋、社区文化俱乐部 Cultural Houses、Community Cultural Clubs		建于苏联时期，统称为文化中心，职能并不完全相同，在乡村发挥着图书馆作用。
爱沙尼亚	文化屋、社区文化俱乐部 Cultural Houses、Community Cultural Clubs		产生于苏联时期。
芬兰	文化中心、社区文化俱乐部 Cultural Centres、Community Cultural Clubs	2093 (2014)	主要位于农村地区。
格鲁吉亚	文化屋、社区文化俱乐部 Cultural Houses、Community Cultural Clubs		建于苏联时期，只有少部分留存。
德国	社会文化中心 Socio Cultural Centres	500多 (2013)	1/4活动针对20岁以下青少年，10%针对60以上高龄者。收费制，政府投入占36%。

续表

国家	名　称	数量（年）	简　介
拉脱维亚	文化屋、社区文化俱乐部 Cultural Houses、Community Cultural Clubs	559 (2013)	苏联时期建立，独立后数量急剧下降。
立陶宛	文化屋、社区文化俱乐部 Cultural Houses、Community Cultural Clubs	761 (2013)	分布在城市和农村，儿童和青年参与者占 41%，政府较为重视。
马其顿	文化屋 Cultural Houses	50（20 世纪 90 年代）	地方政府资助。
摩尔多瓦	文化屋 Cultural Houses	1232 (2013)	遍及城乡，大部分设有图书馆，均设有音乐厅和排练厅。
荷兰	文化屋 Cultural Houses		主要设置在小城市及农村地区，大城市的对应机构是艺术组织。
波兰	文化屋 Cultural Houses	4027 (2009)	1989 年之前是执行国家文化政策的主要机构，如今，经费来源主要是地方政府，一半以上在农村地区。
圣马力诺	社会中心 Social Centre		遍及全国，资金主要来源于文化旅游部。
塞尔维亚	文化中心 Cultural Houses	100 多 (2015)	二战之后设立，大部分靠出租房屋维持，约 80 个受政府资助。
斯洛文尼亚	文化中心、青年文化中心 Cultural Centres、Youth Cultura L Centres	1000 多	由社区负责运营和维护，绝大部分位于小城镇，少数青年文化中心位于大城市。
西班牙	市民中心 Civic Centres		由地方财政支持。1990 年到馆率为 12.4%，2011 年为 19.2%。
土耳其	文化中心 Cultural Centres	91 (2012)	文化旅游部、大城市市政府、省和地方政府分别设立、运营和管理。
俄罗斯	文化宫、俱乐部 Cultural Palace、Cultural Clubs	49542 (2007)	源于苏联时期。2007 年，98% 文化宫和俱乐部由文化部运营，数量不断减少，条件较差。

续表

国家	名　　称	数量（年）	简　　介
南非	社区艺术中心 Community Arts Centres		产生于 20 世纪 70 年代，当时是艺术教育机构，也是抵抗民族隔离政策的阵地。1996—2000 年，新政府新设立了 42 个，经费来源于国家拨款。
埃及	文化宫、文化站 Cultural Palace	566 （2014）	1959 年开始设立，由政府建立、运营。文化宫建于省会，文化站建于各省的市、城镇和农村。
美国	社区中心 Community Centers		起源于学校辅导员对学校设施的社会化利用。
澳大利亚	社区和邻里中心 Community and Neighborhood Centre		建于 20 世纪 60 年代，没有统一名称，包括社区空间、生活学习中心、邻里中心和学习中心，经费来源和管理方式多元。

注：日本资料来源于 http：//www. mext. go. jp/a_menu/01_l/08052911/001. htm。新加坡资料来源于 https：//www. pa. gov. sg/。以色列资料来源于 http：//www. matnasim. org. il/english。美国的资料来源于 http：//locality. org. uk/blog/history-community-centre/。俄罗斯资源来源于日尔诺夫．苏维埃社会主义文化的发展［M］．上海：中华书局出版社，1953：169 及 http：//www. culturalpolicies. net/down/russia_022013. pdf。南非资料来源于 Gerard Hagg. The state and community arts centres in a society in transformation［J］．Culture Studies：2010，13（2）：163-184 及 http：//www. anthropology. northwestern. edu/documents/people/Winegar7CultureIsTheSolution. pdf。澳大利亚资料来源于 https：//www. community-centressa. asn. au/documents/item/792。其他国家的资料来源于 http：//www. cultural-policies. net。

（1）我国文化馆与国外类似机构相同之处

由表 1.2 可以看出，虽然国外没有名称为“文化馆”的机构，但与文化馆功能类似或部分具备我国文化馆功能的机构还是存在的，被称为“公民馆”“俱乐部”“民众联络所”“文化屋”“文化中心”“市民中心”“文化宫”“社区中心”等，本书统称其为“文化馆类似机构”。

国外文化馆类似机构与我国文化馆社会功能有类似之处。首先，它们的社会功能定位趋于一致。从历史发展角度来看，我国文化馆与国外文化馆类似机构诞生之初大多发挥了启迪民智、促进社会融合的功能。国外大部分文化馆类似机构都产生于国家动荡之际，创建初衷或是为了进行政治斗争（如新加坡、苏联、南非等），或是为了促进社会和谐（如以色列、美国、法国等），或是为了更好地满足公民参与文化艺术活动（如埃及、澳大利亚等）。进入和平年代之后，这类机构承担的政治性任务不再重要，而将职能转化为活跃民众文化生活。文化馆类似机构社会功能随着时代与社会需求的变化而变化，但总体来说，以开展文化艺术活动方式促进社会融合、进行全民艺术普及、传承地方文化的功能日渐重要。

其次，文化馆和文化馆类似机构开展活动的方式也有相同之处。它们开展的活动是综合性的，培训、讲座、展览、演出、比赛等是开展活动常用方式。

再次，文化馆和文化馆类似机构的设施设置都比较广泛。日本各地普遍设有公民馆，2015 年，市町村设置公民馆的比率为 83.2%①；新加坡民众联络所业已建成网络，平均 5 万人一所②；我国县及县以上人民级政府均建一座文化馆（除无国家级文化馆外），在乡镇街道普遍设立了文化站，村和社区设置文化室。

最后，文化馆与部分国外类似机构经费来源亦有相同之处。以上 20 多个国家的政府大部分对文化馆类似机构给予经费方面资助。

（2）我国文化馆与国外类似机构的不同之处

我国文化馆与国外文化馆类似机构的不同之处主要体现在设置方式、管理体制、具体功能定位等方面。在设置方式上，我国已经形成了一级政府一座文化馆的格局，而大多数国家的文化馆类似机构是设置在基层的，或由最基层政府设立，这与我国文化馆按行政级别设置有较大区别。如新加坡民众联络所是由政府设立的，它们都是直接为公民服务的，没有级别之分；日本公民馆由最低级别政府市町村设立，中央和都道府县政府不设立公民馆。在管理体制方面，我国文化馆是由政府设立的，其经费主要来源于政府。而有些国家的文化馆类似机构则是以非政府组织形式存在的，政府投入的经费较少，如爱沙尼亚的社区文化中心大多采用基金会或非营利组织的形式；澳大利亚社区和邻里中心的经费和管理方式多元，据 2015 年统计，在南澳大利亚，43%的社区和邻

① 文部科学省．市（区）町村立公民館の設置状況［EB/OL］．（2017-03-27）［2017-12-05］．http：//www.mext.go.jp/b_menu/toukei/chousa02/shakai/index.htm.

② 刘海丽．新加坡民众联络所服务体系建设模式研究［J］．图书馆杂志，2018，37（03）：108-113.

里中心接受州和地方政府资助，37%是独立法人管理模式，34.9%由地方委员会管理，14.2%由非营利机构管理①。在具体功能定位方面，各国也有一些不同之处。如日本将公民馆归为社会教育设施；新加坡民众联络所的功能是协助提高公民生活素质，加强促进社会凝聚力、种族和谐及国民意识②；埃及则将文化宫作为民众思想启蒙、促进文化现代化、与极端宗教活动抗争的重要力量③；南非社区艺术中心的社会职能被定位为融合社会矛盾、培育社区艺术素质。

1.2.2　文化馆总分馆制

组织理论认为，组织是由若干个人或群体所组成的、有共同目标和一定边界的社会实体。它包含三层意思：①组织必须是以人为中心，把人、财、物合理配合为一体，并保持相对稳定而形成的一个社会实体。②组织必须具有为本组织全体成员所认可并为之奋斗的共同目标。③组织必须保持一个组织的边界，以区别于其他组织和外部环境。这三层含义也是组织存在的必要条件④。在此概念中，除了具有共同目标、一定数量的人员组成外，统一指挥、成员分工合作也是组织的重要特点。

正式组织是一种人与人之间有意识、经过协商和有目的的协作。组织区别于其他社会集体的两个结构特征是：①组织是拥有相对具体目标的集体。②组织是一种相对而言高度正式化的集体。参与者之间的协作是“有意识的”和“经过协商的”；关系结构被“直言表述”。结构的正式化程度需要达到能够精确定义和明确表述约束行为的规则，使得角色之间关系的规定不因具体占据这些位置的人的不同而不同⑤。

从外在表现形式上看，文化馆总分馆制是多个文化馆合作而形成的组织；从内在运行规律看，文化馆总分馆制符合“组织”特征，是正式组织。

---

① Community Centres SA. Community Centres SA：Strategic Plan 2016-2021 [R/OL]. [2017-01-21]. https：//www.communitycentressa.asn.au/documents/item/792.

② 丁晓强．新加坡人民行动党对社会基层组织的建设与管理 [D]．上海：中共上海市委党校，2010：12.

③ Jessica Winegar. Culture is the Solution：The Civilizing Mission of Egypt's Culture Palaces [J/OL]. Review of Middle East Studies，2009，43（2）：189-197.

④ 萧浩辉．决策科学辞典 [M]．北京：人民出版社，1995：216.

⑤ [美] W. 理查德·斯科特，杰拉尔德·F. 戴维斯等．组织理论：理性、自然与开放系统的视角 [M]．北京：中国人民大学出版社，2011：31-32.

①文化馆总分馆制的构成主体是各级文化馆站，它们本身即为正式组织，通过总分馆制被联结成一个整体，这个整体又成为一个新的组织。当文化馆站成为一个新的组织后，联结它们之间关系的载体就是内部管理规则和文化馆站的业务干部，这些业务干部通过自身所拥有的文艺特长，在总分馆制的组织构架下，充分发挥作用。

②从我国文化馆总分馆制建设的实践来看，很多地区实施总分馆制存在的最大问题就是“流于形式”“为总分馆而总分馆”，因为缺乏严谨的组织架构，运行后期逐渐就会失去其应起到的作用，甚至不了了之。而组织理论中对组织认定的最大特点就是要具有一定的稳定性，所以从组织理论角度界定总分馆制，在当前中国特定环境下，有着积极的意义。

③文化馆总分馆制中的文化馆站，无论总馆还是分馆或基层服务点，都明确地认识到总分馆制建设的核心目标就是要做到整合这些文化馆站中的人、财、物资源，共建共享，共同发挥出整体优势，达到“1+1>2”的效果。在整体性优势发挥作用的情况下，文化资源与服务重心下移，为基层群众提供充分、均衡的服务。这个目标是总分馆制作为组织存在的理念基础。

④文化馆总分馆制建设通过多年的摸索实践，在县域范围内建设已经成为文化主管部门以及业界的共识。2016 年 12 月五部委联合发布《关于推进县级文化馆图书馆总分馆制建设的指导意见》，强化了文化馆总分馆制建设的边界，也符合组织理论中对组织的界定。

⑤统一指挥应成为文化馆总分馆制成功运行的重要保障。我国文化馆事业管理体制导致不同层级政府主办的文化馆站间缺乏刚性联结，上下级文化馆站间只能通过松散的业务指导关系进行沟通与合作，这就导致以此为基础建立的总分馆制缺乏统一指挥，缺少一个处于组织核心地位的“领袖”存在，这在很大程度上导致总分馆制难以实现最初设计的功能目标。从组织角度理解总分馆制，势必要求在体系内建立统一指挥、统一领导，各文化馆站才能在业务层面上统筹协调。因此需要在文化馆总分馆制内部建立统一指挥的规则，这可以通过设立共同目标、专门服务于总分馆制的干部来实现。而在政府对文化馆站管理层面，则需要建立政府之间协商的治理机构，从而实现对文化馆总分馆制的统一指挥。

⑥文化馆总分馆制中的总馆处于整个体系的中心位置，但并不代表一切工作都要由总馆来负责完成，而应在系统中充分发挥各文化馆站的能力，合作分工、优势互补，共同促进本地区总分馆制的运转。在此过程中，文化馆站除了

做好基础性业务工作外，还要努力做好特色资源与服务建设，树立品牌意识，从而能够将总分馆体系中文化馆站的特色整合起来，进一步提升文化馆服务对群众的吸引力。

基于上述分析，笔者认为文化馆总分馆制完全符合组织理论中关于“组织”的定义，故而将文化馆总分馆制定义为：在特定地域单元内，以一个文化馆为总馆，其他文化馆站为分馆或服务点，以提升区域文化馆站整体服务效能为目标而形成的组织。在这个体系中，总馆与分馆各司其责，总馆管理分馆的全部或部分业务、行政活动。文化馆总分馆制的业务活动包括文化活动的策划、开展、技术应用与管理等。行政活动是一种带有内部公共性质的管理行为，是涉及总馆、分馆、服务点共同利益的公共事务，具有配置资源、协调、服务保障的功能，例如人财物的管理、后勤保障等。

在现有文献中，还经常看到文化馆总分馆、文化馆总分馆体系、文化馆总分馆服务体系等表述。笔者认为，这些表述与文化馆总分馆制内涵外延相同，是等值概念，故在本书中不做区分。

1.2.3 文化馆联盟

文化馆联盟是指两个或两个以上的文化馆按照自愿原则签订合同或协定，为实现资源共享而形成的合作组织。这种合作组织可能有具体的组织实体，也可能没有组织实体而以虚拟组织形式存在①。

文化馆联盟的特点主要表现在四个方面：①联盟成员均为自治实体，各自拥有独立的经费支出、行动决策、人事安排等方面的权限；②联盟成员馆之间地位平等、关系松散，其间关系维系依靠契约，相互间不存在隶属关系，联盟成员自愿加入合作组织，而不是因外界因素迫使加入；③联盟成员馆可以同时参加多个联盟，联盟成员可以长期合作，也可以根据项目临时构建；④联盟成员间为了降低运行成本、扩大工作效果而进行资源共享。

深圳市文化馆联盟就是一个典型的例子。深圳市文化馆联盟由深圳市文化馆、福田区公共文化体育发展中心、罗湖区文化馆、盐田区文化馆、南山区文化馆、宝安区群众艺术馆、深圳市龙岗区文化馆、光明新区文化馆和大鹏新区文体发展中心组成。该联盟的各成员均为具有法人资格的实体，它们对本馆事

① 屈宝强．图书馆联盟资源共享绩效评估研究［M］．北京：科学技术文献出版社，2015：4-5.

务具有完整的人财物管理权力，深圳市文化馆虽然是盟主，但它与各成员馆之间并无上下级、管理关系，各馆是自愿加入联盟的，联盟的主要职能是共同开展一些文化活动。

文化馆总分馆制与文化馆联盟之间存在区别。①文化馆总分馆制是一个组织，它的总馆、分馆有共同的领导或管理人员；而文化馆联盟可以是一个组织，也可以不是一个组织，更多情况下缺乏具有权威性的盟主。②文化馆总分馆制中的总馆、分馆之间是不完全平等的关系，总馆拥有管理整个总分馆制的权威（在松散型总分馆制中，总馆对分馆只拥有最低限度的管理权力），而文化馆联盟的成员之间是平等关系。文化馆总分馆制的总馆会对总分馆制覆盖区域的服务进行整体规划与设计，而文化馆联盟的成员共同协商某项服务的合作推进，盟主的权威性不足。③文化馆总分馆制中的总馆、分馆只参加一个总分馆体系，而文化馆联盟的成员可以参加多个联盟。因此相对而言，文化馆总分馆制是较为稳定的组织，其成立是在政府主导下的制度安排。文化馆联盟可以随着合作的终止而随时解散。

文化馆总分馆制与文化馆联盟也存在一些共同点。通过资源共享降低文化馆运行成本是两者建立的共同目标之一，但文化馆总分馆制的资源共享范围更为广泛一些，可以包括经费、设施、人员的统筹使用，而文化馆联盟的资源共享范围受到成员馆协议的限制，一般仅限于服务资源的共享。

有时，文化馆总分馆制与文化馆联盟之间的界限并非泾渭分明。松散型文化馆总分馆制与文化馆联盟颇为相似，松散型总分馆制中的分馆也是独立机构，总馆只对分馆保持最低限度的管理；有的文化馆联盟成员馆之间联系紧密，并且建有实体组织，盟主能运用自身掌握的资源进行一些统筹服务、管理，这样的文化馆联盟也可以称为松散型文化馆总分馆制。在现实实践中，文化馆总分馆制与文化馆联盟间相互交融，比如，嘉兴市各区县均建立了本地区的文化馆总分馆制，同时，区县文化馆与嘉兴市文化馆之间则建立起了联盟关系，总分馆制与联盟共同构建了嘉兴市文化馆服务体系。

1.2.4 文化馆服务体系

在公共图书馆领域，有学者专门提出了公共图书馆服务体系的概念。如邱冠华等认为，公共图书馆服务体系是一个国家或地区的公共图书馆独立或通过合作方式提供的图书馆服务的总和。从基础设施架构看，公共图书馆服务体系包括所有实体图书馆、流动图书馆以及它们建立的馆外服务点、图书馆联盟、总分馆系统、区域性服务网络等服务平台①。因此，公共图书馆服务体系是一个总体性概念，它的外延既可以指整个国家范围内的图书馆总和，也可以指一个国家所属的某个区域范围总和②。这里的“公共图书馆服务体系”强调的是各种形式图书馆服务形态加总的概念，可以通过合作形式实现，如总分馆制、图书馆联盟、图书馆合作等，也可以不通过合作形式而由各公共图书馆独立行使职能、共同构成国家或地区的图书馆服务体系。

参照公共图书馆服务体系可以将文化馆服务体系界定为：一个国家或地区的文化馆独立或通过合作方式提供的文化馆服务总和。从概念的外延来说，文化馆服务体系应该包含文化馆总分馆制、文化馆联盟。所以说，文化馆总分馆制、文化馆联盟是构建文化馆服务体系的方式，文化馆服务体系的外延大于文化馆总分馆制和文化馆联盟。

1.3 文化馆总分馆制相关研究现状

1.3.1 国外文化馆类似机构研究

从已获得的研究成果分布看，国内外研究人员均对国外文化馆类似机构给予了关注。

1. 国外关于文化馆类似机构的研究

对国外研究成果的汇总，主要检索 EBSCO，ProQuest 等数据库以及 Googlescholar，检索词采用“cultural center/centre”“community cultural center/centre”“cultural house”“cultural palace”“cultural club”，所得到的文献数量不多，研究角度主要集中在它们的社会功能方面。

Jessica Winegar 分析了埃及文化宫的发展历史、管理体制及功能。1958 年埃及在城镇建设了 15 个文化宫，并在文化宫难以服务到的地区设立了 15 个文化大篷车（cultural caravans）。1989 年埃及建立的文化宫管理局（General

① 邱冠华，于良芝，徐晓霞．覆盖全社会的公共图书馆服务体系：模式、技术支撑与方案［M］．北京：北京图书馆出版社，2008：3.

② 蒋永福．现代公共图书馆制度研究［M］．北京：知识产权出版社，2010：278.

Organization of Culture Palaces）实施了建设文化屋（culture houses）的计划①。Magdi Wahba 在 Cultural policy in Egypt 中介绍了埃及文化部的发展演变过程、文化部的组织架构②。

Jackie Sanders & Robyn Munford 以家庭为案例，分析了英国利物浦市安特里社区中心（Aintree community centre）的发展历程，探讨了社区中心对于社区和家庭关系的重要作用③。Gorge Monger 于 1992 年梳理了农村地区社区中心的由来、发展和演变④。

Heike Koelln-Prisner 介绍了德国社区成人教育中心的情况。其认为德国社区成人教育中心重视与社区居民需求相结合，提供的课程内容包括居家、艺术、语言、职业教育等多个方面，收费低廉，对所有人开放⑤。Jakobiszyn Monika 认为德国文化中心的功能是提升文化，最新的研究表明文化中心疏忽了对老年人的服务⑥。

新保敦子研究了日本公民馆的发展历史，研究重点放在日本实施的“指定管理者”制度。她认为，指定管理者制度提高了服务水平，但也带来了雇员更迭频繁、政府责任衰退、监督机能衰退、个人信息保密、非营利组织力不从心等问题，还导致了日本小区共同体的瓦解，带来了社会问题⑦。Yoko Sone 等利用问卷调查法对普及信息设备使用的公民馆进行了调研，主要调查

---

① Jessica Winegar. Culture is the Solution: The Civilizing Mission of Egypt's Culture Palaces [J]. Review of Middle East Studies. 2009, 43 (2): 189-197.

② Magdi Wahba. Cultural Policy in Egypt [M]. [United Nations] Educational, Scientific and Cultural Organization, 1972: 32.

③ Jackie Sanders, Robyn Munford. COMMUNITY CENTRE PRACTICE — POTENTIAL AND POSSIBILITIES FOR CREATING CHANGE [J]. Journal of Social Work Practice, 2006, 20 (1): 39-50.

④ George Monger. Rural Community Centres: Indicators of Social and Cultural Change [EB/OL]. Folk Life, 1992, 31 (1). [2016-12-23]. https://www.tandfonline.com/doi/abs/10.1179/flk.1992.31.1.63? journalCode=yfol20.

⑤ Heike Koelln-Prisner. Community adult education centers in Germany [J]. Adult Learning. 1997, (1): 25-31.

⑥ Jakobiszyn Monika. DOM KULTURY JAKO INSTYTUCJA UPOWSZECHNIANIA KULTURY WSRÓD OSÓB DOROSLYCH [J]. Zarzadzanie w Kulturze, 2011, 11 (2): 87-101.

⑦ 新保敦子. 全球化下日本公民馆的发展及其社会影响 [J]. 现代远程教育研究, 2011 (02): 52-58.

公民馆普及活动的方式①。Masaya 和 Nojima 研究了 20 世纪八九十年代公民馆在老年人继续教育中发挥的作用和承担的任务②。Takamichi Uesugi 调查研究了 20 世纪 80 年代日本成年人的继续教育状况，认为公民馆在融合代际鸿沟中具有重要作用③。Hajime Hontama 认为公民馆促进了终身学习的发展，其原因是终身学习理念的普及与公民馆的扩张同期进行④。

南非社区艺术中心产生于 20 世纪 70 年代，在对抗种族隔离方面产生了重要作用。新政府成立后，社区艺术中心经历了政治、经济、意识形态上的多种考验⑤。

Aiste Urboniene 和 Virginia Jureniene 采用问卷调查和访谈的方式对立陶宛的文化中心在成人教育方面的活动、作用进行了研究，他们还简要介绍了立陶宛文化中心的数量和结构，指出了文化中心面临的一些问题⑥。Troy D. Glover 回顾了社区中心在加拿大的历史，他着重分析了社区中心对于公民身份建设的作用⑦。

2001 年欧洲委员会（Council of Europe）发起了《欧洲文化政策和趋势纲要》项目（Compendium of Cultural Policies and Trends in Europe），目的是收集 50 个《欧洲文化公约》签约国的国家文化政策。这是一个长期持续的项目，更新及时，目前已经收集到了 34 个国家的国家文化政策，最新提交文件为 2016 年 1 月。每个国家文化政策的文本框架是标准的，共分为 9 章，其中一

---

① Yoko Sone, Heihachi Asano, Takashi Uchida. Disseminating information technology at the kominkan: a strategy for facilities management [EB/OL]. Facilities. 2002, 20 (7/8): 271-278 [2017-09-21]. https: //www. emeraldinsight. com/doi/full/10. 1108/02632770210435189.

② Nojima, Masaya. Japan's approach to continuing education for senior citizens [J]. Educational Gerontology, 1994, 20 (5): 463-472.

③ Takamichi Uesugi. Local Education Authorities' provision for the aged in Japan [J]. International Journal of Lifelong Education, 1991: 207-211.

④ Hajime Hontama. A Study of the Tackling with Lifelong Learning in Kominkan System : Some Problems of Lifelong Learning Forwarding in a Kominkan System [J]. Bulletin of Mukogawa Womens University Humanit, 2005, (53): 83-89.

⑤ Gerard Hagg. The state and community arts centres in a society in transformation [J]. Culture Studies, 2010, 13 (2): 163-184.

⑥ Aiste Urboniene, Virginia Jureniene. Cultural Centers as Key Agents of Non-Formal Education [J]. International Journal on Global Business Management & Research, 2015: 5-14.

⑦ Troy D. Glover. The 'Community' Center and the Social Construction of Citizenship [J]. Leisure Sciences, 26: 63-83.

类文化设施称为文化屋、社区文化俱乐部（其他名称为文化中心、社区文化中心、社会文化中心、文化俱乐部、文化和社区中心、社区和社会文化中心、市民中心），这类设施与我国的文化馆站职能类似。第 6 章《公共文化经费》以列表的形式列出各个文化机构的经费支出情况；第 7 章《文化设施中的公共机构》列出了各类文化机构的数量；第 8 章《提升创新力和参与度》对文化机构的历史与现状进行阐述。以上各章均涉及文化屋、社区文化俱乐部的情况，是进行研究的参考资料。这部分资料存在的问题是内容不全面、比较简略。

2. 国内关于国外文化馆类似机构的研究

有关国外类似机构的研究中，研究日本公民馆的成果最多、最深入、最全面。半个多世纪以来，公民馆为日本的国民创造了“自我教育”和“相互教育”的广阔天地，在战后恢复生产、改善生活水平，特别是在丰富国民文化生活等社会教育中起到了不可替代的作用①。吴遵民在一组有关日本公民馆的演讲稿中，对日本公民馆的发展历史、功能变迁、管理制度、立法、公民馆与社会教育运动做了较为详细、全面的探讨②③④⑤⑥⑦⑧。1960 年至 1970 年，日本城市化不断进展、人口大规模移动的背景下，“公民馆三层建筑论”和“三多摩宣言”的提出使公民馆的活动不仅仅停留于满足地区居民日益增长的物质及精神文化的需要，而且在这种活动中形成了人与人及人与地区之间的新

---

① 夏鹏翔．战后日本公民馆发展述论［J］．日本学刊，2002（02）：113-128.

② 吴遵民．公民馆与现代日本社会教育．日本公民馆研究系列讲座（一）［J］．上海成人教育，1996（11）：35-36.

③ 吴遵民．公民馆与现代日本社会教育．日本公民馆研究系列讲座（二）［J］．上海成人教育，1997（Z1）：77-78.

④ 吴遵民．公民馆与现代日本社会教育．日本公民馆研究系列讲座（三）［J］．上海成人教育，1997（03）：45-46.

⑤ 吴遵民．公民馆与现代日本社会教育．日本公民馆研究系列讲座（四）［J］．上海成人教育，1997（05）：41-43.

⑥ 吴遵民．公民馆与日本现代社会教育．日本公民馆研究系列讲座（五）［J］．上海成人教育，1997（10）：41-42.

⑦ 吴遵民．公民馆与现代日本社会教育．日本公民馆研究系列讲座（六）［J］．上海成人教育，1997（12）：41-42.

⑧ 吴遵民．公民馆与现代日本社会教育．日本公民馆研究讲座（七）［J］．上海成人教育，1998（06）：46-47.

型关系，有助于促使居民通过自身活动创造出一个良好的地域社会①。日本公民馆财政补助有法律保障②，其社会教育主事制度虽然从1946年就写进了《社会教育法》，但长期以来制度的执行状况并不尽如人意③。日本公民馆遍布于全日本各市町村，它既是居民交流情感的场所，同时又是乡间的公民学校、图书馆、博物馆等功能于一身的文化教育机构，它为促进居民交流，提高居民修养，促进经济增长、社会安定都起到了积极的作用④。刘丽对日本公民馆的概念、发展历史、概况、保障机制、社会教育功能进行了探讨，她认为从社会教育的角度来看，日本公民馆值得我国在社会教育体系、法律法规体系、财政投入、非营利组织运行、加强管理、社会教育网络等方面学习⑤。马丽华对日本公民馆在社会教育中的作用及原因进行了分析，对我国社区教育的启示是政府重视、创建综合性设施、管理模式规范化、设施联网协作⑥。日本公民馆为培育公民的公共精神即平等、自治及参与的精神提供了条件。梁晓玉梳理了日本公民馆在公共精神培育中的历史阶段与地位、运行机制、基本经验⑦。由于错误历史观的引领和右翼势力的干扰，国家权力与教育权力的价值取向扭曲及目标偏差导致公民馆出现了功能错位⑧。

有关埃及文化宫的研究不多。自纳赛尔时期以来，埃及开始建立文化宫系统作为向大众传播科学文化知识的工具。在进入20世纪70年代后，随着伊斯兰文化的兴起，文化宫系统逐渐衰落。20世纪90年代以来，文化宫系统重新有了新的发展，在普及文化、促进现代化以及培育埃及人民的国家意识方面起到了重要的作用⑨。

---

① 王国辉，马丽华．城市化进程中日本都市型公民馆的发展探析——以20世纪60—70年代东京三多摩地区为中心［J］．教育科学，2012（03）：80-86.

② 马丽华．日本公民馆财政补助分析［J］．河北大学成人教育学院学报，2008（03）：51-52.

③ 李国新．日本的“公民馆主事”职业资格制度［J］．上海文化，2013（04）：98-103.

④ 刁乃莉．日本公民馆的启示［J］．北方经贸，2001（08）：155-156.

⑤ 刘丽．论日本公民馆的社会教育功能及其启示［D］．南京：南京师范大学，2014.

⑥ 马丽华．论日本公民馆在社会教育中的作用［D］．保定：河北大学，2003.

⑦ 梁晓玉．日本公民馆在公共精神培育中的作用及对我国的启示［D］．上海师范大学，2012.

⑧ 高晓霞．重新审视日本公民馆：历史谱系、目标偏差与功能错位——兼论我国公民教育的基本路向［J］．南京师大学报（社会科学版），2015（06）：94-101.

⑨ 王一帆．埃及的文化宫制度及其作用［J］．山东图书馆学刊，2013（01）：37-38.

民众联络所开展的服务内容丰富，课程、项目、兴趣小组是新加坡民众联络所联系民众的3条渠道。一站式网站和百盛会员卡是民众参与民众联络所的主要方式。新加坡民众联络所属人民协会管理，人民协会的主要收入有政府补贴、社会募捐和自我创收①。民众联络所是国家对全国进行控制的最基本的组织网络之一，从表面上看来并不是一级政府或政治机构，但实际上，政府在相当程度上是想通过它来吸引民众、组织民众、教育民众和引导民众，以扩大人民行动党的社会基础。这种组织与政治组织比起来，虽然缺乏强制性和权威性，但吸引力更大，能使人们主动而不自觉地增加对人民行动党的感情。随着其他基层组织的建立，民众联络所的政治作用越来越小，但作为文娱活动中心的作用却有所发展，以社区为基础的活动，也具有不可替代的作用②③。张圣侃将民众联络所的发展历史分为三个阶段，对其设计规划、建筑进行了探讨④。

1.3.2 文化馆研究

笔者统计1949年以来有关文化馆的研究成果，共统计到图书88部，其中研究性著作只有20部，其余的或为短篇文章汇编，或为论文集，或为单个馆或一个地区文化馆历史汇总，整体来看，研究性成果较少。统计到可获得的硕博士论文70篇，其中博士论文2篇，硕士论文68篇。以中国知网为期刊文献来源，分别以“群众艺术馆”“文化馆”“文化站”为主题词进行检索，共检索出来将近5000篇论文，剔除内容不相关、一稿多投和重复项之后共得到3845篇。

表1.3　**研究文化馆站的图书数量统计**

年份	数量（部）	年份	数量（部）	年份	数量（部）
1949—1953	8	1954—1958	5	1959—1963	1
1964—1968	0	1969—1973	1	1974—1978	0

① 张丽．新加坡“民众联络所”的服务与管理［J］．上海文化，2013（04）：104-113.

② 王芳，李路曲．新加坡社会基层组织建设的经验［J］．理论探索，2005（02）：110-112.

③ 丁晓强．新加坡人民行动党对社会基层组织的建设与管理［D］．上海：中共上海市委党校，2010.

④ 张圣侃．新加坡社区中心的设计与规划［J］．城市建筑，2013（14）：2-3.

续表

年份	数量（部）	年份	数量（部）	年份	数量（部）
1979—1983	2	1984—1988	9	1989—1993	5
1994—1998	7	1999—2003	5	2004—2008	7
2009—2013	15	2014—2018	23	—	—

文化馆研究的图书数量呈现明显阶段性。1949—1963 年，图书数量逐渐减少；1964—1978 年只有 1 部图书；1979 年之后，图书数量又开始增多，虽然有小幅升降，但整体呈上升趋势。

表 1.4　　**研究文化馆站的硕博士论文数量统计**

年	数量	年	数量	年	数量
2004	1	2007	2	2008	1
2009	1	2010	4	2011	6
2012	7	2013	7	2014	8
2015	8	2016	8	2017	11
2018	6	—	—	—	—

硕博士论文数量不断增长。可获得的硕博士论文最早出现在 2004 年，到 2009 年每年的数量不超过 2 篇，2010 年达到了 4 篇，之后一直处于逐步增加状态，2017 年达到了 11 篇，2018 年的数据尚不完整，已经达到了 6 篇。从作者所在单位看，华中师范大学 6 篇，西安建筑科技大学 4 篇，东北师范大学、首都师范大学、延边大学各 3 篇，初步形成了对文化馆站较为关注的高校研究团体。

在期刊方面，文化馆站研究论文的数量以 2005 年为分水岭。此前每年的发文量不超过 50 篇。2006 年的发文量比 2005 年增长了 100%以上，并且一直保持增长状态直至 2012 年。2013 年，发文量减少到了 286 篇，随后几年的发文量一直在 300 篇以上。2018 年的数据不全，目前已有 184 篇。从单个作者发文量看，龙胜兰发表了 7 篇论文，是单人发文量最多的作者，吴理财发表了 6 篇，马迎春、高丽、杨雪梅、蔡大茂发表了 5 篇，23 位作者发表了 4 篇，58

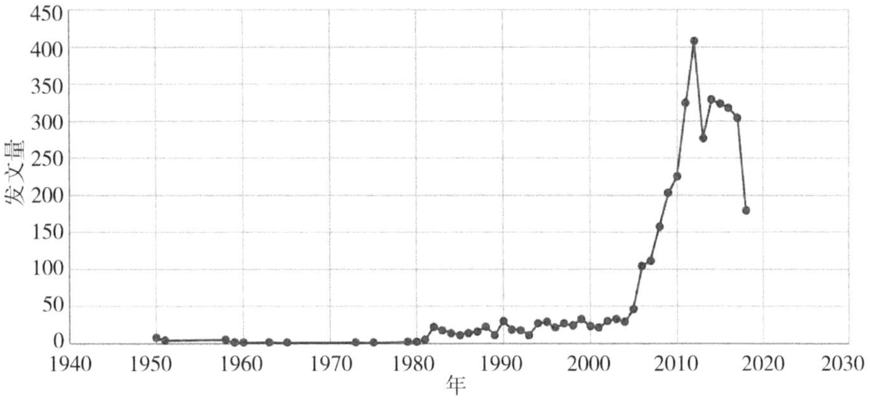

图 1.1 研究文化馆站的期刊论文数量统计

位作者发表了 3 篇，381 位作者发表 2 篇，其他作者发表了 1 篇。以此来看，部分作者对文化馆研究较为关注，但还没有形成持续关注。《大众文艺》共刊载了 821 篇论文，《戏剧之间》刊载了 136 篇，《群文天地》刊载了 121 篇论文，其他期刊刊载的论文都在 100 篇以下。这三个期刊收录的论文占总量的 28%，成为了文化馆研究领域的“核心”期刊，但这三个期刊均不属于 CSSCI 来源期刊，在学术界的影响力不高。

从已有研究成果的内容看，1985 年之前的研究内容主要是介绍文化馆建设的国内实践和苏联经验，如 1950 年出版的《苏联的文化宫和俱乐部》，汇编了 21 篇关于苏联文化宫、俱乐部、宣传馆、图书馆等的通讯报道。1951 年出版的《在成长中的人民文化馆》，主要汇集了 1950 年左右有关文化馆的新闻报道。1971 年黑龙江革命委员会出版的《黑龙江省部分市县文化馆工作经验交流会材料汇编》，是领导讲话稿汇编。

1985 年到 2000 年年初，研究人员对文化馆进行了较为全面的分析，将文化馆视为一个整体来考察，并开始思考构建“文化馆学”的理论体系，这样的研究成果在今天看来仍然散发着可贵的理论思考光芒，典型的研究成果有：1985 年文化部群众文化事业管理局编著的《文化馆工作概论》；1986 年湖南省文化厅、群众文化学会编写的《群众文化工作概论》；1987 年、1988 年吉林省群众文化学会编写了两本内容不同的《文化馆学》。这一时期，有关文化馆研究的另一个特点是，文化馆行业开始思考整个行业的发展脉络、全国文化馆事业的整体状况，典型的成果是 1997 年出版的《中国群众艺术馆志》、1997 年出版的《内蒙古自治区群众艺术馆、文化馆志》、1999 年出版的《中国文化馆馆志》，这些文献以全景扫描式视角审视文化馆在一个省或者全国的建设与进展。

2000 年以后，有关文化馆的研究主要集中在以下几个方面：文化馆发展历史、文化馆研究、文化站研究、文化馆职能、文化馆建筑、数字技术在文化馆的应用、文化馆事业发展。

1. 文化馆发展历史

一些地方文化行政主管部门、文化馆对一个地区或某个馆的历史进行了回顾，记录了地方文化馆的发展历史，如《乾县文化馆志：1950—2014》等。彭泽明在《中国文化馆（站）发展之路》（2012）中梳理了我国文化馆的前身今世，用公共文化理念对文化馆发展存在的问题进行了总结，他还整理了国外文化馆类似机构的发展状况。周慧梅在《近代民众教育馆研究》（2012）中详细梳理了近代民众教育馆的发展历程、内部管理、社会功能嬗变，文末还附有民众教育馆重要法令。孙政在其硕士学位论文《群众艺术馆文化治理的历史嬗变》中以文化馆在不同时期的治理方式为主线梳理了文化馆的历史，很有特色。

2. 文化馆研究

张春武、董香玲的《文化馆（站）发展探究》（2013）分析了文化馆站的现状、政策、机遇与挑战，并且分析了文化馆站的发展方向。原文化部自 2011 年开始委托国家公共文化服务体系建设专家委员会编写面向基层文化队伍的培训教材，所编写的教材有：《文化馆(站)业务培训指导纲要》(2012)、《文化馆(站)服务与管理》(2013)、《群众文化活动的策划与组织》(2013)、《群众文化基础知识》(2013)、《群众文化活动的策划与组织》(2013)和《群众文化案例选编》。这套教材注重继承性、与时俱进、与国家公共文化服务发展的方针政策一致和适应性①，教材内容建立在过去几十年文化馆发展的基础上，既有继承性，又有创新性。

① 冯守仁．序言［M］．//冯守仁，等．群众文化基础知识．北京：北京师范大学出版社，2013（3）：1-4.

3. 文化站研究

张贵志在其硕士学位论文《我国乡镇综合文化站建设中的问题与对策研究》（2011）中笼统地分析了我国乡镇文化站在基础设施、人才队伍、文化活动和财政开支方面的现状，他认为乡镇文化站发展存在困境的原因是基层政府不够重视、经费投入不足、人才队伍建设滞后和政府政策执行不力，并提出了相应的对策。其他代表性研究成果有硕士学位论文《上海基层社区文化中心的制度分析和发展（IAD）研究》（2014）《新时期乡镇综合文化站发展困境与对策思考——以安徽省池州市贵池区为例》（2014）等。

4. 文化馆职能

孔伟在《社会教育视域下的公共文化服务研究》中以社会教育视角分析图文博美的功能，内容方面涉及了文化馆的历史、角色与定位、社会教育职能及其将来的发展方向。郭佳的《文化馆的职能探索》（2014）对文化馆概念、发展史、功能、新时期的职能与作用进行了探讨，并分析了文化馆职能与功能的发展方向。王怡婧的硕士学位论文《强化文化馆非物质文化遗产管理职能的研究——以郑州市为例》（2016）提出，非物质文化遗产管理应为文化馆的职能，并且分析了郑州市文化馆承担这项职能的优劣势与对策。巫志南认为，文化馆应具有六类基本功能：组织指导功能，传承创新功能，基层培训功能，创作指导功能，系统管理功能，综合平台功能①。

5. 文化馆建筑

高博的博士学位论文《省域“文化馆”建筑计划研究》（2011），梳理了文化馆站的区别和文化馆的历史与现状，分析了省、市、县文化馆、乡镇文化站设施分布中存在的问题，并针对文化馆站提出了相应的建筑设计思路。刘天玺的硕士学位论文《江西省乡镇综合文化站功能空间设计研究》（2014）分析了江西省文化行业发展环境、乡镇文化站外部建筑和内部空间方面普遍存在的问题，对乡镇文化站的内部空间和外部空间提出了建议。其他代表性成果还有

① 巫志南．免费开放背景中文化馆功能定位思考［J］．艺术评论，2012（02）：10-12.

硕士学位论文《西安市市区级文化馆现状调查及其区域策划研究》（2010）、《省级群众艺术馆使用现状调研及建筑设计研究》（2010）和《武汉文化馆类建筑发展研究》（2013）。

6. 数字技术在文化馆的应用

《数字文化馆：网络平台与实体空间》（2016）研究了我国数字文化馆的建设现状，对数字文化馆网络平台建设和实体空间建设进行了分析，并且还调研了国外公共文化机构数字实体空间的典型案例。袁思奇在硕士学位论文《岳阳市群众艺术馆数字化建设问题研究》（2018）中对国内外城市群众艺术馆数字化建设情况进行了调研。

7. 文化馆事业

这方面的研究从整体上对全国或某一地区文化馆站发展状况、存在问题及未来发展等情况做全局性的总结与分析。张春武、董香玲的《文化馆（站）发展探究》（2013）分析了文化馆站的现状、政策、机遇与挑战，并且分析了文化馆站的发展方向。连娜在其硕士学位论文《内蒙古农牧区群众文化工作研究（1957—1965）——以文化馆、乌兰牧骑、俱乐部为例》（2012）阐述了农牧区群众文化工作的三个机构文化馆、乌兰牧骑和俱乐部的历史，内容非常翔实。李凌晨在其硕士学位论文《建国初期北京市文化馆的创建和整顿》（2016）中详细分析了 1949—1955 年北京市的文化馆站工作，内容详细而具体。

文化馆系统既可以看成是对文化馆事业的概述，也可以看成是对文化馆服务体系的研究，因为此种认识不再将文化馆看成一个独立的个体，而是将分布于全社会的文化馆、站、室等看成一个整体，统称为“文化馆”，实际上它体现的是一个事业的概念。孔伟在《社会教育视域下的公共文化服务研究》中就认为，在我国社会主义市场经济条件下，群众艺术馆、文化馆、文化站都是构成公共文化服务体系的重要组成部分，三者作为国家设立的全民所有制文化事业机构，性质相同，功能相近。它们是一个统一系统的组成部分，不是相互独立分离的个体机构，群众艺术馆与文化馆是业务指导关系。由此，将公共文化服务体系中分处在不同级别的群众艺术馆、文化馆、文化站统称为文化馆，即文化馆是一个“系统”概念，是遍布全社会的公共文化服务机构，具有整体性、等级性或层次性以及动态性的特征。文化馆的职能和定位十分清晰，但必须强化其公共服务的功能，来确定在公共文化服务体系中的准确位置①。

清华大学龚璞的博士学位论文《战略特征、组织结构与服务绩效：以公共文化服务为例》是以文化馆服务为例，研究组织战略和组织结构如何影响公共服务绩效。严格来说，这是一篇公共管理专业的学术论文，全文的研究焦点在组织战略特征对组织层面四个维度的绩效的影响，而不是在文化馆。

1.3.3 文化馆总分馆制研究

国内关于文化馆总分馆制的研究主要表现在各地的实践经验总结方面。文化馆总分馆制的实施还与地域单元、组织体系、设施分布等有关，在当前社会环境下建设文化馆总分馆体系还需要考虑到数字技术和治理方式的影响，因此根据研究内容选取文化馆总分馆、文化馆服务体系、总分馆、设施规划、组织结构、公共文化设施等作为检索词，在国内的主要数据库“中国知网”“万方”进行检索；再根据研究内容查检有关的学术专著，得到目前的研究成果。

1. 实践的理性思考

李国新认为总分馆制的核心要义是让分散、独立的文化馆和图书馆形成组织体系，从本质上说是文化馆、图书馆管理体制和运行机制的变革。以往的探索实践证明，仅靠文化馆、图书馆自身的“职业行为”推动，很难全面实现网点的合理布局、资源的优化配置和人、财、物的统筹协调，从而很难保证总分馆制的有效实施、高效运行和持续发展②。邱冠华通过对苏州图书馆建设总分馆的过程分析得出结论，总分馆建设必须由政府主导。因为缺乏政府主导，总分馆体系就受到基层政府财力基础、领导更迭的影响，是一种不稳定的、不能实现全覆盖的体系③。邱冠华认为，总分馆的基本规律是：①科学布局。总

---

① 孔伟．社会教育视域下的公共文化服务研究［M］．济南：山东人民出版社，2014：252-254.

② 李国新．拓展和深化总分馆制建设的行动指南［N］．中国文化报，2017-02-24（006）.

③ 邱冠华．苏州城区总分馆建设的实践与思考［J］．图书情报工作，2009，53（01）：15-18.

分馆实现普遍均等服务的前提是分馆按人口、按需求进行科学规划和布局。②统一管理。统一管理单元是基本要求之一，关键之处是分馆工作人员归谁管理，这直接关系到总馆能否对分馆实施统一管理，实现有效指挥（而不是业务指导），分馆能否按照服务标准提供与总馆同质化、专业化的服务。在此基础上各地可进行因地制宜探索。自助图书馆、流动图书馆、投递点等不能代替实体图书馆；同时也不能用图书馆替代总分馆建设①。

2. 实践经验与做法描述

我国已经有多个地方实施了文化馆总分馆制，有些地方形成了比较成熟的经验，比如浙江省嘉兴市、重庆市大渡口区和渝中区、江苏省张家港市等，对当地做法进行描述的文献也比较多。彭泽明②、江存彬③、黄冀渝④、袁志钦⑤、孙道进⑥、彭明淅⑦、马健⑧、龙滔和周铭蓉⑨等对重庆市大渡口区的文化馆总分馆制做法和存在的不足进行了总结。大渡口区以区馆为总馆，街镇文化站为分馆，社区（村）文化室为服务点。在管理上，实行设施设备所有权与经营权分离；工作人员双重管理，统一考核；业务经费上实行多级投入，分级管理，服务内容统一。谭畔认为大渡口区文化馆总分馆还存在着各层级的职责不清，总馆带动作用不大，考核体系不完善，成效不高等问题，他认为可

① 邱冠华．新世纪以来国内公共图书馆总分馆建设回顾与思考［J］．中国图书馆学报，2017，43（04）：18-31.

② 彭泽明等．重庆市大渡口区文化馆总分馆制探索［J］．上海文化，2013，（02）：24-32.

③ 江存彬．贴近文化民生 创新服务模式——大渡口区推进文化馆、图书馆总分馆制建设情况介绍［J］．图书馆杂志，2017，36（03）：17-19.

④ 黄冀渝．贴近文化民生 创新服务模式——大渡口区推进文化馆图书馆总分馆制建设情况［J］．大众文艺，2017（06）：14.

⑤ 袁志钦．重庆市大渡口区“文图总分馆制”的创新与实践［J］．河南图书馆学刊，2014，34（09）：24-26.

⑥ 孙道进．重庆大渡口实施文化馆总分馆制［N］．中国文化报，2013-04-24（007）.

⑦ 彭明淅．大渡口区文化馆总分馆制路径探索［J］．大众文艺，2015，（18）：5.

⑧ 马健．为了公共文化的发展和繁荣——大渡口区深入推进国家示范项目“文化馆图书馆总分馆制”创建纪实［J］．重庆行政（公共论坛），2013，14（06）：83-85.

⑨ 龙滔，周铭蓉．“文化馆图书馆总分馆制”在重庆市大渡口区图书馆的实践——基于国家公共文化服务示范项目的探索［J］．图书馆，2014（3）：31-35.

以从组织机构、群众需求表达、服务标准和考核机制方面进行改进①。

陈云飞②、顾金孚③等、王学思④、耿俪洳⑤和孔越⑥等对嘉兴市文化馆总分馆的建设过程和具体做法进行了研究。嘉兴市文化馆总分馆的基本地域单元是县域，全市五县二区分别构建 7 个总分馆体系。县（区）文化馆承担县域总馆功能，乡镇（街道）综合文化站为分馆，村（社区）文化活动中心（文化礼堂）为支馆，嘉兴市文化馆承担中心馆的职能，主要通过统筹、指导、协调等方式将 7 个相对独立的总分馆体系联结起来，形成覆盖“大嘉兴”的“中心馆—总分馆”服务体系。嘉兴市文化馆总分馆的特点是统一网点布局、统一服务标准、统一数字服务、统一效能评估和统一下派上挂。通过组织、经费、人员和制度等保障总分馆制的运行。嘉兴市文化馆总分馆制充分发挥了基层专职文化工作者的力量——以人为纽带。

陈世海研究了张家港市文化馆总分馆制的建设情况。张家港市文化馆总分馆制以张家港市文化馆为总馆，以各镇（区）、镇办事处文体服务中心为分馆，以村（社区）综合性文化服务中心为支馆，以基层网格服务点为补充，社会设施可以以联盟方式纳入。文化行政部门会同总馆为每个镇（区）分馆选聘并配置分馆馆长助理 1 名，逐渐向镇办事处分馆、社会分馆派馆长助理。基层网格服务点配备文化志愿者性质的网格文化员，依托支馆阵地设施，配合各上级机构开展文化活动⑦。2017 年，张家港市公布了文化馆总分馆制标准⑧。

---

① 谭畔．大渡口文化馆总分馆制理想模式的建构［J］．大众文艺，2016（02）：4.

② 陈云飞．着力构建文化馆图书馆总分馆制的“嘉兴模式”——嘉兴市推进文化馆、图书馆总分馆制建设情况介绍［J］．图书馆杂志，2017，36（03）：13-16.

③ 顾金孚，王显成，刘靖．嘉兴市文化馆总分馆服务体系研究［J］．上海文化，2014（08）：46-51.

④ 王学思．嘉兴着力构建文化馆总分馆服务体系［N］．中国文化报，2014-12-12（008）.

⑤ 耿俪洳．海盐城乡一体化文化馆总分馆模式效益初显［N］．嘉兴日报，2015-05-07（001）.

⑥ 孔越．公共文化服务“嘉兴模式”示范作用凸显［N］．嘉兴日报，2017-02-23（001）.

⑦ 陈世海．文化馆总分馆服务的张家港样板［N］．中国文化报，2015-03-27（008）.

⑧ 张家港市发布全国首个县级文化馆总分馆制建设地方标准［N］．中国文化报，2017-09-25（005）.

2015年7月，深圳市文化馆成立的事业发展部主要负责“深圳市文化馆联盟”的建设，以联盟为平台，统筹和调动全市文化馆行业资源，促进市级品牌文化活动的策划和区级品牌活动的提升，组织实施各类提升全行业业务能力和综合素质的培训活动，开展深圳市文化志愿服务总队的日常工作和各项服务活动①。

2016年底，原文化部等五部委发布了《关于推进县级文化馆图书馆总分馆制建设的指导意见》，对文化馆总分馆制建设做出了具体指导。研究人员对《意见》从不同角度进行了解读。杨永恒、戴珩认为以县域建立文化馆总分馆可以提升基层文化机构的服务能力，促进城乡文化服务均等化和一体化②③。李国新对实行总分馆的目的进行了解释，对《意见》的特点从政府主导的原因，以县域为基本单元、条件意识、社会力量广泛参与及核心任务等方面进行了解读④。

3. 文化馆总分馆制专项研究

（1）政府责任

文化馆总分馆建设的一个难点是如何协调不同级别政府之间的权力和责任。杨学勤和高峰松认为应该合理划分乡镇政府和县级文化主管部门职责，强化乡政府日常行政管理职能和县级文化主管部门的业务指导职能⑤。杨永恒认为以县域建立总分馆制不是要改变基层文化机构原有行政隶属关系，乡镇政府仍然是基层文化建设的责任主体⑥。邱冠华持不同意见，他认为《意见》明确要求建设县级总分馆，其实包含了把建设主体设定在县级政府并免除乡镇

① 内外兼修：深圳市文化馆努力创建现代公共文化服务体系［J］. 文化月刊，2015（32）：28-29.

② 杨永恒. 促进资源和服务下移 提升基层文化服务能力——《关于推进县级文化馆图书馆总分馆制建设的指导意见》解读［J］. 图书馆杂志，2017，36（03）：9-10.

③ 戴珩. 提高县域公共文化服务效能的重要途径——《关于推进县级文化馆图书馆总分馆制建设的指导意见》解读［J］. 图书馆杂志，2017，36（03）：11-12.

④ 李国新. 新阶段 新目标 新任务——《关于推进县级文化馆图书馆总分馆制建设的指导意见》解读［J］. 图书馆杂志，2017，36（03）：7-8.

⑤ 杨学勤，高峰松. 关于加快河北省乡镇综合文化站发展的思考［J］. 河北学刊，2012，32（05）：221-224.

⑥ 杨永恒. 促进资源和服务下移 提升基层文化服务能力——《关于推进县级文化馆图书馆总分馆制建设的指导意见》解读［J］. 图书馆杂志，2017，36（03）：9-10.

(街道)、乡村（社区）责任的意思①。

（2）地域范围

金武刚从行政区划层级、行政管理权限、财政管理体制和实践探索进行考察，认为县域是构建总分馆体系的合适地理单元。他提出，县域公共图书馆总分馆制应与文化馆总分馆制协同推进②。建立一个全民覆盖的文化馆服务网络，应将阵地服务与信息服务相结合，定点服务与流动服务相结合，硬件建设与软件打造相结合③。在一个区域内实现公共文化资源的集约一体化运行，最大限度地发挥公共文化资源的效能，需要加强各级群艺馆、文化馆协调配合，将全省群众文化资源要素合理整合配置，形成省市县三级联动、区域共建、运转有序、服务高效的群文工作组织运行机制④。文化馆总分馆建设的目的是将县域群众文化艺术资源进行统筹调配⑤。戴珩认为，过去我们一直强调在县域要加强三级公共文化设施建设，做到县有文化馆、图书馆，乡（镇）有文化站，村（社区）有文化活动室，但比较忽略县域文化馆服务体系和图书馆服务体系建设。县级文化馆总分馆制建设实施主体是县级人民政府，总分馆制的首要条件就是做强总馆⑥。陈云飞认为建设文化馆总分馆应选择“合适的”地域单元和管理层级，总分馆制的核心是以统一管理为手段提升效能，总分馆制的本质是组织体制和运行机制的变革⑦。

（3）数字化技术的跨机构合作应用

数字化技术、移动互联网技术深刻地改变着人们的生活方式，在公共文化服务中应用数字技术是迫切需要的。关于数字技术在文化馆服务中应用的专门研究成果不多，研究成果集中发表在最近几年。方标军等对公共数字文化服务

---

① 邱冠华．新世纪以来国内公共图书馆总分馆建设回顾与思考［J］. 中国图书馆学报，2017，43（04）：18-31.

② 金武刚．论县域公共图书馆总分馆制的构建与实现［J］. 中国图书馆学报，2015，41（03）：42-57.

③ 吴淑梅．刍议文化馆在公共文化服务体系构建中如何打造全民覆盖的服务网络［J］. 群文天地，2013（02）：5-6.

④ 冯蕾．省市县三级群艺馆、文化馆联动——公共文化服务体系建设的助推器［J］. 大众文艺，2014（10）：1-2.

⑤ 王学思．发挥人的力量 灵活调配资源［N］. 中国文化报，2017-03-03（006）.

⑥ 戴珩．提高县域公共文化服务效能的重要途径——《关于推进县级文化馆图书馆总分馆制建设的指导意见》解读［J］. 图书馆杂志，2017，36（03）：11-12.

⑦ 陈云飞．着力构建文化馆图书馆总分馆制的“嘉兴模式”——嘉兴市推进文化馆、图书馆总分馆制建设情况介绍［J］. 图书馆杂志，2017，36（03）：13-16.

体系中的跨系统合作、机构间协作进行了初步分析①。马岩等研究了公共文化服务机构在公共数字文化建设中应承担的职能②。肖希明和李琪认为建立“一站式”公共数字文化服务平台是在不同的公共文化机构之间建立一种合作机制，他们采用实证研究和文献调研的方法，分析了合作机制的内涵，列举了国际社会的一些做法，最后从协调机构建立、服务标准和知识产权方面提出了建议③。肖希明和唐义认为近年来公共数字文化服务的整合趋势明显，其动力是社会公众一站式获取数字文化资源的需求、国家对文化事业的政策与资金支持、现代信息技术的发展、公共文化服务机构面临着其他机构的竞争等④。李金芮、肖希明研究了国外公共数字文化整合管理体制的模式和特点，分析了这些模式对我国的适用性⑤。魏筱颜、谭必勇以艾米莉·迪金森数字档案馆的跨机构合作为例，分析了建设过程中遇到的自身定位、所有权归属、内容标准、管理体制和资金保障等问题，对我国跨机构合作提出了相应建议⑥。孙红蕾等分析了我国公共数字文化协同治理中存在的问题，提出在区域治理体系中应进行顶层设计，实施标杆管理，构建治理体系和建立分权制衡治理机制⑦。完颜邓邓对公共数字文化服务中的社会合作问题进行研究，主要研究内容是社会合作主体、合作领域、合作模式、合作需要注意的问题⑧。肖希明、曾粤亮分析了我国公共数字文化资源整合与服务中的信息交流状况，对机构与机构、机构与用户以及用户与用户之间的信息交流机制创新进行探讨，并从战略管

---

① 方标军，吴政，祁刚．公共数字文化服务体系的组织建设研究［J］．新世纪图书馆，2013（11）：3-5.

② 马岩，孙红蕾，郑建明．公共数字文化的服务主体职能［J］．图书馆论坛，2015，35（10）：30-34.

③ 肖希明，李琪．公共数字文化服务合作机制研究［J］．图书与情报，2016（04）：31-37.

④ 肖希明，唐义．公共数字文化资源整合动力机制研究［J］．图书馆建设，2014（07）：1-5.

⑤ 李金芮，肖希明．国外公共数字文化资源整合管理体制模式及其适用性研究［J］．图书情报工作，2015，59（03）：26-34.

⑥ 魏筱颜，谭必勇．数字文化资源跨机构整合研究——艾米莉·迪金森数字档案馆的启示［J］．兰台世界，2017，（09）：10-15.

⑦ 孙红蕾，马岩，郑建明．区域集群式公共数字文化协同治理——以广东为例［J］．图书馆论坛，2015，35（10）：35-38.

⑧ 完颜邓邓．公共数字文化服务中的社会合作研究［J］．图书与情报，2016（03）：55-60.

理、技术投入、人员配置和用户信息素养四个方面阐述影响交流机制创新实现的因素①。

1.3.4 文化馆服务体系研究

对文化馆服务体系的研究主要集中在三个方面：文化馆服务体系的内涵、文化馆服务体系与公共文化服务体系的关系、文化馆服务体系建设的内容与路径。

1. 文化馆服务体系内涵

文化馆服务体系主要包括乡镇文化服务体系、农村文化服务体系、社区文化服务体系、家庭文化服务体系、社会文化信息共享服务体系、校园文化服务体系、企业文化服务体系等方面②。文化馆的“四基”建设是指基层文化的基本阵地、基本队伍、基本活动方式和基本活动内容四方面的建设。在有些地区的公共文化服务体系构建中，“四基”仍然面临严峻的挑战③。文化馆体系作为基础性的文化机构，其主要职能定位则非常明确，即提供基本的公共文化服务，满足基本的公共文化需求；承担一定的社会教育功能，组织和引导反映社会主流文化精神的公共文化活动；整理和保护民间文化遗产。其工作性质具有主导性和服务性的基本特征，工作内容具有普及性和综合性的基本特点④。县级文化馆是构建公共文化服务体系的重要基础，主要表现在以下三个方面：一是县级文化馆的建设，能夯实公共文化服务体系基础；二是能保障公共文化服务民生需求；三是能实现政府职能转型客观要求⑤。农村公共文化服务体系集中体现在县、乡（镇）、村三级文化网络的建设方面，农村公共文化服务体系构建中文化馆建设面临着阵地建设滞后、经费投入不足、人员问题严重、活动开展缺乏等问题。要搞好农村文化馆建设，需要加强阵地投入、加强队伍建

---

① 肖希明，曾粤亮．公共数字文化资源整合与服务中的信息交流机制创新［J］．图书馆论坛，2015，35（06）：34-40.

② 徐程．构建文化馆公共文化服务目标体系［N］．中国文化报，2008-02-27（003）.

③ 黄永珍．文化馆公共文化服务目标体系的构建对策［J］．老区建设，2009（08）：40-41.

④ 薄君．文化馆体系在构建公共文化服务体系中的职能定位与运营模式新探［J］．山东省青年管理干部学院学报，2006（05）：140-143.

⑤ 焦潺子．新时期县级文化馆在公共文化服务体系构建中的重要性探析［J］．中小企业管理与科技（上旬刊），2015（05）：130-131.

设、大力开展文体活动、配置文化产业①。文化馆公共文化服务标准化体系应该由公共文化服务保障标准、技术标准和评价标准三个方面组成，这三个标准是一体的，重点在于服务标准，难点在于种类多，文化差异大、标准化人才缺乏②。

2. 文化馆服务体系与公共文化服务体系

公共文化服务体系是一个包括了文化产品生产、分配、管理和资源保障各个系统在内的整体系统设计，必须整合政府与社会各个方面的理论，突破行业壁垒和公共资源体制内循环的制度局限，建立以公共文化需求为导向的公共资源配置和公共文化产品分配体系③。文化馆是我国公共文化服务体系不可或缺的重要组成部分。文化馆体系包括了省、市、县级文化馆以及乡镇综合文化站和村文化室，这完整的五级文化网络体系构成了我国公共文化服务设施网络体系的重要基础④。在公共文化服务体系建设中，文化馆应努力建设与城市发展相适应的公共文化设施；建立完善的体制，促进文化活动顺利开展；用多样的文化活动丰富公共文化服务形式；优化公共文化服务队伍；树立社会文化事业单位的公共文化形象⑤。

3. 文化馆服务体系建设的内容与路径

2014年9月原文化部部长蔡武在中国文化馆协会成立大会上发言指出，构建现代公共文化服务体系，主要有“五大支柱”，文化馆体系是其中之一。由于政府对文化馆的地位和作用认识不足，文化馆建设存在着设施落后、公益性质定位模糊、制度设计滞后的问题⑥。张妍认为现代公共文化服务体系建设

---

① 苟红．也说农村公共文化服务体系构建中的文化馆建设［J］．四川戏剧，2014，06：48-50.

② 张颉．文化馆公共文化服务标准化体系建设初探［J］．大众文艺，2015（22）：14-15.

③ 傅才武．国家公共文化服务体系建设的价值评估及政策定位［J］．江汉大学学报（人文科学版），2010，29（06）：17-22.

④ 戴珩．创新与跨越：公共文化服务体系前沿报告［M］．南京：南京师范大学出版社，2014：210-211.

⑤ 詹美珠，朱晓兰．在贴近中提升 在服务中推进——以文化馆建设为例，浅谈公共文化服务体系如何贴近人民生活［J］．戏剧之家（上半月），2011（06）：90-91.

⑥ 刘明华．尽快组建国家文化馆 完善公共文化服务体系［J］．群言，2012（04）：9-10.

本质上是一种基于传统文化事业体系但又必须超越传统文化事业体系的系统结构创新，是一种基于市场经济环境的公共文化发展模式的重构。她认为要解决现代公共文化服务体系中的"政府失灵"必须要同时进行基层单位的功能再造与宏观层次的结构改革①。文化馆建设滞后于公共文化服务体系建设，没有国家级文化馆使得文化馆（站）建设出现断层，庞大的机构阵容却缺乏政策的长期助推，文化馆领域的理论建设滞后，文化馆过去所习惯的以阵地活动、馆舍服务为主的活动方式已经成为制约功能发挥和服务面向的巨大障碍②。建立一个全民覆盖的文化馆服务网络，应阵地服务与信息服务相结合，定点服务与流动服务相结合，硬件建设与软件打造相结合③。在一个区域内实现公共文化资源的集约一体化运行，最大限度地发挥公共文化资源的效能，需要加强各级群艺馆、文化馆协调配合，将全省群众文化资源要素合理整合配置，形成省市县三级联动、区域共建、运转有序、服务高效的群文工作组织运行机制④。文化馆参与公共文化服务体系构建的重要意义在于提供公共文化产品，满足人们文化需求；提高基层文化程度，缩小地区文化差异。文化馆参与公共文化服务的措施是更新服务理念、提高服务质量、推广文化品牌⑤。

1.3.5 对研究现状的评价

首先，国内外对国外文化馆类似机构的关注度不高。笔者变换多种检索词也只检索到数量不多的一些文献。这些文献内容集中在文化馆类似机构的发展脉络、社会功能等方面，在如何建设体系化的服务方面文献数量较少。这可能是因为，除少数国家如日本、新加坡、以色列、埃及外，其他国家的文化馆类似机构在所属国的公共文化服务供给中发挥的作用不甚重要。

其次，对文化馆的研究还不够深入，研究层次有待提高。我国文化馆的研

---

① 张妍．文化体制改革视域下现代公共文化服务体系建议研究［M］．沈阳：东北大学出版社，2015（8）：34-47.

② 唐健春．论公共文化服务体系与文化馆（站）建设的转型升级［J］．四川戏剧，2014（10）：37-40.

③ 吴淑梅．刍议文化馆在公共文化服务体系构建中如何打造全民覆盖的服务网络［J］．群文天地，2013（02）：5-6.

④ 冯蕾．省市县三级群艺馆、文化馆联动——公共文化服务体系建设的助推器［J］．大众文艺，2014（10）：1-2.

⑤ 蔡朝阳．文化馆参与公共文化服务体系建设的探讨［J］．艺海，2015（02）：124-126.

究主要集中于文化馆历史、文化馆建设现状、文化馆建筑等方面，缺乏从相互联系的角度深入分析文化馆（站）之间的联合服务等。高博虽然提出省、市、县文化馆、乡镇文化站是一个统一的系统，不是相互独立分离的个体机构，将它们统称为文化馆①，但他并没有进一步分析如何成为一个服务系统。对文化馆的社会使命、功能定位、发展战略、治理方式、业务模式、流程创新等研究均少有涉及，而这些作为专业基本问题都尚未明确的情况下，缺乏理论支撑的文化馆事业整体跨越式发展将成为“空中楼阁”。

再次，文化馆总分馆制系统性研究有待完善。目前，对文化馆总分馆制的研究还是以实践经验总结为主，对其内在运行机制、规律、关键问题、保障条件等研究还没有充分展开。嘉兴市、张家港市、重庆市大渡口区等地的做法受到了研究人员的重视，他们对这些地方文化馆总分馆制建设的基本做法、特点、创新亮点等进行了总结提炼，并进行了跟进观察。学者们已经指出，文化馆总分馆制建设不是行业行为，必须依靠政府主导，但究竟如何依靠政府主导往往是从建设经验中推断出来的，缺乏政府责任角度的理论分析。

最后，基础理论研究不充分。文化馆服务属于公共服务范畴。尽管有关公共服务的研究已经取得了不小的成绩，而许多成果还没有在文化馆领域得到充分应用，文化馆服务的理论研究仍处于起步阶段。

1.4 研究方法

1.4.1 实地调查法

从研究层次角度看，本书属于应用研究，必然离不开实地调查。调查对象是近年我国文化馆总分馆制建设有突出特点或进展的地区。为了保证所获数据的准确性和新颖性，笔者还进行了跟踪调查（详见表1.5）。如2016年11月，笔者对重庆市渝中区和大渡口区的文化馆总分馆制建设情况进行了实地调研，考察了两区文化馆总分馆制的基本运行情况，了解它们的不同特点以及产生原因，访谈了文化主管部门及文化馆相关负责人与工作人员。随着全国文化馆总分馆制建设的不断推进，两地的建设也随之发生了变化。于是，2018年6月，笔者再次赴重庆调研这两个地方的文化馆总分馆制，与相关负责人和工作人员进行了跟踪访谈，获取了大量最新数据。再如，笔者只对嘉兴市文化馆总分馆

① 高博．省域“文化馆”建筑计划研究［D］．西安：西安建筑科技大学，2011.

制开展过一次实地调研，但随着研究的深入，需要一些新的数据以及对假设情况进行确认，于是笔者采用电话、微信、邮件等方式，多次就遇到的问题请教嘉兴市文化局与文化馆的工作人员。笔者对文化馆总分馆制从最初的感性认识到最后比较深入的研究，对明确文化馆总分馆制建设的难点和症结等诸多环节，这种研究方法起到了真实有效的作用。

表 1.5 **实地调查与访谈情况汇总**

时间	省份	调研机构	访谈方式及访谈对象
2015.09	上海	闸北区临汾路街道社区文化活动中心	与上海文化广播影视管理局开展座谈会。
2015.09	浙江	宁波市鄞州区吴镇文体中心，宁波市文化局	未访谈。
2015.10	陕西	陕西省非物质文化遗产陈列馆，西安市高陵区文化馆，雁塔区红专南路社区，锦园新世纪花园社区	面对面非结构化访谈了西安市高陵区文化馆馆长，雁塔区红专南路社区工作人员，锦园新世纪花园社区工作人员。
2015.10	四川	成都市文化馆，成都市武侯区文化馆，成都市高新区芳草社区综合文化活动中心	面对面非结构化访谈了成都市文化馆馆长及工作人员，成都市武侯区文化馆馆长及工作人员。
2016.05	北京	朝阳区文化馆，朝阳区垡头地区文化中心，劲松街道综合文化中心，北京俄罗斯文化中心	面对面半结构化访谈了朝阳区文化馆工作人员，朝阳区垡头地区文化中心图书馆管理员，劲松街道综合文化中心工作人员。
2016.05	山东	济南群艺馆，德州市齐河县文化馆，滨州市文化馆，滨州市滨城区文化馆	面对面结构化访谈了德州市齐河县文化馆工作人员，滨州市文化馆馆长，滨城区文化旅游新闻出版局副局长。
2016.06	新疆	—	以电话形式结构化访谈了克拉玛依文化体育局文化科长。
2016.07	浙江	南湖区新丰镇文化活动中心，新丰镇永丰村文化活动中心，嘉善县魏塘街道文化中心，海盐县沈荡镇横泾村文化活动中心	以非结构化访谈和座谈会形式访谈了嘉兴市文化局副局长，文化处处长。

续表

时间	省份	调研机构	访谈方式及访谈对象
2016.11	重庆	大渡口区：区文化馆，春晖路街道、新山村街道跃进村街道、茄子溪街道文化站，新一社区文化室 渝中区：区文化馆，大溪沟、望龙门文化中心，幸福巷社区福馨园社区服务站，南纪门劳务市场农民工图书馆	以当面访谈、面对面访谈，半结构化访谈+非结构化访谈采访了以下人员。 采访了大渡口区文化馆办公室主任，文化委文化科长，街道和社区工作人员。 采访了渝中区文化委文化科长，区文化馆馆长，办公室主任等。
2017.3	北京	北京市群艺馆	半结构化访谈了北京市群艺馆理论调研部主任。
2017.5	嘉兴	—	电话访谈：嘉兴市文化局文化处处长
2018.01	北京	海淀区北部文化中心文化馆	面对面访谈、非结构化访谈：海淀区北部文化中心文化馆馆长
2018.9	嘉兴	—	电话访谈：嘉兴市文化局文化处处长
2018.06	重庆	江津区文化馆，江津区白沙镇文化站，珞璜镇合解村综合文化服务中心 大渡口区文化馆 渝中区文化馆	非结构化访谈了江津区文化委副主任，文化科长，文化委职员，江津区文化馆馆长。 非结构化访谈了大渡口区文化馆工作人员，渝中区文化委文化科长，渝中区文化馆书记。

1.4.2　访谈法

为了了解我国文化馆总分馆制建设的真实进展、存在的问题、经验与教训，验证研究中的假设等，本书还采用了访谈法。访谈的对象是文化馆、图书馆专业研究人员、文化主管部门工作人员、一线从业人员等。文化馆、图书馆专业研究人员主要是近几年对公共文化服务体系建设、公共图书馆总分馆制、文化馆总分馆制、文化馆研究等较为关注者。被访谈的文化主管部门工作人员主要是国家公共文化服务体系示范区文化主管部门的主要负责人或相关工作人员，他们作为文化馆总分馆制建设的设计者、实践者、亲历者与见证人，一方面负责解读文化馆总分馆制建设的政策性文件，另一方面又要将政策转化为可操作的实施方案，熟稔政府与现实之间的差距何在。笔者还访谈了文化馆一线从业人员，文化馆总分馆制的建设起点是文化馆，因此对文化馆一线从业人员的访谈相当必要。

在访谈计划的安排上，笔者往往将访谈与实地调查相结合，一则能够加深对所观察到现象的理解，二则能够即时解答笔者心中的疑惑。在访谈方式上，笔者采用了结构化、半结构化、非结构化方式，围绕着文化馆总分馆制这个大主题，根据访谈对象的身份、阅历、关注点确定基本采访问题，并在采访过程中随时进行补充和调整。面对面的访谈使用较多，因为它能够促使笔者与被访谈对象及时沟通，通过肢体语言、口气等变化随时调整访谈问题，但限于经费，有些访谈只能用电话访谈方式进行，如对新疆克拉玛依市文化体育局文化科长的访谈、对重庆市大渡口区文化委文化科长的访谈。在采访记录的整理方面，征求被采访对象的意见，被允许情况下会录音，否则以现场记录方式留存访谈资料。

1.4.3 案例研究法

案例一方面为文化馆总分馆制研究提供了鲜活的样本与分析对象，从中寻找规律、引发思考；另一方面也为本研究的假设与理论提供了验证。

本书主要采用多案例研究法，通过对多个案例的分析得出具有说服力的结论。本书重点分析了美国、英国、日本、新加坡等国公共图书馆总分馆制案例，希望这些国家公共图书馆总分馆制的成功经验给我国文化馆总分馆制的研究与实践提供有价值的借鉴。由于日本、新加坡、以色列三个国家在文化馆类似机构的总分馆制建设方面有较为丰富的经验，可以获取到一些资料，所以本书在文化馆案例选择方面集中在了这三个国家。国内公共图书馆总分馆制建设比较成功的地区主要有浙江嘉兴市、广东佛山市禅城区、江苏苏州市、浙江杭州市、上海市等，学者们的研究也集中于这些城市，所以本书也重点考察了这些城市公共图书馆总分馆制建设情况，分析了它们的建设规律与核心问题。国内文化馆总分馆制的案例主要选择业内关注度较高的几个案例，如嘉兴市各区县、重庆市渝中区、重庆市江津区、重庆市大渡口区、苏州市张家港市等。

1.4.4 比较研究法

比较研究法对文化馆总分馆制关键问题的研究起到了重要作用。笔者在分析多个国家总分馆制案例的过程中发现，一个总分馆制可以有多个责任政府负责建设，总馆与分馆均可以具有独立性。这种认识就是在对多个案例的比较过程中逐步形成的。据此，笔者得出了政府投入方式并不决定总分馆一体化程度的结论、一体化总分馆制也可以由政府多元投入，继而提出了文化馆总分馆制建设的五个关键问题。

本书还从历史纵向角度比较了我国20世纪50年代与21世纪的文化馆总分馆制。对它们比较之后发现，我国当前正在建设的文化馆总分馆制基本上都建立在多层级政府负责、多级政府财政投入的基础上，与20世纪50年代初建立的直接管理式总分馆制差别较大。

1.4.5　文献调研法

对于国外文化馆、公共图书馆总分馆制实践，本书主要采用了文献调研法。限于时间、精力与经济状况，笔者无法亲赴国外进行实地调研，访谈法也受到了限制，因此笔者以已有文献信息提供的线索为基础，在互联网上搜索国外文化馆、公共图书馆总分馆制的案例，并将这些案例进行汇总。以美国为例，笔者以美国图书馆协会、各州图书馆的官方网站为基础信息源，摸清美国的图书馆系统基本情况，然后再对各图书馆系统进行逐个检索，最后将信息较全、做法具有代表性的案例进行汇总整理。对日本公民馆的典型做法也采用了类似步骤，首先从日本文部科学省的网站获取公民馆整体信息，其次再对具有多个分馆的市町村公民馆进行针对性了解，最后辅以一些研究成果和介绍性资料进行整理分析。

采用文献调研法极大地丰富了本书的案例，对国外文化馆、公共图书馆总分馆制的梳理具有非常重要的意义。因为本书的研究是建立在案例基础上的，而国外做法的多样性拓展了笔者的研究视野和思路，对于关键问题的提出、构建具有根本性意义，从实践层面支撑、检验了关键问题之间的逻辑关系。

1.5　研究思路与内容

1.5.1　研究思路

本书总体上按照“文化馆总分馆制研究的必要性——国内外经验借鉴——关键性问题分析——我国文化馆总分馆制建设实现方式”逻辑顺序展

开研究（详见图1.2）。在研究的必要性部分，重点总结归纳了研究背景、基础概念、基本方法、理论基础、政策发展、相关研究的基本成果等内容。国内外经验借鉴则主要对国内外文化馆总分馆制、公共图书馆总分馆制基本情况进行概括性分析，进而总结出国内外总分馆制建设的成功经验。在国内外实践情况的总结基础上，运用相关理论，对决定文化馆总分馆制建设成功的关键问题——政府责任、治理方式、管理模式、资源配置、地域单元进行了详细研究。这是本书的核心研究内容。最后，根据对关键问题研究所得结论，分模式地对我国文化馆总分馆制建设的实现方式进行了较为系统的研究，这是本书的研究价值体现。

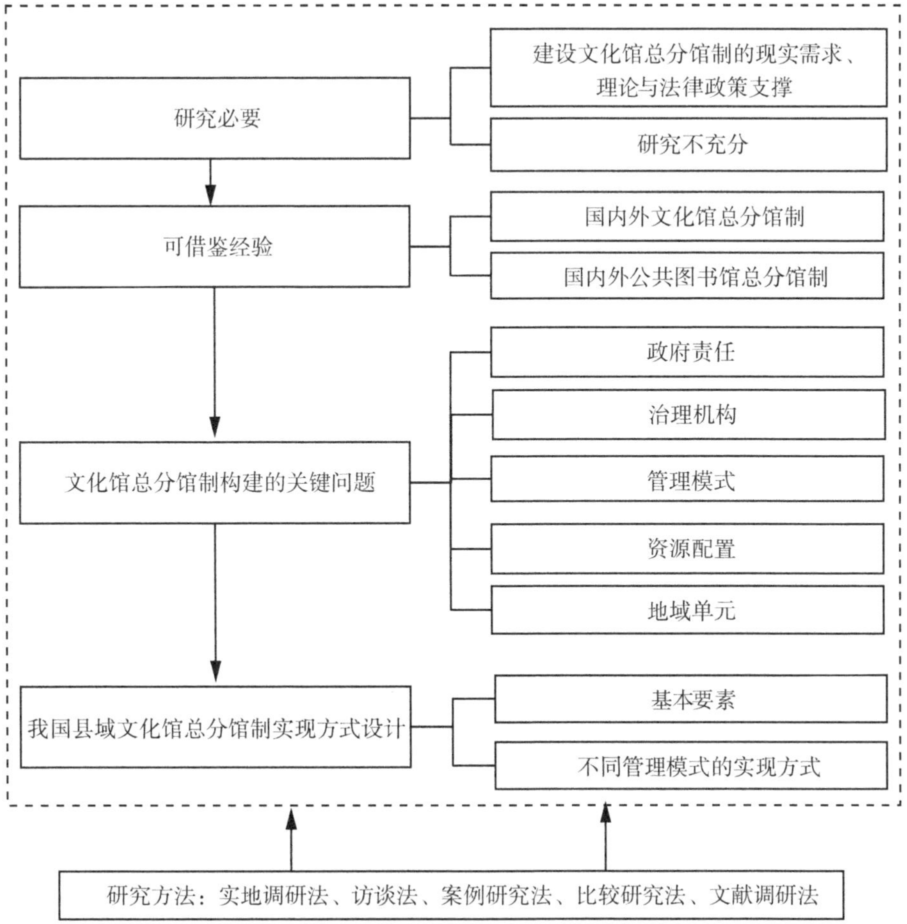

图1.2 本书研究基本逻辑思路图

1.5.2　章节安排与内容

第一章：首先阐明本书的研究缘起，并从理论和实践两个层面分析文化馆总分馆制的研究意义。其次对贯穿全书的核心概念进行界定，为后续研究做好基础性概念铺垫。再次，对国内外的研究现状进行归纳梳理，明确了研究基础与切入点。最后，阐述本研究的研究框架、研究思路，并总结所使用的研究方法，指出研究难点和创新点。

第二章：分析文化馆总分馆制建设的进展与迫切性。首先回顾文化馆、文化馆总分馆制在我国的发展历史与现状，然后探讨了建设文化馆总分馆制的现实需求与意义。

第三章：探讨文化馆总分馆制建设的理论支撑与政策保障。本章应用了多个理论分析文化馆总分馆制的可行性，主要包括 4 个理论主题：发展理念、基本公共服务均等化、规模效应理论和组织理论。在文化馆总分馆制的政策保障方面，梳理了总分馆制的政策法律演变，分析了五部委（文化部、新闻出版广电总局、体育总局、发展改革委、财政部）文件《关于推进县级文化馆图书馆总分馆制建设的指导意见》，最后探讨了政策法律对文化馆总分馆制建设的引领、保障作用。

第四章：分析文化馆、公共图书馆总分馆制管理模式的划分依据，并且提出了三种管理模式。在此基础上，将国内外文化馆、公共图书馆总分馆制经验进行了总结。在国内外经验总结的基础上，提炼出总分馆制建设的一些成功经验，为后续章节的论证做好铺垫。

第五章、第六章：围绕着对文化馆总分馆制有重大影响的五个问题，对其进行深入分析。这五个问题是政府责任、治理机构、管理模式、资源配置、地域单元。每个问题的研究重点在于分析该问题的重要性、一般原则和我国实践中遇到的困难。

第七章：具体设计我国县域文化馆总分馆制实施方案。本章首先分析了基本问题，对文化馆总分馆制不同管理模式都会遇到的共性问题提出解决的思路。然后，针对我国县域的现实情况，提出了四种典型管理模式的具体实现方式，并对如何实施进行了细致研究。

第八章：系统总结、梳理本书的整体研究结论，分析本研究存在的一些不足，并提出进一步的研究方向。

1.6 研究难点与创新点

1.6.1 研究难点

①已有研究成果比较薄弱。文化馆总分馆制现有研究成果数量不多、深度不足，导致本书可以借鉴的研究资料不充分。国内的研究主要集中在对总分馆制管理模式的描述、历史发展梳理等方面，多采用经验研究方法，对于总分馆制背后的规律与理论分析不够深入。

②资料难以获取。本研究与实践进展结合比较紧密，因此需要较多实践材料支撑，而有关文化馆运行的资料在统计和评估方面尚未建立较为规范的标准，数据公开度也不足，资料收集有一定难度。由于政府信息公开程度和水平不同，获取不同国家相关资料的难度也不一样。相对来说，美国、日本的资料最易获取，它们的政府、协会、公共图书馆及公民馆的网站资料较为齐全，且更新较为及时。对于我国来说，除去“中国知网”“万方”这样的学术数据库外，有关文化馆、公共图书馆总分馆制的资料更多地依赖于会议、发布会等，官方公开渠道可以获取的资料甚为寥寥，且存在资料陈旧、不完整、语焉不详等问题，给本研究的资料获取带来了一定的限制。

③语言障碍。本书借鉴了日本公民馆、公共图书馆的经验，这些材料以日语为主，在翻译软件的帮助下，笔者能够理解大部分内容，但是在资料之间的连贯、通达解释等方面往往需要笔者花费许多精力。同样的问题还出现在对德国、法国等非英语国家的资料理解方面。

1.6.2 创新点

本书的创新点主要集中表现在三个方面：

①从组织理论角度研究文化馆总分馆制。本书提出了文化馆总分馆制应符合一般组织特征的观点，具有一定的创新性。将文化馆总分馆制看成是一个组织，一方面可以用组织理论解释文化馆总分馆制的特征和规律，另一方面有助于总结、提炼文化馆总分馆制建设的关键问题。

②提出了文化馆总分馆制的三种基本管理模式，并研究了它们的特征与适用条件。受到各地方的政治、经济社会、文化、地理等因素影响，文化馆总分馆制特点各异。然而，作为一种普遍应用的组织，文化馆总分馆制也有一定的规律可循。本书对众多文化馆、公共图书馆总分馆制案例进行深入分析之后，

提出了三种基本管理模式，并分析了这三种管理模式的适用条件，这样的归纳与总结具有一定创新性。

③总结提炼出文化馆总分馆制建设的五个关键问题。本书通过对相关学科理论与总分馆制实践的思考，明确指出并深入分析了决定文化馆总分馆制成功建设面临的五个关键问题：政府责任、治理机构、管理模式、资源配置和地域单元，并且勾画出它们之间的关系，具有一定创新性。

第2章　文化馆总分馆制建设的进展与意义

2.1　文化馆、文化馆总分馆制发展沿革

2.1.1　文化馆发展沿革

1. 文化馆

文化馆萌芽于清末，在民国时期有所发展。1905年，清政府宣布实施“新政”，设立宣讲所、图书馆及简易识字学塾，先进的知识分子在一些大中城市开始创办白话报、阅报社、讲演会、宣讲所等民间机构，这被认为是文化馆的萌芽形式。1915年8月，江苏省政府在南京创办第一个通俗教育馆，集多种通俗教育设施和形式于一体，其他省纷纷仿效。1929年，教育部令各省市整理改组旧有社教机关，扩充民众教育馆，各省纷纷响应。到1930年前后，通俗教育馆基本都改名为民众教育馆。1930年到抗战全面爆发，国内局势相对稳定，政府增加了民众教育馆经费、注重培养人才，民众教育馆迅速发展。1937年7月到1945年8月这段时期，大多数民众教育馆或闭馆，或随迁后方，幸存下来的民众教育馆大多勉强维持。1945年日本宣布无条件投降，民国政府接受日伪文化机构，恢复各级教育行政机关，各省教育厅纷纷发布社会教育战后重建计划，对民众教育馆恢复、充实发展给予了重视，民众教育馆有所恢复。1946年底内战爆发，民众教育馆的“复原”步伐受到阻碍。1948年后，一些地区相继解放，民众教育馆陆续恢复①。

1949年到1978年期间的文化馆事业发展颇为曲折。1949年之后的文化馆一部分由之前的民众教育馆改建而成，一部分是新建的，民众教育馆与文化馆

① 周慧梅．近代民众教育馆研究［M］．北京：北京师范大学出版社，2012，2：76.

之间存在延续关系。到 1952 年，全国范围内共有文化馆 2430 个，文化站 4107 个①。1955 年开始建立群众艺术馆，到 1957 年全国各省、自治区、直辖市群众艺术馆陆续建立。但是从 1957 年起，反右派斗争的扩大化使群众文化部门的部分领导干部和业务骨干被错划为“右派分子”，严重挫伤了文化馆干部的积极性。1958 年 8 月和 10 月，原文化部先后在安徽、郑州召开了省、市、自治区文化局长会议和全国文化行政会议，部署了文化工作的“大跃进”②。1959 年—1961 年我国国民经济面临严重困难，人们忙于生产自救，文化馆人也投入其中，开展的文化活动较少。随后，文化馆面临或被撤销，或与其他文化机构合并的状况，文化馆人员精简，群众文化工作处于瘫痪状态，这给文化馆事业造成了损失③。1961 年以后，随着全国贯彻执行“调整、巩固、充实、提高”的方针，国家建设重新走向繁荣，文化馆事业又出现转机，逐渐复兴起来。1962 年及以后，一些文化馆得到恢复，1963 年—1964 年间，一些文化馆的人员得到了扩充，文化活动逐渐开展起来。1966 年—1976 年是文化馆衰退时期。这一时期是“文化大革命”时期，许多文化馆被撤销，文化活动停止，人员被下放。1969 年，一些文化馆人员开始调回，文化馆恢复建制，但数量不多。1972 年之后，许多文化馆的工作人员调回城市，文化馆逐渐恢复，在开展时事政治宣传活动的同时，也开始举办群众文化活动。1973 年以后，特别是邓小平同志主持中央日常工作时期，全国各地的文化馆逐渐恢复④。

“文革”结束后，大批干部回到文化馆工作岗位，文化馆工作迅速恢复。特别是 1978 年十一届三中全会以后，文化馆干部逐渐回到工作岗位，文化馆事业逐步走上了发展的轨道，文化馆事业建设取得全面发展。文化馆设施在 2005 年基本实现县县全覆盖。文化馆作为公益性文化事业单位的性质得以确立，其经费、人员、设备都得到了保障和提升。2005 年，国家提出建设公共文化服务体系，文化馆事业得到快速发展，其服务模式、服务内容、建设方式等都得到了进一步拓展和优化。文化馆建设标准的制定、四次文化馆评估、一次文化站评估等工作都促使全国文化馆事业向规范化、标准化方向迈进。

---

① 孙进舟．中央群众艺术馆的兴衰与中国艺术馆的筹建［G］//中国艺术馆筹备处，北京华人经济技术研究所．中国群众艺术馆志．北京：社会科学文献出版社，1997，6：909-912.

② 文化部．关于加强群众文化工作的几点意见［G］//中国艺术馆筹备处，北京华人经济技术研究所．中国群众艺术馆志．北京：社会科学文献出版社，1997，6：905-908.

③ 吉林省群众文化学会．文化馆学［M］．长春：吉林大学出版社，1988：37.

④ 吉林省群众文化学会．文化馆学［M］．长春：吉林大学出版社，1988：39.

2. 文化站

文化站建设始于1949年之前的民众教育馆。1932年，南京国民政府颁布的《民众教育馆暂行规程》规定，民众教育馆应逐渐推广至农村，“每县得就本县原有自治区或学区划分民众教育区，分设民众教育馆，名为县立某地民众教育馆”。

1949年到20世纪末，文化站的建设在政府安排中一直处于政策上重视、财政上支持不足的状态。如1951年，山东省人民政府发布的《关于人民文化馆（站）组织及工作纲要试行草案》规定，农村地区应设人民文化站，但还不能大量设立，只能有重点地试设，到1965年山东省仍然持“重点设立”的观念。1953年，原文化部认为，建国以来文化站发展太多太快，工作质量一般，要求各地一律不再发展文化站，集中力量对已有文化站进行认真整顿和改进。文化站在行政上受当地区人民政府领导，在业务上受县（区）文化馆指导，文化站的专职干部只有一人，因此在日常工作中须注意在自愿条件下吸收群众中的积极分子协助进行①。1958年，天津市在《农村群众文化工作五年规划》（讨论稿）中确认建设乡文化站是必要的，但只能群众自办②。1958年到1976年，受政治运动影响，文化站的工作基本处于瘫痪状态。

1976年之后，我国重新建设了一批文化站。据1979年数据统计显示，22000多个文化站中，社办公助和社办文化站17000多个，这些文化站绝大部分是新建立的③。农村文化事业经费很少，当时主要依靠集体经济的力量来开展农村文化活动。1980年7月，原文化部在《关于加强群众文化工作的几点意见》中指出，全国约三分之二的公社还没有建立文化站，要争取在1985年以前分期分批地建立起来④。1982年，国家将文化站建设正式列入国民经济

① 中国艺术馆筹备处，北京华人经济技术研究所．中国群众艺术馆志［G］．北京：社会科学文献出版社，1997，6：875-877.

② 韩永进．中国图书馆事业发展报告：农村图书馆卷［M］．北京：国家图书馆出版社，2016，3：24.

③ 文化部．关于加强群众文化工作的几点意见［G］//中国艺术馆筹备处，北京华人经济技术研究所．中国群众艺术馆志．北京：社会科学文献出版社，1997，6：905-908.

④ 中国艺术馆筹备处，北京华人经济技术研究所．中国群众艺术馆志［G］．北京：社会科学文献出版社，1997，6：905-908.

建设和社会发展第六个五年计划，明确提出“乡乡有文化站”① 的工作要求。1983 年 1 月的《全国农村体育工作会议纪要》指出，农村体育要充分利用文化中心、文化站和“青年之家”开展活动，使之逐步实现阵地化、经常化、多样化②。1984 年，《国务院办公厅转发〈文化部关于当前农村文化站问题的请示〉的通知》对文化站的性质、任务、人员和经费等作了明确的规定，并要求给每个文化站配备国家编制的专职人员 1 人，其工资、福利等与文化馆干部同等对待③。1992 年 5 月原文化部颁布了《文化站管理办法》④。

进入 21 世纪，文化站发展迎来了曙光。2000 年，《文化事业发展第十个五年计划纲要》对文化馆工作的任务布置如下：“十五”期间新增建乡镇文化站 5000 个；对面积狭小、馆舍危旧、设施简陋的文化设施进行维修或改造；在城市社区配套建设文化活动中心或其它文化设施；搞好文化企事业单位从业人员的岗位培训和学历后继续教育，逐步统筹解决全国乡镇文化站事业编制问题。2004 年 3 月，原文化部、国家文物局印发的《关于公共文化设施向未成年人等社会群体免费开放的通知》要求文化馆、文化站要加强少儿文化活动的辅导和培训工作，组织开展丰富多彩的少儿活动⑤。2005 年 11 月，中办、国办《关于进一步加强农村文化建设的意见》提出，文化信息资源共享工程要与农村文化设施建设统筹规划，乡镇综合文化站、村文化活动室逐步具备提供数字化文化信息服务的能力。2006 年 10 月，国务院办公厅印发《国家“十一五”时期文化发展规划纲要》提出力争到“十一五”期末，基本实现乡镇有综合文化站，行政村有文化活动室，建立农村文化建设的长效机制⑥。“十

① 中国艺术馆筹备处，北京华人经济技术研究所．中国群众艺术馆志［G］. 北京：社会科学文献出版社，1997，6：938-941.

② 中国艺术馆筹备处，北京华人经济技术研究所．中国群众艺术馆志［G］. 北京：社会科学文献出版社，1997，6：930-933.

③ 蔡武．改革 发展 繁荣：改革开放 30 年中国文化发展报告［G］. 北京：文化艺术出版社，2008：218-219.

④ 文化站管理办法［EB/OL］.（1992-05-27）［2017-10-20］. http：//www. chinalawedu. com/falvfagui/fg22598/23446. shtml.

⑤ 最高人民检察院《法律手册》编委会．教育管理与学生维权常用法律法规精编［S］. 北京：中国检察出版社，2013，10：284-285.

⑥ 国家“十一五”时期文化发展规划纲要［EB/OL］.（2006-09-13）［2018-01-05］. http：//www. china. com. cn/policy/txt/2006-09/13/content_7158849_5. htm.

一五”期间，我国基本实现乡乡有综合文化站的建设目标①。为解决乡镇综合文化站设施“空壳”问题，财政部2008年至2010年连续三年安排乡镇文化站11.62亿元用于设备购置，为已达标的乡镇文化站配备文化信息资源共享工程设备和开展文化活动所必须的设备器材②。2011年，原文化部、财政部发布了《关于推进全国美术馆、公共图书馆、文化馆（站）免费开放工作的意见》规定，乡镇综合文化站免费开放经费的补助标准每站每年5万元，中央财政负担中西部地区的50%和80%，对东部地区免费开放工作实施效果好的地方予以奖励③。

3. 文化室

我国文化室是对应于行政村和社区而建设的，一直到“十二五”（2011—2015）期间，文化室建设才普遍受到了政府重视。

较早提到文化室建设的政府文件出现在1980年10月，原文化部、教育部、中国科协、全国总工会、共青团中央在《关于切实解决青少年文化活动场所的意见》中指示农村公社、大队逐步建立文化站、室和公社（小城镇）文化中心④。1982年，一些大队（村）和城市的居委会办起了文化室（俱乐部）⑤。1994年，原文化部发布的《关于加强农村文化工作的若干意见》提到，相当数量集体办的村文化室、图书室、俱乐部等停止活动或解体。1998年11月，《文化部关于进一步加强农村文化建设的意见》提出到2010年有条件的村要积极建立文化室。2001年原文化部在《文化部关于“十五”期间文化建设的若干意见》中提出要加强城市社区公共文化设施配套建设⑥。同年，

---

① 蔡武．改革 发展 繁荣：改革开放30年中国文化发展报告［G］．北京：文化艺术出版社，2008：249.

② 中华人民共和国文化部．中国文化文物统计年鉴（2011）［M］．北京：国家图书馆出版社，2011：1.

③ 国家图书馆研究院．我国图书馆事业发展政策文件选编（194902012）［S］．北京：国家图书馆出版社，2014，11：258-262.

④ 山东省文化局．关于整顿提高公社文化站的报告［G］//中国艺术馆筹备处，北京华人经济技术研究所．中国群众艺术馆志．北京：社会科学文献出版社，1997，6：909-912.

⑤ 中国艺术馆筹备处，北京华人经济技术研究所．中国群众艺术馆志［G］．北京：社会科学文献出版社，1997，6：938-941.

⑥ 文化馆关于印发《文化馆关于“十五”期间文化建设的若干意见》和《文化部关于深化文化事业单位改革的若干意见》的通知［EB/OL］．（2010-10-18）［2017-10-10］．http：//www.chinabaike.com/law/zy/bw/gw/whb/1356537_5.html.

原文化部又在《文化部关于贯彻落实“三个代表”重要思想进一步加强农村文化工作的通知》中提出有条件的村（寨）要建文化室或图书室。

2005 年以后，经济发达地区的政府开始重视镇、村一级的文化建设①。2005 年 11 月，中办、国办《关于进一步加强农村文化建设的意见》提出，文化信息资源共享工程要与农村文化设施建设统筹规划，乡镇综合文化站、村文化活动室逐步具备提供数字化文化信息服务的能力。2005 年 9 月，原文化部编制并发布了《文化建设“十一五”规划》要求重点向西部地区国家扶贫开发工作重点县的图书馆、乡镇文化站和农村文化室配送图书。2006 年 10 月，国务院办公厅的《国家“十一五”时期文化发展规划纲要》提出，力争到“十一五”时期末，行政村的文化活动室实现全覆盖。2005 年 12 月，中共中央、国务院发布了《关于推进社会主义新农村建设的若干意见》，对于农村文化事业提出了要求，要求各级财政增加对农村文化发展的投入，加强村文化室等公共文化设施的建设②。2011 年，《文化部关于加强村级文化建设的指导意见》提出到 2015 年，全国基本实现村村有文化设施，有稳定的文化队伍，有常态化的文化活动和基本服务内容，有健全的保障机制，村级文化服务能力显著提高③。

2.1.2　文化馆总分馆制进展

总分馆制对于文化馆而言，并不是一个新生事物，只是在漫长的历史进程中，它未能得到广泛推广。

1. 21 世纪之前的文化馆总分馆制实践

20 世纪 50 年代初，我国部分市、县文化馆设立时就建设有分馆、文化站。到了 20 世纪 50 年代后期、60 年代初期，由于行政区划调整或分馆（文化站）服务质量不高，一些分馆和文化站被取消了。

文革之后，文化馆逐渐恢复，少量文化馆又开设了分馆。1981 年，原文化部在《文化馆工作试行条例》中提出，“人口众多，区域辽阔的县，文化馆

---

① 姚萌．公共图书馆服务体系建设研究［D］．长春：吉林大学，2010.

② 关于推进社会主义新农村建设的若干意见［EB/OL］．(2005-12-31)［2017-11-12］．http：//www.china.com.cn/chinese/PI-c/1130430.htm.

③ 中华人民共和国文化部．中国文化年鉴 2012［G］．北京：新华出版社，2013：187-190.

可根据实际需要和可能，在大集镇、边境口岸、偏远山区设分馆或国办文化站。①” 1992 年，原文化部颁布的《群众艺术馆、文化馆管理办法》提到“文化主管部门根据需要可适当设立文化馆分馆，属文化馆派出机构。”但由于文化馆、文化站在我国尚未全面普及，文化馆总分馆制并不具备全面建设的条件，只有个别的文化馆设立了直属式分馆，跨行政区设置者不多。

2. 21 世纪之后的文化馆总分馆制实践

2010 年前后，跨行政区建设文化馆总分馆制在我国逐渐获得政府重视。2008 年，嘉兴市海盐县开始试验村级文化专职管理员制度，这是一种自发组织的文化馆总分馆制试验。2011 年，原文化部开始首批国家公共文化服务体系示范区（项目）创建工作，重庆市渝中区和大渡口区分别开始探索文化馆总分馆制。2012 年，山东省滨州市滨城区开始试验文化馆总分馆。在 2013 年开始的第二批国家公共文化服务体系示范区（项目）建设中，嘉兴在全市范围内推广了文化馆总分馆制。同年获得示范区创建资格的克拉玛依市根据自身特点探索建立“总分馆体系+联盟馆”的文化馆总分馆制。张家港市从 2014 年开始探索文化馆总分馆制。在地方实践取得进展的同时，业界对文化馆总分馆制这一事务也给予了关注，在学术刊物上发表了一些实践研究的论文，新闻媒体也进行了一些报道。

2016 年《关于推进县级文化馆图书馆总分馆制建设的指导意见》发布前后，文化馆总分馆制得到迅速发展。从 2016 年的个别地区试验开始走向有部署的全面发展，表现为省级文化行政部门或省文化馆作为文化馆总分馆制的推手开始走向前台，以省为单位整体部署，一般采取以部分县为试点在全省示范和探索。2016 年 6 月，江苏省确定苏州市张家港市文化馆、南通市海安县文化馆、盐城市射阳县文化馆为该省县级文化馆总分馆制试点单位。广东省 2016 年计划以县为单位，每年试点 10 个县，到 2020 年扶持建设 60~100 个图书馆文化馆总分馆，每年对经济欠发达地区总分馆试点建设给予一定的经费支持。2017 年江西省文化厅下发了《全省县级文化馆总分馆制建设实施方案》，决定在该省分批开展县级文化馆总分馆制试点工作；要求到 2020 年底，该省 80%以上的县（市、区）文化馆为总馆、乡镇（街道）综合性文化服务中心

---

① 中国艺术馆筹备处，北京华人经济技术研究所．中国群众艺术馆志［G］北京：社会科学文献出版社，1997，6：915-918.

为分馆、村（社区）综合性文化服务中心为服务点建成总分馆体系。2017 年，四川省文化馆与 21 个市（州）21 个县（区）级文化馆分别签订了战略联盟框架协议，启动四川省数字文化馆总分馆制建设进程。2017 年，山西省选择 17 个县（市、区）建设文化馆总分馆制。

3. 21 世纪前后文化馆总分馆制的比较

21 世纪前后的文化馆总分馆制在设置理念、规模、管理模式和覆盖的地域范围等方面存在较明显差异。

在设置理念方面，21 世纪前，文化馆总分馆制的设置理念是弥补单个文化馆服务能力不足；21 世纪后，文化馆总分馆制的设置理念是提供普遍均等的文化馆服务。这两者的区别在于，前者以文化馆本职工作为出发点，后者以人民群众需求为出发点。

从规模方面看，21 世纪前，只有极少数文化馆设有分馆，且分馆数量较少。而 21 世纪后，文化馆总分馆制的分馆一般由乡镇文化站承担，数量较多。

在管理模式方面，21 世纪前建立的文化馆总分馆制一般为一体化总分馆制，分馆隶属于总馆。21 世纪后的管理模式有更多创新，除去一体化总分馆制，还有紧密型、松散型和混合型。

在覆盖地域范围方面，21 世纪前建立的总馆与分馆位于同一行政区域、归属于同一级政府；而 21 世纪后建立的总馆与分馆可能跨越多个行政区域，由不同层级政府共同运行。

2.2　文化馆总分馆制建设的现实意义

2.2.1　促进优质文化资源下沉

党的十九大报告指出，我国社会主要矛盾已经转化为人民日益增长的美好生活需要和不平衡不充分发展之间的矛盾，人民对公平、正义等方面的要求日益增长。我国长久以来的城乡二元体制下，导致城市与农村地区的公共文化服务发展差距明显，增加了全面建设小康社会、实现共同富裕的难度。因为我国现阶段建设的小康社会是经济、政治、文化、社会和生态文明五位一体的总体布局和全面发展，公共文化城乡差距会影响小康社会文化方面的发展进度。Steven Van de Walle 等提出，政府在公共服务的覆盖面和服务层次上的缺失和不足，将可能导致政府公信力的下降，引发民众的不信任情绪。因此，政府应实现公共服务水平的全覆盖，提升管理效力①。建设文化馆总分馆制有利于保障人民群众文化权利，全体人民共享改革开放成果，提高政府公信力，促进社会更加和谐、稳定地发展。

文化馆服务作为公共文化服务体系的重要组成部分，它在资源分配方面存在城乡不均的问题。文化馆服务受到地域范围的限制，我国的省、市、县文化馆主要服务于城市居民，街道文化站和社区文化室也服务于城市居民。乡镇和村的居民只能享受到乡镇文化站和村文化室的服务。由表2.1可知，我国城市地区的文化馆站资源在馆均从业人员、专业技术人员占比、馆均接受培训人次、馆均实际使用房屋建筑面积和馆均收入方面均优于乡镇文化站。与此同时，乡镇文化站工作人员普遍存在不专职、不专业、不专心等问题，服务效果不甚理想。但省、市、县文化馆基本可以实现专人负责。

表2.1　**城市和农村文化站资源比较**

项目	机构数（个）	馆均从业人员（人/个）	专业技术人员占比（%）	馆均受训人次（人/个）	馆均实际使用房屋建筑面积（m^2/个）	馆均收入合计（千元/个）
城市文化馆站	10052	19.47	38.09	47.91	1662.30	1254.11
乡镇文化站	34239	2.80	27.23	17.94	635.92	238.61

注：数据来源于《中国文化文物统计年鉴（2016）》。

文化馆总分馆制可以促进优质文化资源下沉，促进城乡文化一体化发展。就目前来说，优质的文化馆资源主要聚集于城市地区，设施设备、人员数量、人员专业能力水平等方面均表现为城市优于农村的状况。而文化馆总分馆制将一个地区的文化馆事业纳入到统筹发展规划中，打破了“孤岛式”发展的局限，它可以将城市的优质文化资源输送到基层、农村地区，带动基层、农村的文化服务发展，这方面的成效可以参考公共图书馆总分馆制。嘉兴市将乡镇图书馆纳入到总分馆制中之后，从根本上实现了乡镇分馆高水平、可持续的发

① Steven Van de Walle, Steven Van Roosbroek, Geert Bouckaert. Trust in the Public Sector: Is There Any Evidence for a Long-term Decline? [J]. International Review of Administraive Sciences, 2008, 74: 45-62.

展，2012 年建设的乡镇分馆年到馆人次超出十万，社会效益达到全国县级公共图书馆平均水平①。文化馆的核心服务资源是工作人员及其生产的艺术普及、文化传承类服务活动，通过文化馆总分馆制，城市地区的艺术普及、文化传承类服务活动可以输送到基层和农村。

2.2.2 加快文化馆服务互联网应用

互联网技术已经深刻地影响了人们的生活方式。截至 2017 年 6 月，中国网民规模达 7.51 亿，手机网民规模达到 7.24 亿；通过台式电脑和笔记本电脑接入互联网的比例分别为 55.0% 和 36.5%，我国网民使用手机上网的比例达到 96.3%。以互联网为代表的数字技术正在加速与经济社会各领域深度融合，成为促进我国消费升级、经济社会转型、构建国家竞争新优势的重要推动力②。

与互联网在人们生活中的广泛应用形成鲜明对比的是互联网技术在文化馆应用的滞后。根据北京大学信息管理系李国新教授课题组 2015 年 8 月 16 日~10 月 20 日调研结果显示，省（区）级文化馆中，30 个文化馆开通了网站，西藏自治区、新疆生产建设兵团省级文化馆未开通网站。地（市）级文化馆中，网站的开通率为 63.8%。除江苏省、陕西省县（区）级文化馆网站开通率接近地（市）级文化馆网站平均开通率外，其他各省县（区）级文化馆网站开通率均较低。县（区）级文化馆网站平均开通率也只有 36.8%。已经建好的网站在信息更新和网站内容上也乏善可陈，报道多为转载、雷同之作，宣传活动基本停留在上了电视、上了报纸阶段，传播效果不佳③。

我国文化站缺乏开发互联网服务的资源与能力。在一级政府一级财政的体制下，文化站所获得的经费不足以支持文化站推进互联网服务，无法提供基本的互联网服务。文化站也缺乏相应的技术人员和运维能力，而且由各馆站分别提供互联网服务也不经济。在公共数字文化不断发展的今天，建立一站式的服务平台已经成为互联网服务发展的主流，以总分馆为整体推进互联网应用可大大加速互联网在文化馆行业的应用速度。这是因为，互联网服务具有技术可复

---

① 朱祥仙. 城乡一体化总分馆制背景下的村图书分馆建设及延伸服务——以嘉兴市为例［J］. 图书与情报，2012（3）：92-95.

② 中国互联网络信息中心. 第 40 次中国互联网网络发展状况统计报告［R/OL］.（2017-08-04）［2018-12-13］. http：//www.cac.gov.cn/cnnic40/index.htm.

③ 邢健. 从“低认知”到“全民艺术普及”——群艺（文化）馆全民艺术普及的创新方式调研报告［J］. 大众文艺，2017（02）：9-10.

制性，总馆架设好基本的技术应用框架后，其他文化馆和文化站可以直接应用，而不必自行开发。对于缺乏技术力量和资金的分馆来说，可以充分利用总馆的这些优势，既节约资金，又加快了互联网应用速度。

2.2.3 提高文化馆服务能力

提高文化馆服务能力有利于增加文化自信。十九大报告指出，文化是一个国家、一个民族的灵魂。文化兴国运兴，文化强民族强。没有高度的文化自信，没有文化的繁荣兴盛，就没有中华民族伟大复兴①。一个国家的文化建设不是抛开历史另起炉灶，而是建立在对优秀传统文化继承基础上。而传统文化的传承和弘扬离不开文化馆的作用，因为我国文化馆总分馆制的独特价值之一即传承优秀传统文化。作为传统文化根基的地方文化却存在着跨区域认同度低、难以大范围推广的问题，同时由于它的商业化价值较低，得不到社会资本的关注。而文化馆站立足于本地居民需求，了解地方文化、掌握了地方文化供给需求的充分信息，具备传承地方文化的优势。

但是，文化馆站的现有服务能力有碍其履行该职能。文化馆在群众中认知度低、群众对文化馆服务满意度低。北京市社会科学院课题组对北京市 16 个区县进行了调查，结果显示，北京市民中“年均光顾 0 次”文化馆、群艺馆的占 58.6%，对于文化馆、群艺馆“不清楚的”占 56.8%，对社区阅览室、农家书屋、基层文化站、文化活动室“年均光顾 0 次”的占 64.1%，对社区阅览室、农家书屋、基层文化站、文化活动室“不清楚的”占 62.9%②。2015 年 2~4 月，宁波市调查了当地群众的文化馆到馆率，仅为 51.9%；“不知道当地文化馆地址”的比例高达 49%；“对文化馆活动不感兴趣”和“不知道文化馆有什么”的群众比例为 18.6% 和 17.5%③。群众对文化馆站认知度低、满意度低的重要原因之一即文化馆站的服务水平不能满足群众文化需求。

建设文化馆总分馆制有利于提升基层文化馆站的服务能力。文化馆总分

---

① 决胜全面建成小康社会　夺取新时代中国特色社会主义伟大胜利［R/OL］.（2017-10-18）［2018-03-14］. http：//www. china. com. cn/cppcc/2017-10/18/content_41752399. htm.

② 李建盛. 北京文化发展报告（2011—2012）［M］. 北京：社会科学文献出版社，2012：107-140.

③ 王志明，黄霞芬. 宁波市群众文化需求调研［C］//中国文化馆协会. 全民艺术普及：文化馆的责任与使命 2015 年中国文化馆年会征文获奖作品集. 北京：国家图书馆出版社，2015：7-23.

馆制将分散的文化馆资源化零为整，在文化馆之间劳动分工，有利于工作人员专业技能的培养。文化馆总分馆制将总馆在专业服务能力、政府关系、资源数量和质量等方面的优势与分馆掌握居民信息需求、与居民关系好等优势相结合，提升了总馆对区域内服务资源的调控能力。以公共图书馆为例，美国一些州在 20 世纪 60 年代的图书馆体系建设被认为获得了巨大的成功，主要表现在建立了很多新的图书馆，拓展和增强了已有图书馆的服务。有人说，没有图书馆体系他们会做很多工作，但如果没有图书馆体系的组织、协调他们不会那样做①。这就说明了，总分馆制建设有利于提升整个区域文化馆服务能力。

2. 2. 4　提升文化馆服务效能

文化馆服务是现代公共文化服务体系建设的重要内容。现代公共文化服务体系不是要撇开传统文化事业另起炉灶，而是转换文化事业的发展轨道：从“计划”生产供给文化活动到以群众需求为中心提供文化活动，从内向封闭型体制到外向开放型体制。② 因此，我国现代公共文化服务体系是以现有公共文化机构为基础，将这些公共文化机构纳入到新的发展轨道上。2015 年，中办、国办《关于加快构建现代公共文化服务体系的意见》提出到 2020 年基本建成覆盖城乡、便捷高效、保基本、促公平的现代公共文化服务体系。这一目标要求公共文化服务应具有较高的服务效能，文化馆服务作为现代公共文化服务体系的内容应符合这一要求。

但是，由于文化馆管理体制原因，文化馆服务存在着服务效能不高的问题。“十二五”期间，每平方米乡镇综合文化站年服务人次为 10. 17 人次，不足公共图书馆 1/4，其中年服务少于 1000 人次的占 18. 9%③。2015 年我国文化馆站的人均服务成本为 33. 85 元，公共图书馆为 21. 57 元；2015 年国民平均利用文化馆站的次数为 0. 4 次，公共图书馆为 0. 43 次，而日本公民馆的人均利用次数为 1. 64 次（详见表 2. 2）。武汉大学国家文化财政政策研究基地通

① Long S A. Regional library systems：a tale of cooperation that grew America’s public libraries [J]. New Library World，2005，106（11/12）：556-558.

② 傅才武. 当代公共文化服务体系建设与传统文化事业体系的转型 [J]. 江汉论坛，2012（01）：134-140.

③ 2015 年全国文化发展基本情况 [G] //中华人民共和国文化部. 中国文化文物年鉴（2016）. 北京：国家图书馆出版社，2016，10：9.

过对2015年实验基地15家文化馆、9家文化站的财政投入和产出观察记录发现，在政府投入大幅增加的同时却出现了产出水平下降的局面①。

表2.2 **文化馆、公共图书馆、日本公民馆服务效能比较表**

比较项	财政拨款（万元）	惠及人次（万人）	人均服务成本（元）	从业人员（人）	设施数量（座）	人均利用次数
我国文化馆站	1856374	54829	33.85	173499	44291	0.40
我国公共图书馆	1270354	58892	21.57	56422	3139	0.43
日本公民馆	—	20864	—	45142	14171	1.64

注：我国文化馆站、公共图书馆数据来源于《中国文化文物统计年鉴（2016）》，日本公民馆数据来源于日本文部科学省网站。日本公民馆从业人员包括专职人员7566人，兼任人员9096人，非常勤人员（非常勤是一个与工作风格相关的术语，只能在固定的日期或时间工作）24380人，指定管理者4100人。日本公民馆服务惠及人次为2014年数据。

文化馆总分馆制将各级文化馆作为整体进行统筹，发挥它们的不同作用，可以提高服务效能。重庆市江津区的白沙镇建设总分制之后，到文化站总站参加活动人数增加了40%，图书分馆月均到馆1700人次，比分设之前高出200%②。公共图书馆的已有实践也能为总分馆制的效能提升提供证据。苏州图书馆在建设总分馆体系后对服务效能的测算显示，“以苏州图书馆总馆本身与全国地市级图书馆的平均水平相比，到馆读者的绝对数较高，而人均服务成本相差还不是很大，但作为一个总分馆体系考量，其人均服务成本就下降了许多；单从分馆的服务效益来看，不仅人均服务成本只有11%，而且其到馆读者的绝对数超过了县级图书馆的平均水平”。在服务成本下降的同时，年到馆读者人次也从146万增加到531万，年借出图书册次从49万增加到201万③。深圳南山区图书馆向南山区政府递交的方案中显示，若对南山区社区图书馆进

① 傅才武，郭阳，魏冀．2014—2015年国家公共文化政策研究实验基地观察报告［G］//傅才武．中国公共文化政策研究实验基地观察报告（2016—2017）．北京：社会科学文献出版社，2017，3：3.

② 数据来源于重庆市江津区创建国家公共文化服务体系示范区区域联动会上所发材料。

③ 邱冠华．从职业创新到建立制度——“苏州模式”的新进展［J］．上海文化，2014（04）：4-10.

行整合，结成统一管理的总分馆体系，全区的社区图书馆数量可以从 84 家降到 30 所分馆（同时配备 2 辆流动图书车），而不影响服务的均等①。以上文化馆、公共图书馆总分馆制的效能测算和实践表明，总分馆制确实能更好地利用公共财政，为群众提供更多、更优质的服务。

① 邱冠华．从职业创新到建立制度——“苏州模式”的新进展［J］．上海文化，2014（04）：4-10.

第3章 文化馆总分馆制建设的理论支撑与政策法律保障

3.1 文化馆总分馆制建设的理论支撑

3.1.1 文化馆总分馆制建设的理念导向：创新、协调、开放、共享发展理念

创新、协调、开放、共享是我国政府在十三五规划中提出来的新发展理念，是马克思主义中国化政治经济学的最新成果。十三五时期是我国实现全面建设小康社会的决胜阶段，是我国建设社会主义现代化国家的坚实基础①。因此这一发展理念不仅指导我国十三五时期经济社会的发展方向，还指导着我国未来三十年的发展路径。全面小康社会建设是经济、政治、文化、社会、生态文明“五位一体”全面发展；现代公共文化服务体系是促进文化现代化的重要举措，现代公共文化服务体系建设也是在新发展理念指导下推进。

检验政府创新的标准是，是否以人民为本，是否对民众有利，是否有效率和效益，是否有利于社会经济的协调和可持续发展②。现代公共文化服务体系建设不是对文化事业原有发展路径的强化，而是在新时代适应新形势的以人民为中心的创新发展。文化馆总分馆制改变了文化馆孤岛式发展模式，将一定地域范围内的文化馆组织成为一个整体，有利于提高文化馆的运行效率，拓宽设施覆盖面，应采用创新式发展道路。

在社会发展中，协调是为了正确处理发展中的重大关系，其重点是促

---

① 李君如．马克思主义中国化政治经济学的最新成果——十八届五中全会的重大理论贡献［J］．理论与改革，2016（01）：1-6.

② 谢庆奎．服务型政府建设的基本途径：政府创新［J］．北京大学学报（哲学社会科学版），2005（01）：126-132.

进城乡区域协调发展，促进经济社会协调发展，增强发展的整体性。是为了更好地对资源科学分配和平衡，便于高效达成预期目标。文化馆总分馆制建设是总馆与分馆、政府与政府、政府与文化馆、区域之间协调的过程，因此需要处理好这几者之间的关系，推动文化馆整体发展，推动区域均衡化发展。

开放是从一个组织体系的内部和外部环境出发，提出的一个系统论。巴纳德认为组织不是一个封闭的系统，是组织系统内部要素与外部资源环境有效对接、协作的结果。帕森斯提出组织是其当时所处的大系统的一部分，是依附于大系统的一个子系统。因此组织需要及时、积极地对其所处的环境采取开放式应对策略。文化馆总分馆制是社会大系统的一个小系统，在高效协调内部资源和主体的同时，更需要积极关注社会环境和服务对象的需求变化。

共享发展理念蕴含着共同发展和共享成果两层含义。共享是个人或组织通过系列方式，将自主拥有所有权和使用权的实物及信息类虚拟物品，将使用权（或者产权）与其他个人或者组织共同使用的一种社会行为。共享在提高资源利用效率、拓展服务群体、降低物质采购成本等方面，具有很高的价值。文化馆总分馆制通过将人员、设施设备共享达到降低组织运行成本、提高利用效率的效果。共享理念在文化馆总分馆中的应用有利于文化馆解决资源不足，有效避免重复采购、降低服务资源内容的同质化。

综合以上分析，创新、协调、开放、共享发展理念全方位指导我国文化馆总分馆制建设。在文化馆总分馆制建设过程中，文化馆要通过模式创新、方法创新提高政府公共文化资源配置的效率和效果；提高文化馆内外部资源协调，拓展资源量；将内部组织运营与外部系统环境和市场需求开放联动，实现可持续发展；共享组织资源，提高服务能力。

3.1.2　文化馆总分馆制建设的指导思想：基本公共服务均等化

1. 基本公共服务的内涵

公共服务（public service）的概念源起公共产品（public goods）概念①，它的同等概念还有公共物品。本书将公共服务与公共产品、公共物品定义为没有实质性差别的同等概念。从社会公共管理的角度看，某项物品是否属于公共物品的范畴并不取决于物品本身所固有的自然属性或技术特征，而是取决于物

① 刘斌．公共服务的发展历程：历史与启示［D］．北京：北京大学，2006.

品实际被供给的方式①。本书所理解的公共服务是政府筹集和调动社会资源，通过提供公共产品（包括水、电、气等具有实物形态的产品和教育、医疗、社会保障等非实物形态的产品）这一基本方式来满足社会公共需要的过程，不包括经济调控、市场监管和社会管理。

基本公共服务的概念建立在公共服务概念的基础上。《中华人民共和国国民经济和社会发展第十二个五年规划纲要》提出基本公共服务即“建立在一定社会共识基础上，由政府主导提供的，与经济社会发展水平和阶段相适应，旨在保障全体公民生存和发展基本需求的公共服务。享有基本公共服务属于公民的权利，提供基本公共服务是政府的职责。”基本公共服务中的“基本”在不同国家、不同的发展时期有着不同的内涵。首先，基本公共服务内容与一国国情相关；其次，基本公共服务内容与社会发展阶段相关。在不同的社会发展阶段，基本公共服务的内容是不同的。因此，“基本”是阶段性的、历史性的，不是绝对的、固化的，它会因时间、地点的变化而变化，也会因发展的程度而不断升级，直到更高的需求层次②。现阶段，我国基本公共服务包括公共教育、就业创业、社会保险、医疗卫生、社会服务、住房保障、文化体育、残疾人服务等八个领域③。

2. 基本公共服务均等化的社会意义

基本公共服务均等化有利于实现社会公平。基本公共服务均等化保障公民基本的生存权和发展权，它是一国居民无论身份、地位、职业、性别、年龄等都享有的基本权利，是人与人平等的基本保障。保障公民基本的生存权和发展权是现代社会公平正义的基础，罗尔斯指出：“公正是社会制度的首要价值，正像真理是思想体系的首要价值一样。④”

基本公共服务均等化有利于促进社会和谐发展。在我国经济社会发展取得巨大成就的背后，也隐藏着各种社会矛盾。如城乡之间的差距、区域之间的差距，这些都会影响我国政治、经济、社会的稳定发展。基本公共服务均等化是

---

① James M . Buchanan. The Demand and Supply of Public Goods [M]. Chicago: Rand McNally, 1968: 162.

② 王志雄. 我国基本公共服务均等化研究 [D]. 北京：财政部财政科学研究所，2011.

③ 国家基本公共服务体系“十二五”规划 [EB/OL]. (2013-02-20) [2018-01-01]. http://www.ce.cn/cysc/newmain/yc/jsxw/201302/20/t20130220_36451.shtml.

④ [美] 约翰·罗尔斯. 正义论 [M]. 北京：中国社会科学出版社，1988：1.

对社会整体发展成果的一种调节，是对社会利益的再分配，可以提高落后地区的公共服务水平，让全体人民共享经济社会发展成果。常修泽认为，当今世界一些国家比较稳定，甚至在国家神经中枢出现变化的情况下依然秩序稳定，与其基本公共服务的均等化密不可分。因此，基本公共服务均等化并非某一个国家所特有，而是文明国家的政策选择和制度安排①。

3. 对文化馆总分馆制的思想指导

文化馆服务属于我国基本公共服务范畴，需要满足基本公共服务均等化的一般原则：①机会均等原则。基本公共服务均等化强调人人都有公平可及地获得大致均等基本公共服务的机会②。文化馆总分馆制可以在一定程度上改善文化馆资源分布不均的问题，促进资源的城乡流动，保障居民获得服务的均等机会。②效能原则。基本公共服务是一个调节社会资源配置、满足社会公共需要的过程，以税收、收费或者公民志愿性劳动作为服务提供的成本；因此，相应地需要遵循合理、高效使用社会资源的原则③。总分馆制得到国内外公共图书馆、国外文化馆类似机构青睐的原因之一即它可以提高资源的利用效率、节约公共财政资源，从而提高服务效能。③适应性原则。基本公共服务均等化标准的设置必须考虑经济发展水平、社会凝聚力、各社区社会经济发展的均衡等前提条件④。文化馆总分馆制建设必须考虑到地方财政的承受能力、地区之间的发展平衡度，从而在一定地域范围内建设总分馆制，它并不是追求在一国、一省内的绝对高标准发展。

文化馆总分馆制建设具有重要的社会意义。文化馆服务在我国属于国家基本公共服务范畴，其服务供给应符合基本公共服务的思想要求，即为群众提供普遍均等的服务，而文化馆总分馆制是实现文化馆服务普遍均等的有效途径。文化馆总分馆制建设有利于促进社会公平、和谐发展，对于社会发展具有重要的稳定作用。

---

① 常修泽．中国现阶段基本公共服务均等化研究［J］．中共天津市委党校学报，2007（02）：66-71.

② 国务院关于印发国家基本公共服务体系“十二五”规划的通知［EB/OL］．（2012-07-11）［2017-11-12］．http：//www.360doc.com/content/13/0313/15/4354645_271264552.shtml.

③ 孙晓莉．中外公共服务体制比较［M］．北京：国家行政学院出版社，2007：9-11.

④ 王志雄．我国基本公共服务均等化研究［D］．北京：财政部财政科学研究所，2011.

3.1.3 文化馆总分馆制建设的基本原理：规模效应理论

1. 规模效应理论的内涵及原理

规模效应是一种在生产、服务领域广泛存在的现象。在生产领域，规模效应指的是企业生产活动中，当一种产品的产量到达一定规模以后，产品的平均成本下降的现象①。规模效应的原理一，是通过劳动分工实现规模效应。亚当·斯密在1776年即观察到了由于专业化分工而带来的规模效应。他描述到，一个没有恰当工具的非熟练工人，"即使付出最辛勤的劳动，也几乎难以一天生产一根别针"，但是如果将这一工作恰当地分成18个部分，十个人"一天可生产多至四万八千根别针"。通过劳动分工，工作被分成许多部分，而这些部分"同科学知识或工程知识的某些既定领域相联系时"，就能在工作过程中运用技术。另外，通过加强对技术的利用，劳动力内部的专门化使组织得以利用其成员所拥有的特殊技能，并通过反复的运用和学习促使这种技能的发展②。这种解释的思路是规模化生产带来了劳动分工，劳动分工促进了技术发展，进而降低了单个产品的生产成本。

原理二，是通过提高资源利用率，从而实现规模效应。对于企业来说，固定资产的支出占了较大的投资份额。一般来说，固定资产具有不可分割性和固定成本的可分摊性特点，充分利用固定资产的这个特点可以降低固定资产在产品成本中的占比。将产品产量提高到一定规模以后，固定资产的成本就可以分摊到更多的产品中，平均成本就会降低③。而且，企业在进行大规模生产时，购买原材料的成本会随着采购量上升而降低，从而降低生产成本④。

原理三，是通过扩大受众数量，提升服务水平。对于公共服务来说，扩大服务受众，可以降低单体服务价格。随着居民人数的增加，分担公共服务成本的人数增多而产生"分担效应"，平均分担成本不变而使每个居民获得的服务

① 徐斌．规模经济、范围经济与企业一体化选择——基于新古典经济学的解释［J］．云南财经大学学报，2010，26（02）：73-79.

② ［美］W．理查德·斯科特．组织理论［M］．北京：华夏出版社，2002：179-181.

③ 徐斌．规模经济、范围经济与企业一体化选择——基于新古典经济学的解释［J］．云南财经大学学报，2010，26（02）：73-79.

④ 木北．35岁前要懂得活学活用的经济现象与规则 全民阅读提升版［M］．北京：中国华侨出版社，2015：162-163.

水平提高①。

2. 文化馆总分馆制对规模效应原理的应用

（1）文化馆总分馆制应用了劳动分工原理，提高了工作效率，从而实现文化馆群体的规模效应。文化馆总分馆制不是文化馆与文化馆之间简单的相加，而是有机的融合。文化馆之间通过分工，总馆专注于管理与协调，分馆专注于业务工作。这种分工节省了行政管理人员，业务人员通过重复劳动提高了工作技能，从而提高了文化馆的工作效率。文化馆之间进行分工之后，就会形成相应的管理等级，韦伯认为这种管理等级比传统的社会结构具有更高的效率②。

（2）文化馆总分馆制中，文化馆群通过资源共享，提高了资源利用效率，实现了资源规模倍增的效果。文化馆实现规模效应的难点在于可共享的资源规模比较小，共享条件较高。除去设施和大型设备外，文化馆之间还可以共享的资源如表 3.1 所示。一般来说，文化馆活动是以团体形式举行的，比如艺术普及、文艺汇演、地方文化展览等，多个人可以同时参加这些活动。这些文化馆活动的组织需要较高的智力成本，在多个文化馆站共享，可以扩大单次活动的受众人数。

表 3.1　**文化馆可共享资源表**

服务方式	受众规模	专业性要求	对人员依附性	可共享资源
文化、艺术知识培训	小型	高	高	人员
比赛	中、大型	高	高	人员、比赛项目
演出	中、大型	高	高	人员、演出节目
讲座	小、中型	高	高	主讲人
电影	小、中、大型	低	低	影片
展览	小、中型	低	低	展览资源
文献阅览	小型	低	低	文献资源

① 王德祥，李建军．人口规模、“省直管县”对地方公共品供给的影响——来自湖北省市、县两级数据的经验证据［J］．统计研究，2008，25（12）：15-21.

② ［美］W. 理查德·斯科特．组织理论［M］．北京：华夏出版，2002：180.

（3）对文化馆服务对象来说，获得了更高水平的服务。实施文化馆总分馆制可以提升小型文化馆的服务水平。人力资源是文化馆服务的重要资源，文化馆工作人员所掌握的艺术技能是有限的，建立文化馆之间的合作，可以在文艺技能上互补，拓展和提升人员的专业水平和能力。

文化馆群具备实现规模效应的条件，但并不是规模越大越好。奥利弗·威廉姆森析了企业规模的动态平衡问题，他认为大企业一方面在资金流量调节和提供奖惩激励方面比市场更具优势，从而推动企业的规模扩张；另一方面因为规模过大和过度多样化经营可能导致不经济①。超过合理的规模以后，由于收益递减规律的作用，规模收益会递减，也就是说，会出现规模不经济的情况②。规模不经济的原因之一是管理低效或无效，随着公司规模扩大，管理层级增加和管理幅度加大，导致管理人员信息沟通缓慢③。控制在多大的地域单元内建设文化馆总分馆制，需要从多个方面进行研究。

3.1.4 文化馆总分馆制建设的组织理论基础：交易成本理论

交易成本理论是由罗纳德·科斯提出的，这也是组织存在的基本解释之一。1937 年，罗纳德·科斯提出：为什么在我们这种高度专门化的经济中会有企业？什么是企业？他给出的答案是：企业是一个“特定的关系系统，在这个系统里资源的调动由企业家来完成”，而不是通过价格机制实现。他认为市场的交易过程是有成本的，签订契约、谈判、履约都需要费用。有些情况下，先把一种投入整体雇佣下来，然后再考虑其他细节，会比花费精力和成本去谈判签订契约节约一些费用。科斯认为，这种情形决定了哪些事情需要放在企业内部以及企业的规模：“企业会扩张到这样的程度，内部再组织一个交易所增加的成本正好等于通过正式市场上的交换实现同样的交易，或在另一家企业组织这项交易所需要的成本”④。按照这种解释，组织的构建就是为了有效地对活动过程加以控制，以求交易（社会交互活动）能够顺利地、低成本地

---

① 董帮应. 基于规模经营视角的农户经营主体的变迁［D］. 合肥：安徽大学，2014：11-12.

② 徐斌. 规模经济、范围经济与企业一体化选择——基于新古典经济学的解释［J］. 云南财经大学学报，2010，26（02）：73-79.

③ 闫燕. 规模不经济的原因——管理不经济［J］. 时代经贸（下旬刊），2008，6（12）：65-66.

④ ［美］W. 理查德·斯科特，杰拉尔德·F. 戴维斯. 组织理论：理论、自然与开放系统的视角［M］. 北京：中国人民大学出版社，2011：252.

进行。从契约理论角度看，组织其实就是一组比较长期的契约关系的组合，长期的契约关系替换短期的市场交换关系，可以保持交易的稳定性、安全性、高效性和低成本性；因为组织可以通过制定内部的规则以及组织架构本身所内含的运行特征来为其成员提供多于纯粹市场关系的好处；组织内部的专业分工可以降低单个程序（或环节）的复杂程度，为提高单位时间的产出率准备了技术条件①。奥利弗·威廉姆森将“交易成本”解释为广义的契约成本，包括任务的规划、调整和监控成本，它们“在经济体系中相当于物理系统中的摩擦”②。

交易成本理论从经济角度解释了组织存在的原因。交易成本理论指出，组织之所以存在是因为它是经济的，能够节约成本。笔者认为，文化馆总分馆制之所以能够实现规模效应，其原因是作为一个组织，它确实能够降低成本。如果文化馆总分馆制不是一个组织，那么它也面临着文化馆之间交易成本过高的问题。作为一个组织，它具有稳定性，而且文化馆总分馆制将文化馆之间的谈判、契约等成本转化为组织内部的管理问题。

文化馆总分馆制可以克服文化馆之间联合开展活动中交易成本过高的问题。文化馆总分馆制将多个文化馆连接成为一个组织，将相互协商的成本转化为组织内部的协调、决策、监督过程，减少了不可控因素的影响。在提出文化馆总分馆制之前，文化馆也开展了送戏下乡、文化结亲、互联互动等文化联合活动，与文化馆总分馆制相比，这些活动的弊端可以用交易成本理论进行解释，即契约成本过高。每一次文化活动的组织都要对活动内容、开展形式、开展范围进行协商，协商成功之后还面临着多种不确定因素的困扰，这导致活动举办的契约成本较高，不利于文化馆联合活动的稳定、长期举办。因此文化馆总分馆制有三个优势：首先，与其他文化馆间开展活动的运作模式相比，文化馆总分馆制持久性较高，它不会随时解散；其次，文化馆总分馆制可以反复地用同样的方式做同样的事，这对文化馆服务来说是一个优势；最后，文化馆总分馆制可以制定内部管理规则，对总分馆制内的文化馆制定管理规范、服务标准，有利于文化馆群的服务规范性。

---

① 汪洪涛．制度经济学：制度及制度变迁性质解释［M］．上海：复旦大学出版社，2009：11.

② ［美］W．理查德·斯科特，杰拉尔德·F．戴维斯．组织理论：理论、自然与开放系统的视角［M］．北京：中国人民大学出版社，2011：256.

3.2 文化馆总分馆制建设的政策法律保障

3.2.1 文化馆总分馆制政策法律的发展演变

早在20世纪80年代，我国就已经颁布了文化馆总分馆制相关法规。1981年，原文化部在《文化馆工作试行条例》中提出，“人口众多，区域辽阔的县，文化馆可根据实际需要和可能，在大集镇、边境口岸、偏远山区设分馆或国办文化站。①”1992年，原文化部颁布的《群众艺术馆、文化馆管理办法》中已经提到，文化主管部门根据需要可适当设立文化馆分馆，属文化馆派出机构②。这两部部门规章是国家文化行政主管部门通过的，但地方政府未进行跟进推动。

从2001年到2011年，有关总分馆制的政策文件主要规范公共图书馆领域。2006年9月，国务院办公厅发布的《国家“十一五”时期文化发展规划纲要》提出，县（市）图书馆逐步实行总分馆制。2011年初，原文化部和财政部启动了首批国家公共服务体系示范区（项目）创建工作，2011年《中共中央关于深化文化体制改革推动社会主义文化大发展大繁荣若干重大问题的决定》和《国家“十二五”时期文化改革发展规划纲要》把创建示范区纳入构建公共文化服务体系的整体战略部署，示范区（项目）创建由部门行为上升为党和国家文化建设重点任务③。《国家公共文化服务体系示范区（项目）创建标准》要求，东部地区“市、县图书馆建立统一采购、统一编目、统一配送的总分馆制，实现通借通还。市、县两级图书馆、文化馆配备一台以上流动服务车，图书馆每年下基层服务次数不低于50次，文化馆每年组织流动演出12场以上，流动展览10场以上”。中部地区示范区的创建标准要求“市、县图书馆建立总分馆制等多种模式的服务体系。市、县两级图书馆、文化馆配备一台以上流动服务车，具备开展公共文化流动服务的能力”。2012年的《文化部“十二五”时期文化改革发展规划》仍然只是提到了要推广公共图书馆总

① 中国艺术馆筹备处，北京华人经济技术研究所．中国群众艺术馆志［G］．北京：社会科学文献出版社，1997，6：915-918.

② 文化部关于群众艺术馆、文化馆管理办法［S/OL］．（1992-05-27）［2018-01-01］．http：//www.34law.com/lawfg/law/6/1187/law_251634383824.shtml.

③ 李国新．示范区（项目）创建与公共图书馆发展［J］．中国图书馆学报，2012，38（03）：4-11.

分馆制。这一时期，公共图书馆总分馆制在全国取得了显著进展，总分馆制也进入了中央政策文件，并且国家公共文化服务体系示范区建设又对它进行了推动建设，政策与实践相互促进。同时，公共图书馆总分馆制的成功，促进了总分馆制在文化馆领域的应用。

2012 年之后，有关文化馆总分馆制的政策与法律逐渐增多。2012 年 4 月，上海市人大常委会通过了《上海市社区公共文化服务规定》，其中提到“各街道和乡、镇的行政区域内应当设置一个社区文化活动中心；常住人口超过十万人的，可以根据实际情况增设分中心。各居（村）民委员会所辖区域内应当设置一个居（村）民综合文化活动室；常住人口超过五千人的行政村，可以根据实际情况设置两个以上综合文化活动室”，这部地方法规已经提到了要建设文化馆总分馆制。2015 年，中共中央办公厅、国务院办公厅印发《关于加快构建现代公共文化服务体系的意见》，提出“以县级文化馆、图书馆为中心推进总分馆制建设”，中央政策第一次明确提出了文化馆总分馆制。2015 年，第三批《国家公共文化服务体系示范区（项目）创建标准》的东、中、西部标准中均把文化馆、图书馆总分馆制列入考核指标。2016 年 12 月，原文化部等五部委联合发布了《关于推进县级文化馆图书馆总分馆制建设的指导意见》，制定了文化馆总分馆制的详细实施方案。2016 年 12 月颁布的《中华人民共和国公共文化服务保障法》规定，“县级以上地方人民政府应当将公共文化设施建设纳入本级城乡规划……形成场馆服务、流动服务和数字服务相结合的公共文化设施网络。”2017 年 1 月，《国务院关于印发“十三五”推进基本公共服务均等化规划的通知》提出，“以县级文化馆、图书馆为中心推进总分馆制”。2017 年 5 月 4 日，原文化部发布《“十三五”时期繁荣群众文艺发展规划》，要求“依托县级文化馆总分馆制建设，加强城乡群众文艺资源整合和互联互通”。2017 年 5 月 7 日，中共中央办公厅、国务院办公厅印发《国家“十三五”时期文化发展改革规划纲要》，提出“以县级图书馆、文化馆为中心推进总分馆制”。2017 年 8 月，《第四批国家公共文化服务体系示范区（项目）创建标准》的东、中、西部标准均将文化馆、图书馆总分馆制列入考核指标。这一时期的文化馆总分馆制政策出台频繁、政策效力也有所提升，文化馆总分馆制成为了国家十三五文化发展规划，成为中央政府建设小康社会在文化方面的一个着力点。这无疑提高了文化馆总分馆制的推动力度。2018 年 9 月，中共中央、国务院发布了《乡村振兴战略规划（2018—2022 年）》，繁荣发展乡村文化方面要求推动县级文化馆总分馆制，实现乡村两级公共文化服务全覆盖，提升服务效能。文化馆总分馆制被纳入到国家乡村振兴战略规划中，这说明，它已经得到了更多领域的关注。

3.2.2 政策法律对文化馆总分馆制建设的引领、保障作用

1. 政策引领文化馆总分馆制建设

文化馆总分馆制相关政策来源于对实践经验的总结，能够切实引领文化馆总分馆制的建设。在社会发展不同阶段，文化馆总分馆制的政策侧重点有所不同。在20世纪八九十年代，政策的重点内容是要求建立直属分馆。2000—2011年之间，政策的重点是有关公共图书馆总分馆制方面的，这主要是因为公共图书馆总分馆制在21世纪之后不断探索、取得了一些成就，政府和业界都注意到了总分馆制在公共图书馆界所取得的成就，希望将这种服务体系建设方式在更多地区进行推广、实验、探索。2011年示范区开始创建之后，文化馆总分馆制建设进入了新阶段，相关政策频繁出台。2016年原文化部等5部委出台了建设文化馆总分馆制的专门政策。因此，文化馆总分馆制相关政策对于实践建设具有明显的导向作用，不断总结文化馆总分馆制实践过程中的经验，原文化部发挥了指导全国文化馆总分馆制建设的作用。

《关于推进县级文化馆图书馆总分馆制建设的指导意见》引领文化馆总分馆制在如下方面着力：①政府要发挥主导作用，省级文化行政部门和县级人民政府分别发挥不同的主导作用。省级文化行政部门和有关部门制定本省实施方案和建设规划，县级人民政府负责组织实施，在县域内要求县级人民政府发挥规划、组织和推进作用。其次还要求为总分馆制提供必要的资金支持，统筹利用有关资金渠道。②以县域为基本单位建设文化馆总分馆制。我国地方政府分为五级，以什么地域范围为单位建设总分馆制需要综合考虑多种因素。《意见》要求以县域为基本单位是在总结了公共图书馆、文化馆总分馆制建设经验的基础上总结出来的。③在总馆与分馆一体化方面，《意见》提出重在业务指导和资源调配，并不强求一定要实现总馆对分馆的全面、统一管理。为了支持以县域建立文化馆总分馆制，《意见》要求省和设区的市文化馆要提供大力支持。在总分馆设施布局方面，要求以已有文化馆站、综合性文化服务中心为基础，并且充分引导社会力量参与总分馆制建设。④以乡、村为重点，促进文化资源向农村输送。文化馆总分馆制的目的之一为了解决城乡服务资源不均的问题，通过分馆把优质文化资源延伸到基层农村。

2. 政策法律保障文化馆总分馆制建设

1997 年，党的十五大报告将依法治国确立为党领导人民治理国家的基本方略，标志着党的执政思路从人治到法治的重大转变。1999 年九届全国人大二次会议通过了宪法修正案，确立了依法治国方略，标志着“依法治国，建设社会主义法治国家”已经上升为国家意志。之后，中国共产党进一步落实依法治国的实施步骤，十六大提出要把党的领导、人民当家作主和依法治国有机统一起来；十七大提出全国落实依法治国，加快建设社会主义法治国家；十八大提出全面推进依法治国。在依法治国已经成为执政党基本方略背景下，政府行政就需要法律政策支撑。

与文化馆总分馆制直接相关的法律是 2016 年 12 月颁布的《中华人民共和国公共文化服务保障法》（以下简称《保障法》），《保障法》规定“县级以上地方人民政府应当将公共文化设施建设纳入本级城乡规划”“形成场馆服务、流动服务和数字服务相结合的公共文化设施网络。”该法虽未直接提出建设文化馆总分馆制，但总分馆制的基本策略即把一个地区的文化馆整合为一个服务网络，因此建设文化馆总分馆制的直接法律依据是《保障法》，它可以为文化馆总分馆制建设提供法律保障。

第4章　文化馆总分馆制建设可借鉴的国内外经验

总分馆制基本原理是规模效应，它主要通过机构之间的资源共享和职能分工，以达到提高服务效能的目标。部分国家的文化馆类似机构和公共图书馆应用了总分馆制，它们的运行经验与规律可以为文化馆总分馆制提供借鉴。新加坡、日本、以色列等国家的文化馆类似机构应用了总分馆制；而在公共图书馆领域，总分馆制应用较多，美国、英国、加拿大、新加坡、日本等国家的做法具有代表性。本章选取国内外文化馆、公共图书馆总分馆制的代表性案例进行述评，总结它们的共同经验。

4.1　文化馆、公共图书馆总分馆制管理模式的类型

国内外的文化馆、公共图书馆总分馆制做法较多，机构数量也多，将这些总分馆制按某一标准进行分类，能够对实际情况进行总体把握，发现它们的共性与不同。因此，采用何种标准划分就成为一个至关重要的问题。

邱冠华等将我国公共图书馆总分馆制建设模式归纳为5种类型：通过自下而上全委托而形成的总分馆体系和通过自下而上半委托而形成的总分馆体系和通过自上而下全委托而形成的总分馆体系、通过自上而下半委托而形成的总分馆体系和通过体制改革形成的纯粹总分馆体系①，这种分类的标准是政府责任的委托方式。金武刚、李国新将图书馆建设模式分为三种：多元投入、协同管理的松散型总分馆模式，多级投入、集中管理的集约型总分馆模式，单一投入、统一管理的统一型总分馆模式②。这种划分方法的标准有两个，一个是资

---

① 邱冠华，于良芝，徐晓霞．覆盖全社会的公共图书馆服务体系：模式、技术支撑与方案［M］．北京：北京图书馆出版社，2008：54.

② 金武刚，李国新．中国公共图书馆总分馆制建设：起源、现状与未来趋势［J］．图书馆杂志，2014，33（5）：4-15.

金投入方式，一个是总馆与分馆的一体化程度。如果进行深入分析可以发现，多级投入也可以应用统一管理模式，这种案例在美国的阿肯色州和加利福尼亚州有实例，如美国阿肯色中心图书馆体系（Central Arkansas Library System）的运行经费由多个市县共同负担，但总馆负责管理所有的分馆。

Tom Childers 将美国公共图书馆体系分为两种模式：一体化（consolidated）和合作式（cooperative），他认为一体化是一个行政机构下的整体，合作式允许成员图书馆最大程度独立性①。田纳西州有一种管理模式称为混合（hybrid）模式，因为该图书馆体系包括极度中心化和极度分散化两个特点，原因是覆盖了城市和农村地区。这里的划分标准是总馆与分馆一体化程度。

美国纽约州将该州的公共图书馆体系分为三种类型：一体化（Consolidated）、联盟式（Federated）和合作式（Cooperative）。划分的依据是：一体化总分馆制是一个理事会（board of trustrees）下的单个整体（entity）；联盟式总分馆制由县委员会或县议会或县通过立法创建，分馆（member libraries）保持自身独立性（charters）；合作式总分馆制是由成员图书馆的理事会以协议形式创建的，成员图书馆是自治的。联盟式和合作式在管理方面有很多相似之处②。这种划分方法的标准有两个：一体化与联盟式的划分标准为总馆与分馆是否为一个实体、联盟式与合作式的划分标准为创建者是政府还是图书馆。

加拿大 Ann Curry 等将公共图书馆体系分为三种类型：绝对中心化模式（distinctly centralized model）、分权模式（decentralized model）和混合模式，其中混合模式介于中心化模式和分权模式之间。中心化模式的总部承担所有分馆的大部分管理责任以及大部分支持服务功能，如材料选择、加工、更新和编目。分权模式中的分馆享有更多自治权，特别是行政方面，总部只提供最低限度的支持和监督。混合模式中，总部一般提供一些面向体系的基本服务，分馆负责提供本地服务，总部与分馆分担责任③。这种划分标准是总分馆的集权化程度。

---

① Ann Curry, Suzanne Green, Jessica O' Neill. Regional libraries across Canada: A kaleidoscope of services and governance structures [J]. 2004: 1-32.

② New York State Library. Libraries and Library Systems in New York State [EB/OL]. [2018-02-01]. http://www. nysl. nysed. gov/libdev/libs/

③ Ann Curry, Suzanne Green, Jessica O' Neill. Regional libraries across Canada: A kaleidoscope of services and governance structures [J]. 2004: 1-32.

总结以上几种观点，研究者们对于总分馆制的划分依据有：政府责任的委托方式、资金投入方式、创建者是政府还是图书馆、总馆与分馆的一体化程度以及总分馆的集权化程度。基于此，笔者认为：①从各国经验看，公共文化服务的提供与生产已经分离，符合萨瓦斯将公共服务的供给划分为提供和生产两个环节的观点①，提供公共服务的责任者是政府，但政府并不直接生产，而是委托公共文化机构生产服务，因此政府责任中的“政府”可能是指单级政府、多级政府或中央政府，政府责任可以以政府之间协议、委托、集权或分权的形式实现，但它没有准确反映总馆与分馆之间的关系，这是这种分类依据的不足之处。②对于创建者是政府还是成员图书馆这一依据，主要出现在纽约州，纽约州也指出联盟式与合作式总分馆制有诸多相似之处，这种分类标准的适用范围有限。③以总馆与分馆的一体化程度作为总分馆制划分的标准较为恰当，该标准能够适用于笔者所调研国家的总分馆制，因为总馆对分馆的行政管理权、业务管理权大小是每个总分馆制都面临的共同问题。

依据总馆与分馆的一体化程度将总分馆制的管理模式分为三种：第一种是一体化总分馆制，在这种总分馆制中，一个馆为总馆，其他馆为分馆，总馆管理着整个体系的行政和业务活动；第二种是紧密型总分馆制，总馆管理着分馆的部分行政和业务活动，分馆具有一定独立性；第三种是松散型总分馆制，总馆只管理分馆的部分业务活动，不管理分馆的行政活动，分馆独立性强。这三种管理模式的共同特点是设有面向整个体系的人员，这是韦伯所提出的组织边界，“一种对外封闭或限制局外者加入的社会关系，当它的规则是由特定的个人如领导者，以及可能是管理干部（他们通常同时具有代表性权力）来执行时，称之为组织。”决策地位的拥有或对幕僚作业的参与构成“执政权”。组织是否“存在”，主要看领袖或管理干部的存在与否。更确切地说：它的存在有赖于某人可以从事下列行动的机会，即以他的方式将组织秩序予以贯彻②。

这样的划分方法有利于深入了解总分馆制的管理模式，但在现实中，一般的总分馆制通常为两种或三种模式的混合体。例如，在纽约州的一些联盟式总分馆制中，一个总馆可能同时下设有直属分馆和具有独立性的分馆，具有独立性的分馆可能还下设有直属分馆。在本章的总分馆制归类中，笔者主要从总体

① E. S. 萨瓦斯．民营化与公私部门的伙伴关系［M］．北京：中国人民大学出版社，2002：68-69.

② ［德］马克斯·韦伯．社会学的基本概念［M］．桂林：广西师范大学出版社，2011：64-67.

上判断作为一个组织的总分馆制是如何运行的，以总馆对分馆的整体控制程度作为主要依据，不拘泥于个别分馆与分馆的关系。

4.2　国内外文化馆总分馆制的实践探索

文化馆总分馆制在国内外均有分布。多个国家设有文化馆类似机构，但大多数国家的文化馆类似机构是以单体机构形式运行的，只有日本、新加坡、以色列等少数国家将文化类似机构以总分馆制形式连接起来。而在国内，文化馆总分馆制数量也不多。本节内容聚焦于对这些国内外文化馆总分馆制的典型做法进行总结性介绍，以作为经验提炼的基础，并且为第五章、第六章内容展开作铺垫。

4.2.1　一体化总分馆制典型做法

日本公民馆、新加坡民众联络所和我国渝中区文化馆应用了一体化总分馆制。同样是一体化总分馆制，但它们的具体管理方式也存在不同。

1. 日本公民馆

在日本，负责公民馆事务的是市、町、村。从政府行政级别看，日本采用“中央政府——跨区域地方自治单位——基础地方自治单位”的三级行政制。都道府县是跨区域地方自治单位，市町村是基础地方自治单位，两者在行政上不存在隶属关系。都道府县和市町村分别负责不同的公共事务，有关公民馆的事务由市町村负责①。自从 1888 年以来，日本的市町村一直处于不断合并减少的状态，合并后的市町村也会在行政机构上进行合并。日本公民馆的总分馆制覆盖地域范围限于各市町村行政区内，很少有跨行政区者。富士见野市设有公民馆 3 个，分馆 18 个，分室 1 个。3 个公民馆分别为富士见野市立大井中央公民馆、富士见野市立上福冈公民馆、富士见野市立上福冈西公民馆。富士见野市立大井中央公民馆下设有 18 个分馆，富士见野市立上福冈西公民馆下设有一个分室。富士见野市公民馆由该市教育委员会管理②。

① 日本国自治体国际化协会 . 日本的地方自治 2016［R/OL］.（2018-05-23）［2017-08-17］. http：//www. clair. or. jp/j/forum/pub/docs/jichi-ch_2. pdf.

② 公民館の現状について［EB/OL］.［2014-07-09］［2018-01-05］. http：//www. city. fujimino. saitama. jp/doc/2014111300100/file_contents/kouminkan_genjou. pdf.

2. 新加坡民众联络所

新加坡民众联络所成立之初（1945年）是各自独立运行的。到1960年，新加坡政府成立了人民协会，由人民协会统一管理民众联络所的事务，建成了民众联络所的总分馆制管理模式。人民协会充当了民众联络所的总馆，各个民众联络所是服务型分馆。人民协会并不直接提供服务，它是作为行政管理中心、业务培训中心而存在。首先人民协会负责管理所有民众联络所的经费、人员、活动策划等事务且设有董事会，董事会统一管理民众联络所的经费。人民协会负责民众联络所正式员工的招聘、任命、雇佣及解雇等人事管理；负责志愿者的管理、奖励政策的制定；人民协会还负责正式员工的培训，所有的培训体系由人民协会统一设计、执行。在活动策划方面，人民协会统一策划民众联络所开展的活动，并公布在人民协会网站上；人民协会将所有民众联络所的基本服务信息统一公布在人民协会网站上，包括地址、开放时间、收费时间、联系电话、电子邮箱等。人民协会开发了统一的会员卡——百盛卡（Passion ez-link Card）向民众发放，制定了统一的会员卡管理政策。

新加坡民众联络所管理模式的特点是，人民协会作为总馆并不提供服务，它的主要作用是管理所有民众联络所的经费、人员、活动管理，培训民众联络的工作人员。新加坡民众联络所的这种管理模式建立在严密的管理制度设计基础上，从经费、人员到活动策划体系，都能与这种一体化的管理模式密切配合。新加坡共108个民众联络所，这要求人民协会要具有非常高的管理能力①。而且新加坡政府只有一级政府，无地方政府，因此天然就具有建设一体化管理模式的基础。新加坡民众联络所总分馆制存在的缺点是，它对总馆的要求过高，所有的分馆都专注于服务，不利于培养分馆工作人员的管理能力。

3. 重庆市渝中区文化馆总分馆制

2011年，重庆市渝中区获得第一批创建公共文化服务体系示范区资格，为此开始探索文化馆、图书馆总分馆制。渝中区现有陆地面积20.28平方公里，辖11个街道，77个社区，常驻人口65万，日均流动人口100万人次以上，具有地域狭小、人口密集、流动人口多的特点。加之地处重庆市中心，文化资源富集，多个市级公共文化机构落户在渝中区。因此在建设文化馆、图书

① 刘海丽．新加坡民众联络所服务体系建设模式研究［J］．图书馆杂志，2018，37（03）：108-113.

馆总分馆制时，渝中区充分考虑了这些因素，并未将11个街道文化站建设成为分馆，而是根据人口聚集程度和有效服务半径选定了6个文化中心作为分馆。

渝中区文化馆总分馆制以区文化馆为总馆，6个文化中心为分馆，各社区文化室为服务点。总馆直接管理分馆和文化室，人员、经费、设施、活动都接受总馆的直接管理。渝中区只有一级财政，街道无财政权，在建设总分馆时，每个文化中心由区文化馆派驻两名编制内人员，另外聘请一名图书管理员，安保、卫生也由总馆统一聘请。所有在分馆工作人员接受总馆的考核，工资等福利待遇由总馆来决定。每个社区文化室由文化局委托区文化馆统一聘请一名文化志愿者，每月工资1200元，工作上接受文化馆的指派、考核。文化志愿者的具体人选由街道推荐，社区文化志愿者每个月将社区盖章的考核表交到区文化馆，作为区文化馆考核文化志愿者的依据。

渝中区按照服务人口聚集程度、有效覆盖面积对文化馆设施进行了一些均等化改良，突破了行政区划的限制，节约了资金。在服务方面，总馆对分馆进行统一考核，总馆专业人员直接驻扎在分馆，有效提高了分馆工作能力。渝中区文化馆总分馆制存在的不足是：①渝中区文化馆既是分馆的管理中心，又是文化室的管理中心，渝中区文化馆承担的管理压力较大，没有充分发挥分馆的作用。②为各个分馆、文化室配置的设备高度相似，没有考虑到群众需求的差异。

4.2.2　紧密型总分馆制典型做法

以色列社区中心和我国嘉兴市各区县文化馆运用了紧密型管理模式。

1. 以色列社区中心

20世纪60年代后期，以色列开始建设社区中心，从建设之初，以色列就非常注重社区中心的均等化分布，规划在每个城镇和落后地区进行建设。社区中心是社区居民公共娱乐、社交和文化活动中心，往往设有日托设施、表演厅、健身房、图书馆、游泳池等。社区中心经费来自政府、地方当局和服务收费。1969年，以色列筹建了社区中心协会，它是全国社区中心的管理机构，是一个半政府机构，社区中心以非盈利组织或公益组织的身份维持运营①。以

① Hoffman, Karen. Community Centers in Israel [M]. Asssociation of Community Centers in Israel, American Jewish Joint Disstribution Committee in Israel. 1977.

色列社区中心的总体情况是：①到2017年，以色列已经建成了160个社区中心及816个分支机构，设施遍及以色列各个地区。城市和农村、犹太和非犹太地区均建有社区中心，社区中心的分支延伸到各个社区①。②以色列社区中心协会为社区中心提供组织和管理指导，指导内容包括电脑服务、培训、负责人和员工资质证明、大宗采购、工作计划和预算编制、公共管理服务、保险和法律咨询②。以色列社区中心协会下设了综合事务管理部门和地区管理部门。综合事务管理部门包括常务董事办公室、人力资源部、财务部、公共管理部、公共发展和项目部、资源开发部，综合管理部门设在总部。地区管理部门包括耶路撒冷地区、北部地区、海法和山谷地区、南部地区、中央地区，分设在各地区。五个地区管理部各设一个主管，他负责管理该地区的团队，为社区中心提供培训、监督和指导。③以色列社区中心协会为全国的社区中心策划活动与项目，并督促其执行，目前已经策划执行了几十个项目。以色列社区中心协会根据项目特点和社区意愿，决定某一项目的执行范围。以色列社区中心协会策划的项目有些是与国家的其他部门合作，需要得到地方当局的配合。④以色列社区中心协会负责各社区中心的人员培训和管理。拉尔夫认为社区中心的成功有赖于高质量的专业领导，为此他设立了一个专门培训社区中心负责人和高层成员的项目，从而提升了社区中心的理论水平③。

以色列社区中心协会以总馆形式管理所有的社区中心，本身并不提供服务。以色列社区中心协会负责社区中心的部分行政和业务活动，负责的行政业务包括员工资质证明、大宗采购、工作计划和预算编制、公共管理服务、保险和法律咨询等，这些业务进行集中化管理能够节约管理人员和经费；业务方面主要是策划一些服务项目。以色列社区中心总分馆制存在的优点是，充分利用了政府、地方当局和社区成员各自的优势。这种总分馆制形式比较难复制，其难点在于它需要多方具有较强的合作意识。

2. 嘉兴市各区县文化馆总分馆制

嘉兴市下辖2个市辖区（南湖区、秀洲区）、3个县级市（海宁市、平湖

---

① Israel Association of Community Centers Ltd. List of Community Center [EB/OL]. [2017-01-02]. http://www.matnasim.org.il/english.

② Tom Miller. Quality of Community Life and Whose Responsibility It Is [EB/OL]. (2016-07-07) [2018-03-03]. http://www.n-r-c.com/quality-of-community-life-and-whose-responsibility-it-is/.

③ Bogen S. Community Centers in Israel [J]. Journal of Jewish Communal Service, 2005.

市、桐乡市）、2 个县（嘉善县、海盐县），44 个镇，29 个街道（涉农街道 22 个），246 个城市社区，115 个城镇社区，809 个行政村。嘉兴市有常住人口 457.7 万人。

2008 年嘉兴市海宁县开始试点文化馆总分馆制建设。2013 年嘉兴市获得第二批国家公共文化服务体系示范区创建资格，嘉兴市在全市推广县域文化馆总分馆制建设，至 2015 年底嘉兴市实现了全市文化馆总分馆服务体系建设的全覆盖。

嘉兴市文化馆总分馆制是中心馆——总分馆模式，即市文化馆承担着中心馆的职能，7 个市（县、区）建立以县级馆为总馆、镇（街道）综合文化站为分馆、村（社区）文化活动中心（文化礼堂）为支馆的总分馆制。中心馆通过统筹、指导、协调等方式，将 7 个相对独立的总分馆制联结起来，形成覆盖“大嘉兴”的“中心馆—总分馆”服务体系。嘉兴市各区县分别构建了文化馆总分馆制，全市 5 县市 2 区分别构建 7 个总分馆体系，平均每个总馆下设 6~10 个分馆，每个分馆下设 20 个左右支馆。嘉兴市文化馆总分馆制的基本做法是：①嘉兴市各级文化馆（站）在总分馆体系中承担不同的职能。区县总馆承担总分馆经费保障和考核激励职能，为分馆提供资源、服务、技术、资金支持，同时统筹本地区文化活动、设施设备，组织流动文化服务，协调跨区域文化互动演出，培训分馆、支馆从业人员及本地文化志愿者、文艺骨干和业余文艺团队，建立、维护文化馆网站。分馆参与总馆的活动项目，在总馆指导下策划本地区的文化活动，向村（社区）派送流动文化服务，送戏进城，培养村级文化管理员。支馆服从、配合总馆、分馆的协调，管好基层文化阵地，培育基层文化团队，开展群众文化活动。②为了实现总馆与分馆之间的连接，嘉兴市创建了人员下派上挂制度。各县（市、区）文化馆向每个镇（街道）文化站下派 1 名专业人员——称为文化员，并协同镇（街道）文化站为每个村（社区）配备、培训 1 名享受政府补贴的人员——文化专职管理员，薪酬费用由财政分级负担。③嘉兴市制定了文化馆总分馆制的经费保障制度。嘉兴市设立总分馆项目资金，主要用于总馆对分馆承办各类培训、活动的项目补助、数字文化馆建设运行、考核奖励等。④嘉兴市文化馆和区县总馆发布了文化馆服务目录、制定文化馆服务标准和服务规范，增强了城乡服务项目和数量的一体化。⑤嘉兴市对文化馆总分馆制的考核分为两类：一是面向文化馆的整体考核，制定统一的评价标准，对全市文化馆、分馆实施绩效评估；二是面向文化员和文化管理员的考核，县宣传文化部门将村（社区）专职文化管理员的内容纳入县对镇（街道）文化体育先进镇考核指标。⑥嘉兴市文化馆总分馆制要求市总馆配备一台以上流动文化服务车，制定流动文化活动、文化礼堂配送计划和菜单，每年组织流动演出不少于 20 场，流动展览不少于 15 场。区县文化馆总馆要配备一台流动文化服务车，制定文化活动、文化礼堂配送计划和菜单，每年组织流动演出不少于 20 场，流动展览不少于 15 场。

嘉兴市文化馆总分馆的特点如下：①嘉兴市政府强力推动。嘉兴市文化馆服务体系建设的背景是嘉兴市获得第二批国家公共文化服务体系示范区创建资格，嘉兴市政府非常重视这项工作，各个部门积极配合文化馆总分馆制的建设，大开绿灯。政府在财政预算、人员编制上都做了极大支持，在中央政府承诺不增加财政供养人员的承诺下，嘉兴市为每个乡镇（街道）增加了一名编制人员，难能可贵。②以已有的文化馆站为基础。嘉兴市发挥各级文化馆的优势、挖掘潜力，通过区分各级文化馆的职能，将各不相通的文化馆组装到一个组织中。③以人员贯通服务。要建设普遍均等的服务体系，核心是服务资源的普遍均等，人员作为文化馆服务的核心工具，人员的流动带动了服务资源的流动。通过文化员上挂下派和文化管理员统一下派制度，将上级文化馆的资源输送到下级文化馆，将下级文化馆的需求传达给上级文化馆，实现了资源和信息互通。

嘉兴市文化馆总分馆制在分馆参与度、人员管理方面存在着不足。表现在以下方面：①嘉兴市各区县的人员下派上挂制度有效解决了总馆与分馆的服务连接问题，但是下派人员并不能代替分馆（文化站、文化室），文化站、文化室作为公共文化机构应充分发挥已有作用。②由于分馆新招聘的人员一般是政府购买服务岗位，或者是以志愿者的身份参加文化服务，分馆的人员没有清晰的职业发展前景。嘉兴市考虑到了文化员和文化管理员的职业发展问题，将文化员列入文化馆专业技术带头人选，或列入镇（街道）的中层后备干部培养人选。文化管理员中的优秀人才列入村（社区）后备干部队伍，县文化馆和镇（街道）文化站招聘事业编制人员时，给予一定政策优惠，也可以在“两员”中定向招聘，但这样的制度设计还停留在设想和规划阶段，是否能够实行受到多种因素制约。由于薪酬制度不健全导致人员队伍不稳定，如 2016 年嘉善县有 20 多位宣传文化员退出，新的招聘、上岗、培训程序需要重新走一遍，这对于县、乡镇和村来说也是一项较大的工作量。③嘉兴市港区的文化管理员下派到村/社区之后，很大程度上承担了村里的事务性工作，对文化活动组织推动有限，兼职的文化管理员更是无暇顾及文化活动①。

① 赵洁玉，陈蓉．嘉兴港区公共文化建设现状简析及基本对策［G］//马学文．嘉兴市文化馆总分馆服务体系研究论文选．嘉兴：165.

4.2.3　松散型总分馆制典型做法

松散型总分馆制主要应用于重庆市江津区、重庆市大渡口区、江苏省张家港市等地区。

1. 重庆市江津区文化馆总分馆制

江津区位于重庆市西南方向，区域面积 3218 平方公里，总人口 150 万，常住人口 137 万，辖 5 街 25 镇。江津区建有 1 个地市级文化馆，乡镇（街道）文化站设置率 100%，基层综合文化服务中心设置率 96.1%。江津区建成了 7 个重点镇综合文体中心和 37 个市级示范乡镇（街道）文化站及村（社区）综合文化服务中心。2015 年，江津区成为第三批国家公共文化服务体系示范区的创建城市。

江津区区内的白沙镇，人口 15 万人，原有的白沙镇文化站满足不了群众的文化需要，而白沙镇内的张爷庙（文物保护单位）和原国民党党史编撰室处于闲置状态，白沙镇将张爷庙改为白沙镇文化站分站（白沙展览馆），将原国民党党史编撰室改造为白沙镇文化站分站（图书分馆）。白沙镇文化站对展览馆和图书分馆实行统一管理，聘请 4 名志愿者负责日常免费开放活动。石蟆等人口大镇已形成“一总两分”格局，广兴、塘河等人口小镇已形成“一总一分”格局。在部分村，江津区以村为地域范围建立村文化室总分制。江津区珞璜镇合解村以村文化室为总点，以 13 个文化大院为分点建立总分制，合解村聘请了退休回乡的云南省个旧市歌舞团原团长为该村的“文化总监”，统一指导全村各文化大院的公共文化服务。文化大院长由各社（组）群众选举产生，大院长负责文化大院日常管理工作，村对社（组）进行考核。全区村（社区）100%设置文化中心户（大院），约 30%的村（社区）基本完成向社（组）延伸。

江津区文化馆总分馆制的特点是区文化馆与乡镇文化站之间属于松散型管理模式，乡镇文化站与村文化室之间属于松散型模式。区—镇—村文化馆站室之间的联系主要是靠举办大型活动来带动，区文化馆对镇文化站的行政和业务管理有限，镇文化站对村文化室的管理权也有限。而为了解决本地区乡镇人口迅速增加、单个文化设施已经不能满足群众需求的矛盾，江津区在乡镇本级和村本级分别建立了总分馆制。这种做法的优点是降低了政府之间协商的难度，推行比较容易。江津区文化馆总分馆制存在的不足之处是：①江津区没有为文化馆总分馆制设置专门的经费，这导致总馆对分馆的业务统筹主要依靠专项活动经费维持，业务活动的统筹经费不具有常规性。②江津区没有为文化馆总分馆制制定基本的服务标准，各馆、站、室的服务水平取决于原有服务能力，总分馆制对整个地区文化馆站室的服务水平提高有限。③江津区文化馆在整个总分馆制中发挥作用有限，没有发挥总馆应有作用。

2. 重庆市大渡口区文化馆总分馆制

重庆市大渡口区下辖5街道3镇，全区常住人口33.04万人。其中城镇人口32.05万人，城镇化率97.0%。已建成8个乡镇（街道）文化站、44个标准化社区文化室、70个农家书屋（社区图书室）、54个文化信息资源共享工程基层服务点，初步实现了文化服务设施全覆盖。2011年，大渡口区“文化馆和图书馆总分馆制”获得第一批国家公共文化服务体系示范项目创建资格。

大渡口区文化馆总分馆制以区文化馆为总馆，以乡镇（街道）文化站为分馆，以村（社区）文化室为服务点。①大渡口区文化馆总分馆实施“1+N”业务副馆长派驻制，即每个分馆由总馆两年一轮相对固定派驻1个业务副馆长。按照规定，业务副馆长每周到分馆工作两个半天，分馆选派人员每个月到服务点服务一天。②总馆承担组织协调职能。总馆负责总分馆常年节庆活动策划，人才辅导培训，专业干部之间交流，文艺创作整合和数字服务。分馆和服务点做好本职服务工作的同时，服从总馆的调配。③设立文化馆总分馆制运行管理专项基金，用于文化馆总分馆日常业务工作基本运行，以项目申报及绩效考核等方式，充分调动总分馆开展业务工作的积极性。④建立双重考核机制，总馆和街镇分别对分馆及分馆馆长、业务副馆长、工作人员实行绩效考核。总馆对分馆、分馆馆长和工作人员的考核结果作为街镇年度目标考核的重要依据；街镇对业务副馆长的考核结果作为其个人年度评先评优、分配绩效工资的重要依据。⑤总馆统筹运营所有馆的设施设备，制定服务标准，一是分层级制定服务标准，制定文化馆总馆、分馆、服务点三级服务标准；二是规范制定服务标准。

重庆市大渡口区文化馆总分馆存在的问题是：①总馆向分馆派驻的业务副馆长主要受总馆控制，分馆对业务副馆长的话语权较少。虽然名义上是双重考核，但实际上，总馆仅有权考核派出的业务副馆长，街镇仅有权考核自己派出的馆长及招聘人员，双方都无权考核对方机构派进的人员。因此，总馆对分馆整体性工作的考核形同虚设。总馆对分馆的人、财、物没有分配权，因而在实际运行中往往表现为总馆与分馆合作、文化部门与街镇政府合作的“信用关系”①。②重庆市大渡口区将 5 个街道 20 个事业编制统一收归文化馆调剂使用，然后文化馆向每个街道派驻 1 名副馆长，派驻人员每周到乡镇街道文化站服务两个半天，这样的做法是以总馆为服务重点、以分馆为辅，这并不符合建设文化馆总分馆制的初衷——促进优质文化资源下移，相反这种做法将优质文化资源集聚在总馆，削弱了分馆的服务能力。

4.3　国内外公共图书馆总分馆制的实践探索

国内外公共图书馆总分馆制应用较多，同一管理模式的案例也多。对同一管理模式下的案例，分析它们的政府责任分配方式、经费投入方式、行政区域与地理单元关系等因素，选择在这些方面具有差异的案例。

4.3.1　一体化总分馆制典型做法

公共图书馆一体化总分馆制得到了广泛应用，如美国纽约州纽约市、夏威夷州、加利福尼亚州和阿肯色州的部分地方，以及英国、新加坡、中国的佛山市禅城区和重庆市渝中区等。在这些地方的公共图书馆总分馆制中，总馆实现了对分馆的全面控制，但是在政府责任、固定资产处置、治理机构建设等方面，它们也存在一些差异。根据政府责任的分担机制，可以将一体化公共图书馆管理模式归纳为三种类型：由行政区域内最高级别政府承担责任政府、由较低层级政府共同承担责任政府、由单一层级政府承担责任政府。

1. 由行政区域内最高级别政府承担责任政府

美国纽约市、加利福尼亚州、阿肯色州的部分公共图书馆、美国夏威夷州和英国北爱尔兰行政区域内的公共图书馆，由行政区域内最高层级政府担任责任政府，行政区域内的较低层级政府不负责公共图书馆事务，只实施参与权。

纽约市有 3 个政府层级，但纽约市实行高度集中管理体制，几乎所有的权力都集中于市政府，各区的管理权限较小，公共图书馆事宜由纽约市政府负责。纽约市共有 3 个公共图书馆：纽约公共图书馆、皇后区公共图书馆、布鲁克林区公共图书馆。纽约公共图书馆成立于 1902 年，当时纽约市与纽约公共图书馆签订合同，委托纽约公共图书馆负责运行分布于曼哈顿、布朗克斯和斯

① 谭畔．大渡口文化馆总分馆制理想模式的建构［J］．大众文艺，2016（02）：4.

塔恩岛的所有公共图书馆。纽约公共图书馆现有 1 个总馆、88 个分馆、4 个研究图书馆①。皇后区图书馆系统是在原有的皇后区图书馆、7 个社区图书馆基础上，于 1901 年在纽约市政府主持下合并而来的。皇后区现有 1 个总馆，62 个分馆，7 所成人学习中心和 2 个家庭阅读识字中心②。布鲁克林公共图书馆总分馆制现有 1 个中心图书馆、1 个商业图书馆和 58 个分馆③。纽约市 3 个区公共图书馆系统在各自系统内实现了统一管理：采用统一的信息管理系统，系统内实施一卡通；总馆（董事会）负责制定图书馆系统的管理政策，并负责设备、文献采购编目、经费、工作人员等；分馆的功能是提供服务。

重庆市渝中区根据该区区域面积不大、人口数量不多、区域经济发展较为均衡的背景，在该区设置了 6 个文化中心，每个文化中心为区图书馆、区文化馆直属分馆。区图书馆为每个文化中心配备专职图书管理人员 2 名，文献、设备由区馆统一配送，安保和保洁人员与区文化馆共同聘用及共用。每个文化中心有关图书馆的经费由区财政统一拨付到区图书馆。6 个文化中心的设施所有权有些属于区图书馆，有些归街道所有。

2. 由较低层级政府共同承担责任政府

美国阿肯色州和加利福尼亚州的公共图书馆总分馆制由县、市政府共同担任责任政府，我国佛山市禅城区的公共图书馆总分馆制由区、街道政府共同承担公共图书馆责任。但这些公共图书馆总分馆制的总馆几乎管理了分馆的所有行政和业务活动，分馆的功能是提供服务。

美国阿肯色州的阿肯色中心图书馆体系（Central Arkansas Library System）成立于 1975 年，由小石（Little Rock）、杰克逊维尔（Jacksonville）、舍伍德（Sherwood）和佩里维尔（Perryville），以及小石公共图书馆（Little Rock Public Library）和普瓦斯基-佩里（Pulaski-Perry）地区图书馆合并而成，北小石（North Little Rock）公共图书馆拒绝加入该体系。1999 年，这几个市、县根据阿肯色州颁布的《地方间合作法》达成了新的协议，阿肯色中心图书馆体系成为了公共公司（Public Corporation），它持有财产，扩大了各方的代表，

① New York Public Library. History of The New York Public Library [EB/OL]. [2017-1-21]. https://www.nypl.org/help/about-nypl/history.

② Queens Library. Queen Library [EB/OL]. [2017-12-01]. http://www.queenslibrary.org/about-us.

③ Brooklyn Public Library. Central Library-History [EB/OL]. [2017-10-10]. https://www.bklynlibrary.org/locations/central/history.

给予阿肯色中心图书馆体系明确的权力。阿肯色中心图书馆体系要求市、县将与图书馆有关的财产转移给阿肯色中心图书馆体系，包括固定和非固定资产，阿肯色中心图书馆体系拥有这些财产的绝对所有权。成立协议还对不移交固定资产的运行费用分担给予了明确规定。阿肯色中心图书馆体系执行统一的服务政策，体系内的居民拥有平等的服务权益，现有 1 个总馆 13 个分馆。

佛山市禅城区公共图书馆的总馆与分馆使用统一的技术平台和资源，总馆统一管理分馆人员，运行经费由总馆统一管理①。图书统一采购，书目数据统一编制，文献资源所有权归属总馆，全区书刊通借通还，资源完全共享②。禅城区公共图书馆总分馆制的经费来源以区财政为主，街道和社区也投入一部分。2017 年统计显示，禅城区联合图书馆拥有 1 个总馆，5 个分馆，6 个成员馆③。5 个分馆的馆舍由街道办无偿提供，所有权归街道办，分馆运作经费由区政府承担，分馆运作经费的使用权全部归总馆，人财物均归总馆。而成员馆是以集体外借的方式设置的，有借阅需求的单位与禅城区图书馆签订合作协议，明确各自责任与义务④；总馆负责图书分编、人员培训、提供业务指导和技术支持等；成员馆运行费用由各馆自主承担或由其主管部门负责。将佛山市禅城区公共图书馆总分馆制划分为一体化总分馆制主要是指总馆与 5 个分馆的一体化程度而言，总馆与 6 个成员馆显然属于松散型总分馆制。但就发挥作用而言，总馆与 5 个分馆服务的居民数量、服务的区域范围是主流，6 个成员馆起着补充作用。

3. 由单一层级政府承担责任政府

这种类型主要出现在新加坡。新加坡的政府只有一个层级，无地方政府，它的公共图书馆事务由新加坡政府负责。

新加坡公共图书馆服务体系隶属于新加坡国家图书馆管理局（National Library Board，NLB），其服务场所包括 3 所区域图书馆、10 个独立式公共图

---

① 禅城区联合图书馆总分馆服务体系［EB/OL］.［2018-01-01］. http：//www. cclib. cn/webs/show/notice/54/3413. html.

② 于良芝，邱冠华，许晓霞. 走进普遍均等服务时代：近年来我国公共图书馆服务体系构建研究［J］. 中国图书馆学报，2008（03）：31-40.

③ 佛山市禅城区图书馆 2017 年工作总结及 2018 年工作计划［EB/OL］.［2018-05-04］. http：//www. cclib. cn/uploadfile/20180731/094053571. pdf.

④ 万文晴. 公共图书馆延伸服务的实践与思考——以佛山市禅城区联合图书馆为例［J］. 图书馆理论与实践，2012（10）：107-109.

书馆以及13个建在商场、购物中心的小型图书馆。这些图书馆的人事行政管理、发展规划乃至采分编系统的运作都由NLB集中管理。国家图书馆和公共图书馆没有行政隶属和层级高低关系，它们之间更大的区别是性质和分工的差异，国家图书馆的藏书概不外借，且负责全国的咨询业务。公共图书馆所有藏书都可以外借，且不留库本，各公共图书馆更像是一个个基层服务点①。

4.3.2 紧密型总分馆制典型做法

紧密型公共图书馆总分馆制在美国纽约州、加利福尼亚州和我国苏州市、嘉兴市有分布。

紧密型总分馆体系在美国较为常见。通常做法是，一个县域的县、全部或部分市议会以协议的方式将部分有关公共图书馆的行政权力转让给县、市议会成立的行政中心（在美国各州有不同的名称，或称为联合权力中心，为统一叙述方便，下文中统称为＊＊总分馆治理机构）。由于美国地方政府具有自治权，因此，一个县域的市或镇可能并未全部加入县域内的图书馆总分馆制。加利福尼亚州的圣马特奥（San Mateo）县图书馆体系覆盖了该县20个市中的11个市和未法人化区域。圣马特奥县图书馆体系有权在协议规定的地域内提供图书馆服务，圣马特奥县议会（Board of Supervisors）管理（govern）着县图书馆体系。县和各市有权在各自地域范围内提供图书馆服务。圣马特奥县图书馆体系的理事会有权决定整个图书馆体系的开放时间、组织结构、员工层级和类型等。图书馆体系理事会有权购买、租赁、持有和处置图书馆体系的财产和设备，有权签订合同、雇佣员工，以自己的名义提起诉讼和被诉讼。加利福尼亚州的圣克拉拉县图书馆区域（Santa Clara County Library District）的服务地域包括坎贝尔（Campbell）、库比蒂诺（Cupertino）、吉尔罗伊（Gilroy）、洛思阿图斯（Los Altos）、洛思阿图斯山丘（Los Altos Hills）、苗必达（Milpitas）、蒙特塞里诺（Monte Sereno）、摩根山（Morgan Hill）、萨拉托加（Saratoga）及圣克拉拉县（Santa Clara County）未法人化的地区。圣何塞（San José）、洛斯盖多斯（Los Gatos）、山景城（Mountain View）、帕洛阿尔托（Palo Alto）、桑尼维尔（Sunnyvale）等市未加入到圣克拉拉县图书馆体系。市、县组成的图书馆当局有权为征税而制订法律，图书馆当局在财务和财产方面的债务、责任和义务不等于各成员的债务、责任和义务。各市可以提供额外资金获得较多服

① 孙慧明．新加坡公共图书馆服务体系的观察与思考［J］．图书馆界，2016（3）：47-50.

务，市、县有权力在自己辖区内提供图书馆服务。

苏州图书馆总分馆制经历了一个变迁的过程。2005 年—2007 年，苏州图书馆通过与基层政府、区政府、学校等机构签订全委托协议，建设固定图书馆、流动图书车和流通服务点构成的服务网络，到 2010 年分馆数量建成 26 家。在这个阶段，苏州市的公共图书馆总分馆建设属于行业创新行为，缺乏政府主导。2011 年，苏州市政府成为市区总分馆的主要建设主体，区政府为次要建设主体。有些区政府作为独立建设主体建设图书馆总分馆制，县级市政府是各县级总分馆的建设主体①。到 2016 年底苏州总分馆制已建有 1 个总馆、76 个分馆（含 2 个 24 小时自助图书馆、2 个轨道交通图书馆）、90 个网上借阅社区投递点、2 辆流动图书车和 1 套文化方舱②。苏州公共图书馆总分馆制的特点是：分馆主管部门将一定数额的年度购书经费和人员工资委托给中心馆使用，并为分馆提供所需场地、设备和其他工作条件。中心馆按双方认同的书刊数量、人员数量和资产管理办法为分馆配备文献资源、派遣工作人员，全面负责分馆的管理、运行。读者用一张读者证可以通借通还总馆和任何分馆的图书，并获得与总馆品质相当的图书馆服务③。苏州市在公共图书馆分馆大肆扩张的同时，面临着分馆人员编制无法增加的难题，编外人员的大量增加带来了人员招聘、培训、考评、晋升的巨大压力。这些都需要总馆统一考虑，从而带来了人员的不稳定，加剧了总馆的压力和增加了运营的成本④。

嘉兴市从 2005 年开始建设公共图书馆总分馆制。2005 年嘉兴市图书馆与秀洲区政府合作建设了第一个分馆⑤。2008 年启动了总分馆模式在全嘉兴范围内的推行计划，即建设以各县（市）图书馆为总馆，所辖乡镇图书馆为分馆的总分馆制。2009 年开始向村级延伸——以总馆为技术与文献支撑，以乡镇分馆为节点，建立村级图书室或村级流动服务点。2011 年底，嘉兴地区总

① 许晓霞．“苏州模式”的演进及价值再挖掘——写在苏州图书馆服务体系建设十周年之际［J］．国家图书馆学刊，2015（03）：16-23.

② 苏图简介［EB/OL］．［2018-02-01］．http：//www. szlib. com/AboutSzlib/AboutSzlib?catId=27.

③ 邱冠华，于良芝，徐晓霞．覆盖全社会的公共图书馆服务体系：模式、技术支撑与方案［M］．北京：北京图书馆出版社，2008：54.

④ 许晓霞．“苏州模式”的演进及价值再挖掘——写在苏州图书馆服务体系建设十周年之际［J］．国家图书馆学刊，2015，24（3）：16-23.

⑤ 邱冠华，于良芝，徐晓霞．覆盖全社会的公共图书馆服务体系：模式、技术支撑与方案［M］．北京：北京图书馆出版社，2008：115.

分馆设置率达到100%。2013年，嘉兴市开始将农家书屋的图书纳入，实现了与公共图书馆系统的通借通还。嘉兴市总分馆制称为“中心馆—总分馆体系”，嘉兴市图书馆与各县（市）图书馆之间是指导、协作关系，各县（市）图书馆与乡镇馆之间是总分馆关系。嘉兴公共图书馆中心馆—总分馆的特点是：政府主导，多级投入。政府主导是指在嘉兴市本级和各县（市）政府层级上的政府主导，即由这一层级的政府分别对本层级进行整体规划和推进，然后由乡镇政府具体执行。将村级图书馆建设的责任从村级机构上移至市/县（市）和乡镇政府。多级投入是指市/县（市）、乡镇和村共同分担村级图书馆的建设与运行资金。在嘉兴市本级，就是市—乡镇—村三级共同投入。而在县（市），则是由县（市）—乡镇—村共同投入。考虑到村级财力的实际情况，建设与运行资金的主要承担者是市/县（市）和乡镇，村级机构只是酌情分担。总馆在业务层面承担了文献采购、加工与配送的任务①。

4.3.3 松散型总分馆制典型做法

松散型总分馆制的特点是：设有面向整个体系服务的人员，总馆提供一些面向体系的服务。分馆在人员管理方面保持独立，总馆不负责分馆的行政管理工作，只在业务层面保持合作。总馆只对分馆保持最低限度的管理。

加拿大努勒维特（Nunavut）地区面积达到1.9百万平方公里，人口约3万（2006）。努勒维特现有11个社区图书馆，每个社区图书馆都设有理事会（board）。地区政府为社区图书馆提供人员和材料经费，为总馆提供经费。其他经费和资源来源于公共和私人组织。总馆为整个体系提供财务、技术和运行支持。在业务方面，总馆主导文献邮寄服务、馆际互借服务、馆藏文献目录数字化服务。各个社区图书馆的职责是为居民直接提供服务②。该地区采用松散型管理模式的原因是：地域非常辽阔，人口居住分散，如果采取一体化、紧密型总分馆制，会造成运营成本高昂。

上海市从2000年提出建设特大型城市中心图书馆的发展目标。所谓“大型”就是包含了多个不同系统的图书馆，规模庞大，包括公共图书馆、院校图书馆、专业图书馆，以上海图书馆为总馆，其他成员馆为分馆的模式，形成

① 李超平．嘉兴模式的延伸与深化：从总分馆体系到图书馆服务体系［J］．中国图书馆学报，2012（03）：12-19.

② Curry Ann，Green Suzanne，Neill Jessica O’．Regional libraries across Canada：A kaleidoscope of services and governance structures［J］．2004：1-32.

一个资源共享的体系。各馆行政隶属、人事和财政关系不变，各馆之间实行"一卡通"的通借通还，统一物流配送，统一编目等功能。到 2010 年底，19 个区县图书馆、212 个街道图书馆全部成为成员馆①。上海市的公共图书馆总分馆制不改变总分馆之间的人财物关系，只在文献资源方面进行共享，它的实施得益于上海市雄厚的财政实力和上海图书馆超强的业务能力。上海市的公共图书馆总分馆制弱化了区县馆的功能。根据最初的设计，区县馆是地区馆中心，但在实际运行过程中，区县馆和街道馆都直接接受总馆指导，两者成为平行关系，大大弱化了区县馆的功能。中心馆压力较大，由于中心馆负责所有的业务培训、数据支撑活动，对中心馆的要求较高②。

4.4 国内外文化馆、公共图书馆总分馆制的基本经验

4.4.1 政府充分发挥引导与规划作用

这里的政府主要是指较高层级的政府。公共图书馆服务的合并、联合涉及到了公共资源的跨行政区域调整，较高层级政府掌握的行政资源较多、信息渠道通畅，因此能够以较多手段对地方政府间的合作进行协调。

1. 我国地级市政府发挥的重要作用

在我国，地级市政府对文化馆、公共图书馆总分馆制的推动发挥了重要作用。我国文化馆、公共图书馆总分馆制建设历程的一个特点是：地级市政府在文图两馆总分馆制的推进、建设方面发挥了重要作用。我国嘉兴市、重庆市渝中区、大渡口区、江津区等地的文化馆总分馆制都是在地级市政府强力推动下建设的。2003 年，佛山市委书记听取、考察禅城区联合图书馆方案后，作出了建设的指示，禅城区联合图书馆建设迎来了难得的机遇③。嘉兴市公共图书馆总分馆制的设施也得益于各级政府的主导，市政府主导了嘉兴区域的总分馆

① 汤玉婷．改革开放以来上海公共图书馆服务模式研究［D］．上海：上海师范大学，2016.

② 邱冠华，于良芝，徐晓霞．覆盖全社会的公共图书馆服务体系：模式、技术支撑与方案［M］．北京：北京图书馆出版社，2008，4：87-90.

③ 田碧．佛山市禅城区联合图书馆特色建设的经验［J］．全国新书目，2007（17）：92-94.

制，要求各级政府将总分馆制列为共同目标；县级政府主导县域内的总分馆制建设。2011 年杭州市委、市政府颁发了《关于加强杭州市公共图书馆服务体系建设的实施意见》，用行政手段规定了区、县（市）各级政府在服务体系建设中的责任，规定了各级政府在人、财、物方面的责任，带动区、县政府颁布相关配套实施意见，成立了杭州市公共图书馆发展委员会①②。

2. 国外政府制定法律对总分馆制进行引导和规范

美国公共图书馆服务的经费主要来自于县、市政府，州政府和联邦政府经费投入并不多，但州政府在总分馆制建设中发挥了重要作用。美国的公共图书馆总分馆制主要是由各州以州相关法的形式加以规范。

美国纽约州涉及公共图书馆总分馆制的法律主要是《教育法》（Education Law）和《教育委员会关于图书馆、图书馆系统、理事和图书馆员的条例》（Regulations of the Commissioner of Education pertaining to Libraries, Library Systems, Trustees and Librarians）（简称为《教育委员会条例》）。这两部法律对纽约州公共图书馆的总分馆制给予了详细规定，主要内容是：总分馆制的服务标准和对总馆、公共图书馆体系的经费保障。

加利福尼亚州的《加利福尼亚图书馆服务法》（California Library Services Act）规定，如果两个及以上图书馆区希望将它们的图书馆合并为一个，必须在合并生效日会计年度的 9 月 1 日前向州委员会提交由合并辖区的图书馆长们签署的合并意向书。各辖区管理机构批准的合并授权及各图书馆长们签署的联合服务计划，必须在合并生效日会计年度的 6 月 1 日之前提交给州委员会③。任意两个以上图书馆体系合并需要提交由图书馆体系管理委员会签署的合并意向书，各体系主管机构签署的体系合并授权书、服务和预算安排也需要提交州

① 梁亮，冯继强．公共图书馆服务体系建设保障要素探讨——以“大杭州”等公共图书馆服务体系建设为例［J］．图书情报工作，2014，58（04）：29-34.

② 梁亮，冯继强．城乡统筹的中心馆—总分馆模式研究——以杭州图书馆服务体系建设为例［J］．图书馆理论与实践，2013（09）：12-14.

③ California Library Services Act［EB/OL］（2020-01-09）．［2018-10-22］．https：//govt. westlaw. com/calregs/Document/I468B035CF0B04FD6A91442DF13E9B5A9? viewType = FullText&originationContext = documenttoc&transitionType = CategoryPageItem&contextData = (sc. Default)

委员会①。

英国《公共图书馆与博物馆法》(1964)(主要规范英格兰和威尔士，苏格兰和北爱尔兰各自有相关法规定)规定，一个图书馆体系只有一个图书馆当局。有些图书馆系统的图书馆当局可能是由两个或多个地方政府联合组成的，这个联合图书馆当局的成立要经过地方政府的协商和数字文化传媒和体育部的同意，从联合图书馆当局行使职能时起，原来的图书馆当局自然停止运作。北爱尔兰《图书馆法》(2008)规定，成立新的北爱尔兰图书馆当局，接替原先由 5 个教育和图书馆理事会负责的图书馆事宜。

3. 运用财政经费引导

美国纽约州法律规定，只有当图书馆是某个图书馆体系的成员时，它才能接受州的资助。1987 年明尼苏达州立法机构(Legislature)规定公共图书馆必须加入地区图书馆体系才能接受州的大部分资金资助，目的是督促地方政府资源共享、避免重复建设和拓展服务。该州教育部(Department of Education)没有针对单个公共图书馆的资助，只能通过地区公共图书馆体系、并全部加入公共图书馆体系的市县公共图书馆才有资格获得州资助。明尼苏达州法律赋予市、县设立和运营公共图书馆的权力。两个或多个县可以共同运营一个图书馆，三个以上的县可以运营一个地区公共图书馆体系，这两者的区别是，地区公共图书馆体系可以获得州的资助。法律还对每个成员政府应提供的经费最低限额作了规定。

4. 在政府责任上加以区分

在美国，各政府在公共图书馆责任方面的责任不同。运营公共图书馆主要是地方政府的责任，联邦和州政府运营的图书馆并不划入公共图书馆之列，也即公共图书馆的运营职责归地方政府。

英国政府认为，运营公共图书馆是地方政府的责任，而不是中央政府的责任。近年来，不少英国公共图书馆倒闭，但中央政府并未施以援手。英国地方

① California Library Services Act [EB/OL] (2020-01-09). [2018-10-22]. https://govt.westlaw.com/calregs/Document/IE60333D069A04140AA8601B5485AE6B2?viewType=FullText&originationContext=documenttoc&transitionType=CategoryPageItem&contextData=(sc.Default)

政府的职责分配特点可以用“职责异构”来概括。职责异构指不同层级政府担负职责不同，即使是同一层级的不同区域的政府承担的职责也有所不同。就公共图书馆职责划分来说，国会、中央政府及地方政府承担了不同的责任，国会负责立法，中央政府承担全局性的宏观管理与监督责任，通过制定政策、建立公共机构、调查地方政策等方式履行职责，地方政府负责公共图书馆的设置、管理和运营①。

日本都道府县和市町村都是地方自治体，相互之间没有隶属关系，两者在行政分工上有区别。都道府县以跨区统筹的角色在各领域内对市町村行使指导和建议的职能，拥有审批权。市町村行使与居民生活密切相关的权力。在公民馆事项上，中央政府承担了制定全国法律、实施标准和引导的角色，都道府县起到了协助实施的作用，市町村负责公民馆总分馆制的建设和运行②。在提供公共图书馆服务方面，这两级政府设置的图书馆定位也不同，市（区）町村的定位是面向本行政区居民提供服务；都道府县图书馆重点在为整个都道府县内图书馆、居民服务。

5. 规范管理与服务

纽约州公共图书馆体系所提供的基本服务在《教育委员会规则》90.3 条中有明确规定：公共图书馆体系服务区域内的居民均可在馆内（on-site use）使用所有图书馆资源。持有公共图书馆体系或成员馆读者卡的用户可以在所有公共图书馆体系内的馆舍免费借阅图书馆资源。针对因地理位置而不能充分享受公共图书馆服务的地区开展相应的延伸服务。

6. 充分争取基层政府的配合

尽管争取上级政府支持为总分馆制的顺利推行提供了行政保障，但是再仔细分析，在推行过程中，若无基层政府的积极配合，总分馆制建设仍然难以实施下去。佛山市禅城区长亲自与街道商谈，这说明街道（基层政府）在公共服务供给方面的重要作用。嘉兴市公共图书馆、文化馆总分馆制的建设均不是绕开乡镇街道政府另起炉灶，而是借助乡镇街道政府的优势，与乡镇街道政府

① 李国新．国外公共图书馆法研究［M］．北京：国家图书馆出版社，2013：51.

② 日本国自治体国际化协会．日本的地方自治 2016［R/OL］．（2018-05-23）［2017-08-17］．http：//www.clair.or.jp/j/forum/pub/docs/jichi-ch_2.pdf.

协商、共建。

4.4.2　建设政府之间协商的治理机构

在国外，不管是哪种形式的总分馆制，建立理事会（或称委员会、董事会）是常规做法。理事会是各责任政府协商的机构，理事会的成员一般由各责任政府派出。

在美国，治理机构的名称并不是全国通用的，有的地方叫“图书馆董事会”(Library Board of Directors)，有的地方叫“图书馆委员会”(Library Board)，有些叫联合权力当局(Joint Power Authority)，或理事会(Board of Trustees)，尽管名称不同，它们的作用是类似的。

纽约州《教育委员会条例》90.1 规定，所有的公共图书馆体系都应在州图书馆发展部登记，并建立理事会。纽约市皇后区图书馆由 19 人组成的理事会负责管理，理事由纽约市长和皇后区区长指定，市长、公共议员、审计官、市议会发言人和区长是当然成员。布鲁克林公共图书馆系统理事会由 38 个非受薪成员组成。纽约市长和布鲁克林区区长各指定 11 名，其余 12 名由理事会选出，市长、城市审计官、市议会议长和布鲁克林区区长是理事会的当然成员。除当然成员外，其他成员服务期限为 3 年。

明尼苏达州法律要求每个地区公共图书馆体系组建一个理事会，理事会成员数量从 8 到 38 名不等，主要取决于体系中的公共图书馆数量、体系建立的权力构成。体系理事会拥有市、县图书馆理事会的所有权力和责任，有权按协议决定提供一定水平的服务。

4.4.3　建设强大的业务管理中心

设立强大业务管理中心是总分馆制的特点，业务管理中心同样也是资源中心。业务管理中心与行政管理中心的不同作用在于，业务管理中心更加注重业务层面的统筹协调。设置业务管理中心主要有两个目的：一是提供面向整个体系的中心化服务，实现规模效益，如人员培训、参考咨询、文献集中采购与加工、信息技术的推广普及等；二是面向用户提供中心化服务。对总馆与分馆都不能有效覆盖的服务区域，如农村地区、人口稀少地区、山区等，由总馆提供流动服务、设置流动服务点、邮寄服务等；对不便出行的用户集中策划项目式的服务方式，如提供到家服务；对集中化供给而效能更高的服务，提供基于整个地区的服务，如面向盲人的服务、阅读计划、技术服务等。

我国公共图书馆、文化馆总分馆制的先行建设者经验显示，拥有强而有力的总馆非常重要。苏州、嘉兴、杭州、上海、东莞等地的公共图书馆总馆不仅人力资源、财力资源充足，而且在公共图书馆服务方面都有着很强的实力，由它们来领导本地区的总分馆制建设，能够说服县、乡镇政府参与合作。我国的嘉兴市、重庆市渝中区、重庆市大渡口区、重庆市江津区、苏州市张家港市等地的文化馆总分馆制均建立在总馆能力强的基础上，总馆的人财物优于分馆。

新加坡民众联络所和以色列社区中心的业务管理中心与公共图书馆业务管理中心的定位有所不同。公共图书馆业务管理中心的定位是将较多的资源布置在总馆，从而实现总馆在整个总分馆体系资源调配的优势。而新加坡民众联络所和以色列社区中心的业务管理中心重在为各分馆提供业务支持，如信息技术提供、人员培训、统一活动策划。新加坡民众联络所的业务管理中心是人民协会，人民协会负责民众联络所人员培训，策划民众联络所活动，并公布在网站上。

纽约州 3 种类型的公共图书馆总分馆制在服务方面的共同点是：每个公共图书馆系统都有一个总馆，或共同总馆。设置总馆的目的是提供比一般的地方公共图书馆数量更多、内容更为深入的参考服务。根据纽约州《教育委员会条例》273 条规定，每个公共图书馆体系应有一个总馆，总馆是组织和服务中心。如果一个公共图书馆体系有两个总馆，则拥有非成人小说类资源较多的图书馆为总馆。为充分发挥总馆的作用，《教育法》和《教育委员会条例》从财政支持、馆藏发展和人员等方面保障其发展。地方对总馆的财政支持为总馆服务区域人口人均 2 美元，不包括州和联邦资助和基本建设经费；州每年向每个公共图书馆系统的总馆提供专项资助，图书馆体系服务人口人均 32 美分，总额最低 15 万美元；州给予图书馆体系 71500 美元为总馆购置图书和材料等，这部分资金购置的图书和材料所有权归图书馆体系，存放于总馆；总馆应有 2 名非联邦资助的全职专业馆员；总馆每周的服务时间不少于 55 小时。

4.4.4 以资源共享为基础

文化馆总分馆制内总馆与分馆共享的资源包括人员的专业能力、信息技术等。新加坡人民协会负责所有民众联络所人员的培训、管理，这就要求人民协会的人员必须要有较高的专业能力。新加坡所有民众联络所共用一个网站，每个联络所的开放时间、服务内容、活动开展时间、服务条件都在网站上进行统一公布，从而实现了信息技术的共享。新加坡民众联络所的活动由人民协会统一策划，并且公布在人民协会网站上。以色列社区中心协会在全国的社区中心策划、执行活动与项目，目前已经策划了几十个项目。重庆市渝中区的文化馆总分馆制是一体化总分馆制，它的业务活动由总馆统一设计，分馆负责执行。嘉兴市各区县文化馆负责统筹本地区文化活动，组织流动文化服务，它们协调跨区域的文化互动演出。江津区的文化馆总分馆制中，区—镇—村文化馆站室之间的联系主要是靠举办大型活动来带动。

为了实现资源的共享，公共图书馆总分馆制设置了资源富集的总馆，从而实现在整个体系内调配文献资源的目的。信息技术的共享主要是通过整个体系共用同样的信息管理体系、网站等手段来实现，由总馆来统一供给信息技术，从而达到共用技术的目的。而馆舍空间的共享主要是通过为总分馆体系的用户设置同样的用户权限来实现的，属于同一个总分馆体系的用户都享有同等权益。对于一体化总分馆制来说，在整个服务区域内，居民享有平等的服务权益。纽约市 3 个一体化公共图书馆总分馆体系的文献资源在整个体系内流通。明尼苏达州所有的公共图书馆体系都在体系内提供馆际互借和传递服务、使用数据库和网站、电子书、培训员工的机会、建议和协助。在地区公共图书馆体系内，用户可以享有体系内所有图书馆的馆内服务。对于紧密型和松散型总分馆制来说，共享的资源内容与达成的协议有很大关系。

4.4.5　总馆与分馆职能不同

不管是哪种管理模式的总分馆制，总馆与分馆的职能都有明显区分。总馆更加注重业务的统筹与管理、为整个总分馆制提供基本的服务。分馆更加注重为居民服务。

新加坡人民协会担当着民众联络所的总馆，它负责管理所有民众联络所的经费、人员、活动策划、会员卡、网络服务等，民众联络所的定位是为公民提供服务。重庆市渝中区的文化馆总分馆制中，总馆负责所有分馆的人员、设施、设备和日常业务管理，分馆只是作为服务机构存在。在以色列社区中心的管理中，以色列社区中心协会承担着总馆职能，它负责为社区中心提供组织和管理指导、策划活动与项目以及培训社区中心的人员，社区中心负责具体的服务工作。

嘉兴市各区县的区县文化馆为分馆提供资源、服务、技术、资金支持，统筹文化活动和设施设备，组织流动文化服务，培训分馆、支馆从业人员，分馆、支馆服从、配合总馆的协调。重庆市大渡口区的区文化馆负责管理、考核下派到分馆的人员，组织常年节庆活动，培训专业人员，分馆负责提供服务。

在纽约市的3个公共图书馆系统中，3个总馆分别负责制定各自图书馆体系的管理政策，设备、文献采购和编目、经费管理、人员管理、为图书馆体系提供统一的信息管理系统，制定统一的服务政策，它们的分馆则专注于提供服务。

4.4.6 以分馆为服务重点

以分馆为服务重点符合文化馆、文化馆类似机构服务的特点。文化馆、文化馆类似机构的服务带有明显的地方性，群众需求差异化较大，因而难以实现服务的统一化和批量化。再者，民众参加文化馆和文化馆类似机构的服务需要一定的脚底成本，这就决定了文化馆和文化馆类似机构的服务半径不能太大，而以分馆为服务重点能够就近为民众服务。

在国外，以分馆为服务重点的经验主要表现在新加坡民众联络所和以色列社区中心。这两个国家的文化馆类似机构总分馆制建设中，作为总馆的人民协会和以色列社区中心协会均不提供服务，而是致力于业务协调与统筹。它们的服务重心在作为服务点的各个民众联络所和社区中心，民众联络所和社区中心的人员除了参加指定的培训以外，平时均在民众联络所和社区中心工作。

国内以分馆为服务重点的地方主要是嘉兴市各区县、重庆市渝中区、张家港市。嘉兴市各区县下派到乡镇的文化员、乡镇下派到村的文化管理员，他们的主要工作地点是在乡镇文化站和村文化室。重庆市渝中区的分馆工作人员由总馆下派，平时的工作地点就在分馆，而非总馆。张家港市文化馆向分馆的人员派驻经历了一些变化。2015年总馆向每个乡镇分馆派遣1名助理，2016年又增派1名助理助手。对于企业、社区和职业学院分馆，只派遣1名馆长助理，下派人员的工作地点在分馆。

而重庆市大渡口区将5个街道20个事业编制统一收归文化馆调剂使用，然后文化馆向每个街道派驻1名副馆长，派驻人员每周到乡镇街道文化站服务两个半天。这种做法是以区文化馆为中心，实际上削弱了分馆的服务能力，不符合文化馆服务规律。

4.4.7 总馆注重对分馆的人员培训

人员是文化馆服务的核心服务资源，国内外的总分馆制都重视对分馆人员专业技能的培训，对分馆人员专业能力的培育可以增强分馆服务水平。

新加坡的人民协会向民众联络所正式员工提供多种实践和应用技能培训。

除了演习所、研讨会等，国家社区领导机构（National Community Leadership Institute，简称 NACLI）还与高校开发针对社区领导的联合认证课程，与学校和机构合作开展定制的夜校和训练计划。所有的培训课程会以列表的形式公布在人民协会的网站上，课程目的与内容、适用对象、持续时间、举办时间都会列出，以英文和中文两种文字显示，以便于员工提前报名。面向正式员工的培训计划具有针对性，而且是持续性的，免费参加，并且还开发了授予学位的课程，这种培训体系是具有层级性的，一方面保证了参与者的普遍性，另一方面又能吸引员工参加培训的热情，员工也从中受益，是一种双赢的设计。以色列社区中心协会设立了一个专门培训社区中心负责人和高层成员的项目，从而提升了社区中心的理论标准①。

重庆市渝中区文化馆的分馆人员由总馆直接培训与管理。嘉兴市各区县文化馆负责培训分馆、支馆从业人员及本地文化志愿者、文艺骨干和业余文艺团队。各区县文化员每周一到总馆接受培训。重庆市大渡口区文化馆负责对下派人员的培训。

4.4.8　文化馆、公共图书馆总分馆制比较

两者的共同之处主要表现为两个层面：一是在同一个国家或地区，文化馆、公共图书馆均为公共文化机构，总分馆制构建的社会背景相同，都需要处理政府关系。从已调研地区看，文化馆、公共图书馆与政府之间存在委托代理关系，政府委托文化馆、公共图书馆提供文化馆、公共图书馆服务，并且对它们进行监管。这就导致了建设总分馆制必然要受到政府管理体制的影响。因此文化馆总分馆制的建设可以借鉴国内外文化馆、公共图书馆总分馆制在政府关系处理方面的经验。已有经验表明，政府并没有对总分馆制建设袖手旁观，而是以多种方式积极参与其中。至于我国政府究竟应该在文化馆总分馆制中发挥什么作用，还需要结合我国文化馆、政府管理体制进行分析。二是两者建立总分馆制的基本原理相同，在内部管理层面有相同之处。两者都应用了规模效应原理，而规模效应的基本原理是劳动分工、提高资源利用率、扩大受众数量。总馆与分馆如何进行分工、如何提高资源利用效率、如何提高受众数量，这些基本问题是文化馆、公共图书馆总分馆制都会面临的问题，因此两者的经验可

---

① Hoffman, Karen. Community Centers in Israel [M]. Asssociation of Community Centers in Israel, American Jewish Joint Disstribution Committee in Israel. 1977.

以互为借鉴。

文化馆、公共图书馆总分馆制的不同之处主要是共享的资源内容不同。由于文化馆、公共图书馆核心服务资源不同，导致它们在构建总分馆制时需要考虑到自身特色。文化馆的核心服务资源是文化活动，公共图书馆的核心服务资源是文献，文化馆活动和文献的特点不同导致它们在总分馆制中总馆统筹的业务活动内容不同。文化馆的核心业务是开展各种文化活动，其总馆与分馆通过开展共同的文化活动实现资源共享。文化馆总分馆制的特色经验是总馆策划面向整个总分馆制的文化活动。文化馆、公共图书馆总分馆共享的资源还包括信息技术、设施设备等。文化馆在建设总分馆制时，可以借鉴公共图书馆在资源共享方面的管理经验，但不可全面照搬。

第5章　文化馆总分馆制构建的关键问题（上）

第五章和第六章是本书的核心章节。文化馆总分馆制的关键问题共五个，这五个问题之间有着内在逻辑关系，它们从整体上解释我国文化馆总分馆制的运行规律。因内容较多，为避免章节之间内容过于不平衡，特将五个关键问题分拆为两章。第五章的两个问题主要与政府有关，第六章分析的前两个问题是总馆与分馆，第三个问题是综合考虑政府及文化馆之后地域单元的构建问题。

5.1　文化馆总分馆制构建的关键问题概述

政府责任、治理机构、管理模式、资源配置、地域单元是文化馆总分馆制建设面临的关键问题。这些问题的提出基于国内外有关实践经验和相关理论，对其进行深入地分析和探讨同样也需以相关理论和实践经验为基础。在理论方面，萨瓦斯的公共服务提供和生产分离理论、亨利·法约尔的一般管理原则和马克斯·韦伯的组织理论均可运用于文化馆总分馆制的研究。

萨瓦斯在《民营化与公私部门的伙伴关系》中将公共服务的三个基本参与者区分为消费者、生产者、提供者（或安排者）。消费者直接获得服务，生产者直接组织生产，或直接向消费者提供服务，而提供者指派生产者给消费者，并指派消费者给生产者，或者选择服务的生产者。他提出，对于许多集体物品来说，政府本质上是一个安排者或提供者，是一种社会工作，并以之决定什么应该通过集体去做，为谁而做，做到什么程度或什么水平，怎样付费等①。国内外的公共图书馆、文化馆类似机构运行和服务均符合萨瓦斯所说的这种提供与生产相分离的情况。政府提供公共图书馆、文化馆运行所需的人

① ［美］E. S. 萨瓦斯．民营化与公私部门的伙伴关系［M］．北京：中国人民大学出版社，2002：68-69.

力、财力、物力，但服务由公共图书馆、文化馆“生产”。在探讨文化馆总分馆制时，宜将政府、文化馆分开来谈，分别研究两者如何履行自身职责。

亨利·法约尔在《工业管理与一般管理》中提出了管理的一般原则，其中两条原则对文化馆总分馆制建设具有明确的指导意义，即统一指挥和统一领导。统一指挥原则是指无论什么行动，一名员工只听从一名领导的指挥，一旦两位领导同时对一名员工或部门下达指令，就会出现问题。统一领导指一个团队拥有一个共同的目标，由一位领导统一指挥，执行一项计划①。这是统一行动、协调力量以及集中优势的必要条件。两条原则要求完善组织结构，明确部门及人员职责。国内外较为成功的文化馆、公共图书馆总分馆制均遵循了这两条原则。一体化总分馆体系只有一个总馆、一个管理中心，实现了总分馆体系的统一指挥和统一领导。在紧密型总分馆制中，总馆只负责分馆的部分行政、业务事务，分馆具有独立性，这似乎与统一指挥和统一领导原则相违背，但实际上，总馆只负责面向总分馆体系的行政与业务，分馆负责自身的行政与业务事务。在政府责任的统一指挥和统一管理方面，各国政府采取的措施有：将政府责任上移、签订协议成立新的行政机构、单级政府负责、共同负责情况下成立单独机构，因此也符合统一指挥、统一领导原则。而对于松散型总分馆制来说，总馆与分馆只是在部分业务上进行合作，这样的合作也得到了相关政府、文化馆、公共图书馆的认可，对任一馆来说不存在双重领导、双重指挥的问题。因此，在文化馆总分馆制中探讨如何实现政府责任、文化馆群的统一指挥、统一领导非常必要。

马克斯·韦伯在其科层制理论中指出，任何一种组织都是以某种形式的权威作为基础的，在权威制度下，下级把上级发布的命令视为合法。现代社会的组织是合理化—合法化组织，其权威来源于组织内部的各种规则，人们对权威的服从是由于有了依法建立的等级体系。韦伯认为合理合法的权威才是行政组织的基础，只有这种与合理合法权威相适应的组织形式才是“理想的科层制”②。韦伯的科层制理论从现代组织权威来源的角度解释了法约尔的统一指挥、统一领导原则。在建立文化馆总分馆制时，总馆统筹整个文化馆群的业务活动也需要相应的权威，这种权威来源于文化馆总分馆制的内部管理规则，而

① ［法］亨利·法约尔．工业管理与一般管理［M］．成都：四川人民出版社，2017：25-55.

② 丁煌．西方公共行政管理理论精要［M］．中国人民大学出版社，2005：32-39.

内部管理规则的权威来源是文化馆各责任政府和各文化馆对文化馆总分馆制的认可。韦伯认为组织存在的基础是某人以他的方式将组织秩序予以贯彻①，这也是文化馆总分馆制的边界所在。韦伯所提到的“某人”一般被认为是组织的领导或管理人员，他拥有管理整个组织的权威。

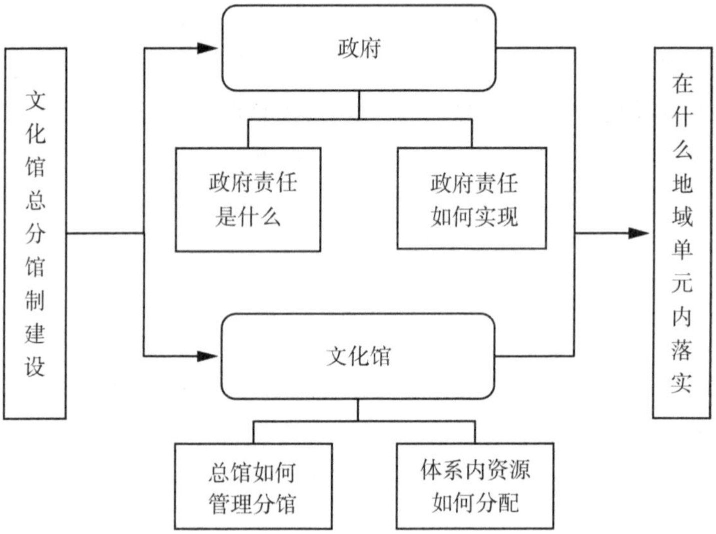

图 5.1　文化馆总分馆制的关键问题逻辑关系

首先，文化馆总分馆制研究需聚焦于“提供”层面。①在文化馆服务提供与生产分离的前提下，要明确政府责任是什么以及如何实现政府责任。因此，本书将梳理政府责任及其履行现状，并分析政府责任对建设文化馆总分馆制的影响。尽管不同国家的公共文化机构管理体制有所区别，但在总分馆制下，它们面临着同样的问题：如何划分政府责任。是将不同政府的责任划归同一级政府，还是由各级政府共同负责，抑或是创设新的政府责任划分方式？每种政府责任划分方式，都有着各自的优劣，哪种方式是适合我国的？这些都是需要进行探讨的重点。②政府责任的实现要凭藉一定的体制、机制、机构来实现，本书将回顾国内外的具体做法，并分析它们的利弊。在总结与分析多国公共图书馆、文化馆总分馆制做法后，笔者认为建立政府之间协商的治理机构是

① ［美］马克斯·韦伯．社会学的基本概念［M］．广西师范大学出版社，2011：64-67.

普遍做法。在本书中，笔者称之为“治理机构”而非“行政机构”，具体原因将在第五章第三节中详细说明与分析。各国关于总分馆体系治理机构的普遍性做法对我国具有深刻的启发意义。

其次，文化馆总分馆制研究需聚焦于“生产”层面——文化馆总分馆制的内部结构和运转。①探讨总馆与分馆的关系，以及总分馆制构建的基础与标准，并结合我国文化馆总分馆制的现状，比较各种管理模式的优劣。一体化总分馆制受到了我国研究人员的推崇，但是这种管理模式并未普遍实施，为了实现公共服务的规模效应，各国探索了紧密型和松散型总分馆制。那么如何在文化馆领域构建这些管理模式，应用不同管理模式的基本原则和条件是什么，也是需要回答的问题。②源共享作为总分馆制构建的基础，在文化馆领域如何应用，有哪些资源适于共享，如何共享，现实中存在的问题与难点在哪里。既然存在着不同的管理模式，那就说明不是所有的资源都适合在体系内共享，什么样的资源能够共享，共享成本高还是自建成本高，这些影响总分馆制运行成效的问题，同样需要探讨。

最后，将“提供”与“生产”结合起来，探讨在多大地域范围内建立文化馆总分馆制。从理想的角度讲，公共服务应在一国范围内实现普遍均等，但由于公共服务的生产受到了政府财政能力、财政体制、公共服务生产成本等因素的影响，因此一般来说在一国内构建绝对普遍均等的公共服务既无可能，又无必要。总分馆制可以提高文化馆服务水平、均等化服务资源，但这是有条件的。受到了政治体制、政府间关系、文化馆已有建设基础、文化馆服务特点的影响，合理地域单元是综合考虑以上因素之后的合理选择。

5.2　文化馆总分馆制构建的关键问题一：政府责任

5.2.1　我国政府“文化馆责任”分配现状对构建文化馆总分馆制的影响

1. 我国政府在提供文化馆服务方面的责任分配现状

我国各级政府均有提供文化馆服务的职责。我国宪法第二十二条规定，国家发展图书馆博物馆文化馆和其他文化事业，开展群众性文化活动。2016 年 8 月，《国务院关于推进中央与地方财政事权和支出责任划分改革的指导意见》

指出，对受益范围较广、信息相对复杂的财政事权，如公共文化等，根据财政事权外溢程度，由中央和地方按比例或以中央为主承担支出责任。《中华人民共和国地方各级人民代表大会和地方各级人民政府组织法》（以下简称《地方政府组织法》）规定，各级地方政府有权管理本行政区域内的文化行政工作，因此各级地方政府均有提供文化馆服务的职责。在文化馆事业建设方面，我国地方政府的职责划分存在张志红所说的“职责同构”，即在政府间关系中，不同层级政府在职能、职责和机构设置上高度统一和雷同。每一级政府都管理相同的事情，相应地在政府机构设置上表现出“上下一致”的特点①。

地方政府履行文化馆责任的方式是设立、保障文化馆运行。我国除少部分地方外，县级以上地方政府均设立文化馆，乡镇政府设立文化站。文化馆设施建设一直是提供文化馆服务的重要方式。而单体设施的建成并不代表服务能力的完备，并不代表服务的普遍均等提供，因此有必要建设文化馆服务体系，文化馆总分馆制即为建设文化馆服务体系的重要途径之一。故而领导和推动文化馆总分馆制建设也同样是政府的责任。

2. 各级政府提供文化馆服务责任的实现方式

（1）中央政府

2018 年，由原文化部和国家旅游局合并组建而成的文化和旅游部，是目前我国最高文化行政机构，隶属于国务院，它在国务院领导下管理全国文化事业，文化馆事业即包含其中。中央对文化馆站事业的管理是通过在中央设立文化和旅游部，在地方各级政府设立相应行政部门的方式实现的。我国《地方政府组织法》规定，全国地方各级人民政府都是国务院统一领导下的国家行政机构，都服从国务院。由此确定了中央对文化馆站行政管理从上到下的贯彻执行。文化和旅游部通过以下途径领导、影响地方文化馆站运作：①通过行政规章、实施办法、意见、通知等各种方式指导地方的文化馆站工作，如 2016 年原文化部等 5 部委联合下发的《关于推进县级文化馆图书馆总分馆制建设的指导意见》、2017 年 5 月 4 日原文化部发布《“十三五”时期繁荣群众文艺发展规划》等。②颁布文化馆站标准、组织文化馆站评估。文化馆评估是我国文化行政主管部门引导文化馆站事业发展的重要战略，在前四次全国文化馆

① 张志红．当代中国政府间纵向关系研究［M］．天津：天津人民出版社，2005：269-271.

评估定级中，评估对象为单个文化馆。③以“项目”形式在全国推广文化馆站活动，给予相应的财政补助，如创建“国家公共文化服务体系示范区（项目）”、2015年开始的“数字文化馆试点”项目、共享工程等。④对地方政府文化馆站业务请示的回复。

（2）省、市、县级政府

在省、市、县级政府层面，有关文化馆的行政管理权分散在文化旅游、人事、财政、宣传、组织部门，任一部门都不具有单独处理文化馆事务的统一权责①。

首先，本级政府对文化馆资产的管理应符合国有资产管理规定。我国省、市、县级文化馆属于事业单位范畴，对于文化馆的资产管理应遵守《事业单位国有资产管理暂行办法》的规定。《事业单位国有资产管理暂行办法》明确规定，我国事业单位国有资产实行国家统一所有，政府分级监管，单位占有、使用的管理体制。国家统一所有是指事业单位的资产属于国家所有。在我国，全体人民是国有资产的所有者，但由于人民无法行使自己的权力，因此由国家代表人民持有事业单位资产。分级监管是指各级政府代表国家对本级事业单位国有资产实施监管，各级政府的监管部门包括财政部门、行政主管部门等。各级财政部门是政府负责事业单位国有资产管理的职能部门，对事业单位的国有资产实施综合管理；事业单位主管部门负责对本部门所属事业单位的国有资产实施监督管理②。财政部门代表国家行使所有权，主管部门行使监督权。财政部门的所有权实施范围包括产权登记和界定、负责资产处置和调剂、监督管理等。文化主管部门负责监督管理文化馆的国有资产，审核或审批资产处置，推动国有资产共享、公用，评价考核。单位占有、使用是指文化馆接受文化主管部门和同级财政部门的监督、指导，负责国有资产的具体管理工作，拥有对文化馆资产占有、使用权和事业法人的自主经营权，财政部门和主管部门不能随意干涉文化馆的业务活动。但是，文化馆资产的处置权、调剂权归本级政府的财政部门所有，文化主管部门拥有文化馆资产的监督管理权。

其次，本级政府对文化馆人员的管理适用于我国国家机关的级别管理制

① 张志红．当代中国政府间纵向关系研究［M］．天津：天津人民出版社，2005：281.

② 事业单位国有资产管理暂行办法［S/OL］．（2006-05-30）［2018-01-01］．http：//www.gov.cn/gongbao/content/2007/content_660534.htm.

度。文化馆的工作人员多为事业编制，其管理人员直接采取了与党政机关相应的行政级别管理办法和层级体系。文化馆工作人员行政级别的确定与文化馆行政级别的确定有着对应关系。而文化馆行政级别的确定与地方行政区域层级具有对应关系。根据《中华人民共和国宪法》第三十条规定，中国地方行政区域划分为省（自治区、直辖市）、市（自治州）、县（自治县）、乡（民族乡、镇）四级，这是我国文化馆及其工作人员行政级别确定的基础。行政级别既指领导职务层次，也指事业单位的等级和规格。对事业单位而言，行政级别是决定单位机构规格、预算规模、人员编制、岗位设置、领导职数以及其他各类资源配置的基本依据。对文化馆工作人员而言，行政级别是决定其在单位中职权大小、政治地位、工资待遇和身份级别的重要依据。县以下基层单位，无论工作业绩、责任、难度和管辖范围、单位规模等，级别都是县处级以下①。党管干部原则是党和国家干部管理制度的根本原则，它的基本涵义是：干部管理的路线、方针和政策由党提出；党组织向各级国家机关推荐并管理重要干部；党组织负责干部工作的管理和监督工作；党指导和推进干部人事制度改革②。党管干部原则的实质是保证党对干部人事工作的领导权和重要干部的管理权③。目前我国事业单位的干部晋升基本控制在各级组织部门手里。职工大多是事业编制，处级以上干部由文化行政主管部门任命。

最后，本级政府制定了完整的文化馆运行经费供给、监管制度。文化馆运行费用主要由本级政府的财政部门拨付。在我国现阶段，除个别文化馆（如北京市朝阳区文化馆）是差额拨款事业单位外，大部分文化馆是全额拨款事业单位，经费主要来自地方政府。《国务院关于编制管理的暂行办法（草案）》规定，文化事业单位的经费由国家提供。事实上，政府不仅承担了文化馆的事业经费供给，还制定了统一的事业单位财务制度，包括事业单位经费预算收支科目、事业单位预算级别、事业单位活动中有关事业经费的领拨、缴销、运用、管理、监督等具体规定，以及各种名目繁多的开支范围及其标准④。对大多数文化馆而言，文化馆经费的使用都要向政府申请、获得批准

---

① 李建钟．事业单位取消行政级别问题研究［J］．第一资源，2012（01）：32-42.

② 林学启．党管干部90年：模式演变与价值追求［J］．理论学刊，2011（04）：44-47.

③ 张劲松，杨芬．论党管干部与公共部门人力资源管理的和谐［J］．深圳大学学报（人文社会科学版），2007（05）：74-79.

④ 黄恒学．中国事业管理体制改革研究［M］．北京：清华大学出版社，1998：13.

并接受事后检查，通过这样的方式，政府对文化馆服务进行监管。以免费开放经费为例，免费开放经费直接汇入到各馆的财政专用账户，但上级政府对免费开放经费的使用有明确的考核细则，每笔经费的支出都要有清晰的记录，每一笔经费的使用都需要获得本级政府的批准。专项经费的使用也是如此。

（3）乡镇政府

乡镇政府负有建设、运行文化站的责任。我国文化站完全依附于乡镇政府或街道政府。《地方政府组织法》规定，乡、民族乡、镇的人民政府管理本行政区域内的文化行政工作，因此，文化站的设立、运行属于乡镇政府的责任。一般的文化站是乡镇政府或街道政府的下设部门，并不是独立的法人，文化站的人、财、物等资源均由乡镇政府提供。文化站的人员属于乡镇政府的工作人员，由乡镇政府管理。与文化馆类似，文化站的资产也属于国有资产范畴，乡镇政府代表全体人民行使所有者权力。与文化馆不同的是，文化站一般不是独立的法人单位，它直接接受乡镇政府的领导，自主权非常有限。

（4）社区、村自治组织

我国的社区与村不属于政府序列，但发挥文化室管理者的作用，甚至扮演着“出资人”的角色。

我国社区文化室管理主体定位并未明确，绝大多数的社区文化室是一个无责任主体、无法人地位的物理空间，大多属于社区服务机构的兼设或下设部门，文化功能只是它繁多的科教文体的一部分①。社区文化室的经费来源主要是各个政府部门，数量不稳定。

村文化室的人员不稳定，经费来源多元化。我国的村分为行政村和自然村，村文化室按行政村设置。我国行政村管理呈现自治和行政化的双重特点。在法律意义上，行政村是村民自治组织，但村民委员会又有法定义务协助政府的相关工作；村干部虽然不是国家公职人员，但国家财政负担他们的报酬，乡镇政府也以镇干部的角色和要求来对待他们②。村文化室的运行经费未纳入政府序列，管理人员一般由村干部兼任，大部分无专门工资，有些乡镇政府会对管理文化室的村干部给予少量工资补助。因此社区文化室和村文化

① 胥睿．中国社区文化中心管理体制探究［D］．济南：山东大学，2017.

② 景跃进．中国农村基层治理的逻辑转换——国家与乡村社会关系的再思考［J］．治理研究，2018，34（01）：48-57.

室与政府处于比较“疏离”的关系，政府在政策上对其进行规范，但财政上支持不足。

3. 对构建文化馆总分馆制的影响

我国地方政府对文化馆的责任现状、以及由此产生的文化馆与政府之间的关系，决定了文化馆总分馆制建设必须获得本级地方政府的领导和支持。

首先，文化馆的资产所有权由地方政府代表中央政府持有，文化馆无权处置其资产。在建设文化馆总分馆制时会涉及到固定资产的使用权问题，固定资产的损益主要由本级政府负责，因此应获得固定资产管理部门的同意。其次，处级以上文化馆从业人员的晋升由本级政府的组织、人事、行政主管部门共同管理，这决定了人员的职业发展前景和待遇，建设总分馆制必须考虑到如何处理人员的晋升问题。法约尔的管理一般原则指出个人报酬应尽量公正，人员应保持稳定，员工适应并胜任工作需要时间，员工频繁更换不利于做好工作①。马克斯·韦伯科层制理论也提出应建立合理合法的人事行政制度②。人员的待遇和稳定关系到组织能否稳定、高效运转。再次，尽管中央以项目形式下达到各级文化馆的经费逐渐增多，但文化馆站经费的监管、运作主体是地方政府。并且本级财政仍然是文化馆运行经费的主要来源，因此本级地方政府在文化馆经费稳定、经费用途方面发挥着不可替代的作用。建立总分馆制后，经费投入、配置仍由地方政府主导。最后，从文化馆服务的特点来看，它具有意识形态性。作为公共财政提供的文化服务，应该传播的是一个国家的主流意识形态或核心价值体系，以增强人们的政治认同，维护既有的政治秩序；即便作为公民社会自身生产和提供的公共文化产品，同样传播着一种公民政治文化，对现有的政治统治产生积极或消极的影响作用③。我国政府对文化馆服务严格审核的原因也在于此，而作为一种具有地方特色，随时随地都在产生内容的意识形态活动，上级政府并不具有进行全面监管的优势，地方政府最有优势。

---

① ［法］亨利·法约尔．工业管理与一般管理［M］．成都：四川人民出版社，2017：25-55.

② 丁煌．西方公共行政管理理论精要［M］．北京：中国人民大学出版社，2005：32-39.

③ 吴理财．把治理引入公共文化服务［J］．探索与争鸣，2012（06）：51-54.

5.2.2 我国政府间关系、行政资源配置对构建文化馆总分馆制的影响

国内政府间关系构成了一个社会的管理与资源配置的网络体系①。它对于行政资源配置有着深刻的影响，而行政资源是地方政府提供公共服务的基础，是否拥有充足的行政资源影响到公共服务供给的质量。因此本节主要讨论我国政府间关系和政府的行政资源配置情况对建设文化馆总分馆制的影响。在国内政府间关系中，中央政府与地方政府之间的关系是中轴，决定了整个国内政府间关系的基本格局，中央政府与地方政府关系称为国家结构，主要包括联邦制、单一制。联邦制政府包括两套政府，联邦中央政府和联邦成员政府②。单一制国家的中央政府享有充分的权力，它在很大程度上决定着国家行政区域的划分和地方政府的设置，地方政府的存在及其权力都取决于中央政府③。除此之外，地方政府间关系对于地方公共服务的供给也有着重要意义。

1. 我国政府间关系

我国政府结构属于单一制。全国按地域划分行政区域，各行政区域的地方政府机关，都受中央政府的统一领导④，地方政府的权力来自中央政府授权，地方政府是中央的代理机构。地方政府又分为省、市、县、乡镇，地方政府之间又具有上下级关系。《地方政府组织法》规定，县级以上政府“领导所属各工作部门和下级人民政府的工作”，下级政府的职责之一是“办理上级国家行政机构（上级人民政府）交办的其他事项”，从而决定了上级地方政府对下级地方政府的领导、下级政府对上级政府的服从关系。上级政府对下级政府实施约束的最重要途径即通过地方政府绩效考核指标，实现对下级政府的影响。绩效考核是衡量一个政府的政绩好与坏的重要标准，原本是促使地方政府高效率的完成上级下发的工作任务，由于绩效考核与官员的升迁、政府政绩相连，这就造成与绩效考核有关的工作指标成为重要工作任务，而没有纳入政府绩效考

① 林尚立．国内政府间关系［M］．杭州：浙江人民出版社，1998：14.
② 林尚立．国内政府间关系［M］．杭州：浙江人民出版社，1998：48.
③ 林尚立．国内政府间关系［M］．杭州：浙江人民出版社，1998：43.
④ 夏海．中国政府架构［M］．北京：清华大学出版社，2001：3.

核指标体系的工作指标成为次要工作①。绩效考核作为一项重要的激励制度，对政府的行为起着约束、引导的作用。晋升激励对地方政府的支出（政府责任）行为存在显著的影响②。在现阶段的行政人员晋升标准中，GDP 增长率等经济指标是主要的指标，在这样的背景下，地方政府官员的行政行为倾向于地方经济发展，对公共服务并不重视③。

地方政府在地方行政事务上有一定自主性。《地方政府组织法》规定，县以上地方政府“执行国民经济和社会发展计划、预算”，乡镇政府“执行本行政区域内的经济和社会发展计划、预算”，因此各级地方政府在有关文化馆的职责方面有相当的自主性。一级地方政府拥有相应的权力机关——人民代表大会，它有权决定本级政府的财政预算、公共服务安排等。街道与乡镇政府相比而言，我国一些街道已经具备了一级财政，但没有政府权力机关，因此与乡镇相比，其自主性要小一些，有些街道则为政府的派出机构。

当然，这种自主性又受到了政府间上下级关系的限制。因为《地方政府组织法》规定，县级以上地方政府有权“改变或者撤销所属各工作部门的不适当的命令、指示和下级人民政府的不适当的决定、命令”。而对于不具有行政隶属关系的其它地方政府，地方政府的自主性则意味着几乎完全的排他性，在横向上，一个地方政府无权干预另一个地方政府辖区的内部事务，每个地方政府都独享本地事务的管辖权④。因此，相对于上级政府来说，地方政府有一定的自主性，又受到一定制约，而同级政府相互之间是独立的。

我国地方政府间这种上下级关系决定了上级地方政府对于下级政府具有法定优势。而且从各级地方政府掌握的行政资源来看，上级政府也应在总分馆制建设中发挥多方面的主导作用。

2. 行政资源配置的现状

地方政府行政能力的基础是其掌握的行政资源，是否具备充分的行政资源

① 卜清平．乡镇文化站的历史变迁与路径转向［D］．武汉：华中师范大学，2014.

② 杨刚强，等．官员晋升激励、标尺竞争与公共品供给——基于 286 个城市的空间杜宾模型实证［J］．宏观经济研究，2017（08）：121-131.

③ 刘佳，吴建南，吴佳顺．省直管县改革对县域公共物品供给的影响——基于河北省 136 县（市）面板数据的实证分析［J］．经济社会体制比较，2012（01）：35-45.

④ 彭彦强．基于行政权力分析的中国地方政府合作研究［D］．天津：南开大学，2010.

是政府能否推行一项事业发展的现实基础。行政资源主要包括组织资源、财力资源和人力资源①。组织资源主要是指政府机构、行政体制以及相关政策、法规等，它的强弱体现了政府汲取、配置资源的能力。财力资源，是指一定时期内某级政府可安排使用的财政资金。从经济的角度、资源配置的角度看，行政权实施主要是财政问题②。人力资源中，国家工作人员、公务员是政府行政的主体，它与政府财力资源一并构成政府行政的物质基础③。

我国不同层级政府掌握的组织资源不同。①法律资源。我国法律效力的关系是，宪法——基本法律——法律——行政法规——地方性法规（省级人大常委会的法规——省会市人大的法规、省会市人大常委会的法规、较大市人大的法规、较大市人大常委会的法规）——行政规章（部委规章——省级政府规章——省会市政府规章——较大市政府规章）。中央立法机关颁布的法律、法规，效力及于全国；地方立法机关颁布的地方性法规，只在其辖区内具有法律效力④。②配置资源权力。尽管我国从中央到地方组建了五级人民代表大会和五级政府并实行“地方各级人民政府对本级人民代表大会负责并报告工作”的体制，但依据《宪法》第110条规定，“地方各级人民政府对上一级国家行政机构负责并报告工作。全国地方各级人民政府都是国务院统一领导下的国家行政机构，都服从国务院”，不仅如此，上级党委对下级党委在人事任免方面拥有决定权。这种“负责”机制折射到政府间财政关系领域，表现为地方政府对上级政府的财政政策负有坚定执行的责任和义务，而实践中因支出责任不明确和财政资金配置不合理，往往出现上级政府指示下级政府完成某项职责却不提供相应资金的情况。下级政府囿于上述“负责”机制只能改变自己的预算安排或者通过违规举债等方式来完成任务⑤。

我国各级政府掌握的财政资源不同，我国政府实行一级政府一级预算，共分五级：中央；省、自治区、直辖市；设区的市、自治州；县、自治县、不设

① 财政科研协作课题组，王朝才．加快构建事权与支出责任相适应财政体制——基于山东、吉林、焦作、龙岩的分析与思考［J］．公共财政研究，2015（02）：24-52.

② 沈荣华．行政权力制约机制［M］．北京：国家行政学院出版社，2006：32.

③ 余晓青．行政资源优化配置的路径选择［J］．理论与改革，2005（02）：83-85.

④ 李林．中国法律体系构成［EB/OL］．［2017-12-12］．http：//www.iolaw.org.cn/showArticle.aspx？id=523.

⑤ 徐阳光．论建立事权与支出责任相适应的法律制度——理论基础与立法路径［J］．清华法学，2014，8（05）：88-102.

区的市、市辖区；乡、民族乡、镇。各级预算由本级政府组织执行，具体工作由本级政府财政部门负责①。1994 年实施的分税制改革对我国现行的财税体制影响深远。在我国现行财税体制框架下，地方政府既没有税收立法权、举债权，也没有独立的主体税种②，即使是省级政府也只是中央的征税机构，无权自行开设税种。分税制主要规范了中央与省之间的财政体制安排，许多地方的省以下财政体制没有按照分税制改革要求进行规范，各级地方政府收入划分采用了统收统支、总额分成、收支包干以及按税种划分收入等多种体制形式，并存在财力资源层层上移的倾向③。

3. 对建设文化馆总分馆制的影响

上级政府拥有推动文化馆总分馆制建设的优势。我国地方政府之间属于上下级关系，上级政府的行政命令对于下级地方政府而言具有导向性作用，上级政府通过自己掌握的行政权威、行政资源优势可以影响下级政府的行政行为。我国政府运行属于压力型体制，即一级政府组织为了实现经济赶超，完成上级下达的各项指标而采取的数量化任务分解的管理方式和物质化的评价体系④，压力型体制不仅在经济领域中发挥作用，而且扩散到社会管理等领域。中国各级政府运行中，从上而下的政治行政命令是其中最核心的压力⑤。文化馆总分馆制建设涉及到了不同层级的政府，上级政府为了推动文化馆总分馆制而给予下级政府政治上、经济上的激励和惩罚，将会引导下级政府配合文化馆总分馆制建设。

上级政府应当对文化馆总分馆制的运行提供支持。我国各级政府掌握的行政资源具有上级政府多于下级政府的特点，而且下级政府在与上级政府博弈中处于劣势，这导致越往下，政府承担的公共服务职责越多，掌握的行政资源越少。这样的公共服务职责分配和行政资源配置矛盾，导致基层政府不具有充足

---

① 朱光磊．当代中国政府过程［M］．天津：天津人民出版社，2002：159.

② 杨之刚．财政分权理论与基层公共财政改革［M］．北京：经济科学出版社，2006：159.

③ 彭健．分税制财政体制改革 20 年：回顾与思考［J］．财经问题研究，2014（05）：71-78.

④ 荣敬本，等．从压力型体制向民主合作体制的转变：县乡两级政治体制改革［M］．北京：中央编译出版社，1998：28.

⑤ 杨雪冬．压力型体制：一个概念的简明史［J］．社会科学，2012（11）：4-12.

运行文化馆（站）的行政资源。文化馆总分馆制的运行需要有充足的行政资源作支撑，上级政府应当在行政资源方面给予支持和保障。①给予文化馆总分馆制法律地位。综观国外的总分馆制，不管采取哪种模式，无一不获得了政府在法律上的许可、确认，给予其法人地位，并规定了成为总分馆制的必要条件。这种在法律地位上的确认，将有利于文化馆总分馆制的平稳、长期运行。②运用法律规范文化馆总分馆制的财政经费的保障。目前我国关于文化馆总分馆制的运行经费大多由地方政府根据财政能力或政府意愿设定，这些经费普遍缺乏法律法规的规范和保障。缺乏相应财政保障的文化馆总分馆制，缺乏运行的财政基础，其可持续性也无法保障。③文化和旅游部应在文化馆站评估、文化馆相关标准的制定以及文化馆项目建设中，加大文化馆总分馆制的比重。

文化馆总分馆制建设需要文化馆责任政府的积极配合。我国现行法律对政府之间的行政责任让渡、转移没有明确规定，因此在各级地方政府均有提供文化馆服务责任的前提下，文化馆总分馆制建设需要取得责任政府的积极配合。不同于我国，其他国家的地方政府在总分馆制建设中采取了以下责任分配方式：①在英格兰和威尔士，地方政府提供公共图书馆的责任可以转移给另一个地方政府，也可以共同履行职责；而在北爱尔兰，公共图书馆责任都转移给了北爱尔兰图书馆当局。②美国的州和州内地方政府之间是上下级关系，但州内地方政府享有较大的自治权，居民可以就某些事务投票。如美国纽约市的三个公共图书馆服务体系主要由市政府负责，市内的县、社区政府不负责图书馆事务。③日本政府将地方政府的公共服务职责进行了划分，都道府县负责广域事务，市町村负责直接服务。这些方式虽对于我国有一定借鉴意义，但是因体制原因无法照搬。同时，文化馆的责任政府在本地事务的信息获取方面具有优势，即使上级政府可以主导下级政府的行政行为，上级政府也无法取代具备这一优势的地方政府的独特地位，因此文化馆总分馆制建设应以各责任政府的积极配合为基础。

5.2.3 我国政府在文化馆总分馆制建设中应承担的责任

文化馆总分馆制建设需要政府的积极推动，因此，政府在文化馆总分馆制构建中承担的责任应包括两个方面：推动建设责任和保障运行责任。

1. 推动建设责任

政府在文化馆总分馆制建设中应承担推动建设责任的原因包括：①政府掌

握着配置社会资源的权力，而文化馆总分馆制恰恰是较多地涉及了社会公共资源统筹分配。②在中国的集权式政治结构中，政府拥有绝对的政治理论对比优势，能通过行政、经济和法律等手段在不同程度上约束其他社会行为主体的行为①。政府主导的制度变迁能够节约社会资源、推动社会快速发展。③从文化馆之间关系看，文化馆不具备改变馆与馆之间运行规则的职能。文化馆站之间不存在领导与被领导的关系，我国《群众艺术馆、文化馆管理规定》规定文化馆之间属于业务指导关系，《乡镇综合文化站管理办法》规定县文化馆、图书馆等相关文化单位负责对文化站开展对口业务指导和辅导，从法律层面看，文化馆之间、文化馆与文化站之间均不具有行政管理关系。事业单位对于行政区划内的其他单位或个人也不拥有任何带有管理成分（决策、组织、控制、监督、治理等）的职能②。

政府推动建设责任的实施可以运用的工具包括行政动员、制定法律、提供经费和监管。国外公共图书馆、文化馆类似机构总分馆制的建设无一能离开政府在这些方面发挥的作用。法律不仅能为文化馆总分馆制建设提供合法性依据，它的重大意义在于能够提供硬性约束，为文化馆总分馆制的实施提供相应的保障。文化馆总分馆制的执行需要相应的经费支持，而经费主要来源于政府。政府的监督管理责任是指政府应对文化馆总分馆制提出相应的规范性要求或标准，政府对于文化馆总分馆制的运行效果具有信息优势，又具有协调管理地方事务的权力，制定一定的标准和条件有利于引导和规范文化馆总分馆制的运行。

2. 保障运行责任

由于我国政府有关文化馆总分馆制的行政管理职能分布在人事、财政和资产管理部门及乡镇政府，甚至村和社区也掌握了一些行政资源，因此，应将文化馆总分馆制纳入到这些机构的相关制度建设当中，为文化馆总分馆制的运行提供行政资源保障。①资产管理部门需要将文化馆总分馆制归入到资产管理制度当中。我国文化馆的资产由财政部门代表国家行使所有权，主管部门行使监督权，在文化馆总分馆制运行中涉及到了资产的跨行政区域使用，这需要财政

---

① 陈天祥．论中国制度变迁的方式［J］．中山大学学报（社会科学版），2001（03）：86-93.

② 李鸥．事业单位改革与管理［M］．天津：天津人民出版社，2007：15-17.

部门、文化主管部门共同商讨如何行使国有资产的管理监督权，将可以跨行政区域使用的文化馆资产范围、条件、职责在各政府及政府部门之间进行清晰界定。②人事、组织、文化主管部门需要将文化馆总分馆制纳入到人员的晋升、管理制度当中。文化馆站的人员主要归本级政府管理，如何适应文化馆总分馆制建立之后的人员管理变化需要地方政府之间进行协调。文化馆总分馆制的人员待遇如何保障、晋升体制如何设置、管理制度如何实施都需要进行统筹考量，建立与文化馆总分馆制相适应的人事管理制度。③财政部门需要将文化馆总分馆制运行经费计入财政预算决算制度当中。我国政府对于文化馆的运行经费有着严格的财务规定，文化馆总分馆制的运行涉及到了多级政府财政，甚至中央政府下达的专项经费，这些经费如何使用必须由多级政府进行商榷，建立与文化馆总分馆制相适应的财政管理制度。中央政府在制定专项经费时，也应考虑到文化馆总分馆制的因素，充分将专项经费的设计与文化馆总分馆制运行相结合。

促使政府将文化馆总分馆制的运行机制进行制度化规范，需要将普遍均等的文化馆服务纳入政府绩效考核指标。建设服务型政府需要适当调整地方政府考核指标，将公共服务指标纳入到地方官员政绩衡量指标当中，因为考核结果与地方政府官员的职位升迁密切相关，而理智的官员都会谋求职位升迁①。文化馆总分馆制是为群众提供普遍均等服务的重要途径，将普遍均等的文化馆服务纳入政府绩效考核指标能够督促地方政府转换提供文化馆服务的思路和方法。

5.2.4 我国文化馆总分馆制中政府责任分配、执行存在的问题

1. 政府推动建设责任的现实情况及问题

我国政府主要采用领导小组的方式推动文化馆总分馆制建设。领导小组指采用现场推进会、联席会议、动员会议等方式推进相关政府及部门将文化馆总分馆建设提上政府工作日程，推动文化馆总分馆制建设，动员机制的参与者主要是文化主管部门、下级地方政府和文化馆。但在具体实施过程中，各地的做法还是有一些差别的。如嘉兴市在 2013 年获得创建国家公共文化服务体系示

① 郭士国．基本公共服务非均等化：成因、影响及对策分析［D］．长春：吉林大学，2012.

范区资格后，成立了示范区创建工作领导小组，建立了工作定期通报制度、专家咨询制度及监督制度。示范区创作工作领导小组于 2014 年 3 月召开文化馆总分馆制建设会议，对各成员单位、县（市、区）做了说明、动员和部署。嘉兴市文化局领导带队赴各县（市、区）考察和指导，文化工作分管局长定期召开例会。又如大渡口 2011 年获得创建国家公共文化服务体系示范项目资格，成立了区长任组长、四大班子分管领导任副组长、各街镇和相关部门主要领导为成员的创建工作领导小组。2014 年为了巩固文化馆总分馆制建设，又成立了专门工作组，区文广新局主要领导、区文广新局分管公共文化的领导、各街镇分管公共文化的领导分别担任组长、常务副组长和副组长。工作组办公室设在群文广新局群文科。而张家港市于 2014 年开始探索文化馆总分馆模式，张家港市委宣传部、市文广新局进行调研后，出台了《张家港市文化馆总分馆体系建设实施意见（试行）》。

我国政府对文化馆总分馆制的推动方式属于运动型治理方式，即通过超越常规的紧急动员过程，突破已有组织结构的限制，达到纠偏和规范边界的意图。但是运动型治理方式大多是间歇性的、短期的，一旦进入常规运行，就会受到常规机制的制约①。以领导小组等方式推动文化馆总分馆制建设能够达到迅速推广的效果，但是它的持续运行却并不能得到保障。领导小组由行政区的最高行政长官参与，能够调动相关政府部门的资源。领导小组可以确保文化馆总分馆制建设的执行者获得超常规的执行资源。而且领导小组还存在成本低廉的优势，因为未组建新的行政机构，同时可以迅速提高各级政府对文化馆总分馆制的认知。但领导小组式推动的弊端也较为明显。第一，没有规范的运行章程，缺乏清晰的权力分配、制约机制。通过领导小组获得的行政资源缺乏可持续性，在示范区创建期间中央、省级政府会给予特别配套经费，示范区创建结束后，文化馆总分馆制运行所需要的经费如无稳定的保证，将会直接影响到文化馆总分馆制的可持续性。第二，领导小组属于一种非常设机构，组织结构比较松散，无法对文化馆总分馆制运行进行全面设计和规划，而且各部门负责人事务比较繁忙，领导小组只能就原则性或重大问题作出指导性决策，对于日常运行中的具体问题或日常事务则缺乏处理能力②。第三，领导小组可能由于各

① 周雪光．运动型治理机制：中国国家治理的制度逻辑再思考［J］．开放时代，2012（9）：105-125.

② 何渊．中国特色的区域法制协调机制研究［M］．上海：格致出版社，2010：43.

种原因影响减小或渐渐消亡。对比大渡口区 2011 年成立的创建工作小组和 2014 年的工作组成员构成可以发现，2014 年的成员构成中没有了区长、四大班子分管领导和相关部门主要领导，只剩下了区文化局的成员，工作组所掌握的资源只是文化系统的资源，缺乏上级和相关部门的支持，它的影响力自然也会减弱。

2. 政府保障运行责任的实现情况及问题

我国文化馆总分馆制建设实践中出现了多级政府共同负责制、单级政府主负责制和多级政府分别负责制等三种方式：①嘉兴市各区县的下派人员费用由财政分级负担，各区县将文化馆总分馆制纳入了对各镇、街道目标责任考核中，可以视为多级政府共同负责。②渝中区的街道仅对参加文化活动的文艺团队进行审核、推荐和评价社区文化志愿者，不负其他责任。大渡口区将乡镇、街道文化站的部分人员编制上收，总分馆制的经费由区政府承担。张家港市（县级）文化馆总分馆制的运行经费、人员经费由市政府负责，乡镇与街道政府基本不参与总分馆制的事务。这三个文化馆总分馆制的政府责任主要由单级政府负责。③重庆市江津区、深圳市文化馆联盟和重庆市区县文化馆组成的联盟不改变政府之间的人财物分配方式，遵循原来的多级政府责任分配机制。

首先，我国文化馆总分馆制运行中的政府存在着县级以上政府责任不明确、发挥作用不足的问题。如大渡口区和张家港市在建设文化馆总分馆制中，它们各自的上级政府——重庆市政府和苏州市政府即是如此。大渡口区文化馆总分馆制在实施过程中的“双重考核制”落实较为困难。上级政府不仅应向文化馆总分馆制投入充分的行政资源，还应充分发挥政府之间利益协调的作用。在我国已有的文化馆总分馆制建设中，省级政府的作用发挥普遍不足，省、市级政府掌握着立法权力，它们的财政资源充沛，然而对于总分馆制的建设却多停留在行政动员的层面，给予的资金支持不足，也没有颁布相关的法律法规。县级、镇级政府掌握的财政资源不足以支撑总分馆制的运行，省、市级政府又不给予充分的财政支持，这就容易导致所建设的总分馆制长期运行的能力不足。而缺乏立法规范的总分馆制，同样缺乏合理、合法的权威来源，不符合现代组织的运行规律，总馆的规则与决策难以贯彻。

其次，我国文化馆总分馆制中政府责任的分配还存在着忽视乡镇政府责任与权益的问题。在一些地方实践中，对于乡镇政府的责任与权力强调不足，出现了忽略乡镇政府的问题。按照我国政府组织法的规定，乡镇政府负有提供文化馆服务的责任，忽视乡镇政府的做法显然与法律规定不符。同时，将乡镇政府摈除在文化馆总分馆制之外也不符合文化馆服务特性，文化馆服务是一种地方需求特色比较明显的服务，将文化馆服务的责任全部转移到上级政府显然与文化馆服务特点也不相符合。

5.3　文化馆总分馆制构建的关键问题二：治理机构

跨行政区域或多政府共同提供公共服务需要多级政府协定如何进行有效管理。在公共服务领域的跨行政区合作中，学者们提出了网络治理、整体性治理①、调整行政区划等策略。网络治理的实质是对治理主体功能范围和相互作用关系的边界划分，核心是各主体权力配置，网络治理的具体安排大多是现行社会治理体制的延伸②，因此网络治理并不算是一种独立存在的治理方式。整体治理的实施路径是构建“整体政府”，即公共服务机构为了完成共同的目标而实行跨部门协作，以及为了解决某些特殊问题而组成联合机构③，但重组后，组织机构庞大、官僚主义、管理混乱的问题并没有得到根本解决④。而调整行政区划属于难度非常大的一种操作，行政区划调整涉及到政治、经济、社会和地方文化等方方面面的因素，一般政府并不会因为某一种公共服务的提供而轻易调整行政区划。可见，学者们提出的网络治理、整体性治理、调整行政区划等并不适用于政府对文化馆总分馆制的管理。

在国外公共图书馆、文化馆类似机构总分馆制建设中，公共图书馆、文化馆类似机构的各责任政府以组建新的组织机构的方式履行其责任，这样的组织机构通常称之为治理机构。因为这样的组织机构不同于传统的行政机构，为适应总分馆制而建立的治理机构成员一般来自于各责任政府，治理机构无固定办公经费，一般每年定期开会数次，机构的成员无薪水、无需日常办公。为了履

① 高建华．区域公共管理视域下的整体性治理：跨界治理的一个分析框架［J］．中国行政管理，2010（11）：77-81.

② 何明升．中国网络治理的定位及现实路径［J］．中国社会科学，2016（07）：112-119.

③ 高建华．区域公共管理视域下的整体性治理：跨界治理的一个分析框架［J］．中国行政管理，2010（11）：77-81.

④ 尹文嘉．整体治理的现实困境与路径选择［J］．华东经济管理，2010，24（01）：129-132.

行提供文化馆服务的责任、适应文化馆总分馆制的建设，文化行政机构原有的行政管理方式不能适应跨行政区域的文化馆管理，多层级政府需要以新的形式联合履行职责。

5.3.1　治理机构相关概念辨析

1. 治理

“治理”（governance）一词源自拉丁文和古希腊语，具有“掌舵、操纵、指导”的意思。长期以来，它与统治（government）一词交叉使用。1989 年世界银行在概括当时非洲的情形时，首次使用了“治理危机”（crisis in governance）一词，此后“治理”被广泛用于政治经济社会领域中。治理与统治最基本的区别是，治理虽然需要权威，但这个权威并非一定是政府机关，而统治的权威则必定是政府。统治的主体一定是社会的公共机构，治理的主体可以是公共机构，也可以是私人机构，还可以是公共机构和私人机构的合作①。

2. 治理结构、行政机构和治理机构

治理结构与治理在法学上一般为同义词。广义的治理结构指公司控制权和剩余索取权分配的一整套法律、文化和制度性安排，这些安排决定公司的目标，谁在什么状态下实施控制，如何控制，风险和收益如何在不同企业成员之间分配等这样一些问题。广义上的公司治理结构是企业所有权安排的具体化②。狭义上的公司治理结构指由所有者、董事会、管理者构建起的组织架构，三者都拥有相应的权力并形成一定的制衡关系③。狭义的公司治理结构只是关注所有者与经营者之间的利益均衡关系，从而把公司治理结构界定为股东、董事会和高级经理人员三者之间的一种组织结构和均衡机制④。

治理结构强调的是一种一整套法律、文化和制度性安排，一种制衡关系，强调的是一种制度建设。治理机构是一种多方参与的机构，从本质上说，它是

---

① 俞可平．引论：治理与善治［C］//俞可平．治理与善治．北京：社会科学文献出版社，2000，9：1-15.

② 张维迎．企业理论与中国企业改革［M］．上海：上海人民出版社，2015：111.

③ 蒋一．完善事业单位法人治理结构研究［D］．北京：中国地质大学（北京），2015.

④ 金锦萍．非营利法人治理结构研究［M］．北京：北京大学出版社，2005：37.

“治理结构”广义含义上的实体化表示，它的指向更为明确。

从字面含义来看，治理含有“合作”之意，治理机构强调的是多方合作。而行政机构则强调统治。本书所研究的文化馆总分馆制是在跨行政区域和多层级政府基础上建立的，这涉及到政府之间的合作、协调、共同治理，为了实现统一指挥、统一领导所成立的机构称为“治理机构”显然更为恰当。

5.3.2　政府构建治理机构的实质

治理机构是政府为了跨行政区域进行行政管理而组建的机构，本质上是行政主体。总分馆制治理机构的成员通常是由相关政府代表组成的。这些成员代表地方政府参与跨行政区域公共服务的事务管理。

总分馆制下，政府建立治理机构的目的主要有两个：①地方政府间协商合作问题。跨行政区域公共服务涉及到了行政资源的再配置，这需要政府之间进行协商，建立长期稳定的合作组织是较有效的方式。②为本辖区居民争取利益。一级地方政府不仅是地方公共事务的管理主体，还是地方利益的代表。建立总分馆制之后，公共资源如何配置、每个辖区的服务人口如何计算、辖区的财政贡献与服务获得如何平衡、公共服务如何供给等等问题，这些都与辖区利益息息相关。地方政府作为辖区的利益代表须为本辖区居民争取尽量多的利益。

总分馆制下，建立治理机构的优势之一是可以节约行政办公资金。治理机构无固定办公室，不需日常办公，因此不需要配备日常办公人员和办公经费，能够节约行政管理经费。

治理机构的权力来源于法律。法律包括制定法、判例法、条约与协定。而制定法包括了宪法、法律、法规、行政规章等①。为适应多政府共同提供公共图书馆服务、文化馆类似机构服务而建立治理机构的权力多来自于制定法。美国各州对州内公共图书馆体系治理机构的组建成员、成员来源、运行机制都在法律中进行了明确规定，对治理机构的权力范围有明确限定。英国和新加坡的公共图书馆、文化馆类似机构总分馆制的治理机构都得到了相应法律的授权。

5.3.3　文化馆、公共图书馆总分馆制治理机构建设的国际经验

新加坡、以色列、美国、英国等国政府为了履行建设公共图书馆、文化馆

---

① 胡建淼．公权力研究［M］．杭州：浙江大学出版社，2005：240.

类似机构总分馆制的职责，均成立了相应的治理机构，并且多为决策型机构。国外公共图书馆、文化馆治理机构总分馆制的治理机构均是依据法律授权成立的，这符合韦伯对现代组织权威来源的论断。首先，公共图书馆、文化馆类似机构建立总分馆制时，需要得到法律许可，成为独立法人。其次，法律规定，治理机构具有法定地位。新加坡只有一级政府，民众联络所由人民协会管理，人民协会的直接领导机构是董事会，董事会就是其治理机构。美国各州内的公共图书馆体系治理机构的合法性来自于州政府的法律。如纽约州的公共图书馆体系经纽约州大学董事会（Board of Regents of the University of the State of New York）的许可建立，是具有法人地位的机构。阿肯色州的图书馆体系是经州秘书授权成立的。

治理机构性质、总分馆制的影响力不同，治理机构成员的构成也有所不同。

治理机构的成员来源与治理机构的性质有关，决策型和咨询型治理机构的成员来源不同。①决策型机构的成员多由政府职员组成。例如加利福尼亚州圣马特奥县图书馆体系的管理机构中的行政理事会（Governing Board）是决策机构，行政理事会的成员是县和市推选的议员。萨克拉门托公共图书馆的行政理事会成员必须是市、县议员。纽约市皇后区图书馆理事会由 19 人组成，纽约市长和皇后区区长指定理事，市长、公共议员、审计官、市议会发言人和区长是当然委员。纽约市布鲁克林公共图书馆的理事会成员共 38 名，纽约市长和布鲁克林区长各指定 11 名，其余 12 名由理事会选出，市长、城市审计官、市议会议长和布鲁克林区长是理事会的当然成员。②咨询性或建议性治理机构的成员充分反映了公共文化机构所代表的政府、社会和服务对象的利益，治理机构的成员来源广泛，分别来自不同领域。如美国阿拉米达（Alameda）县图书馆的建议委员会是建议性质的，15 名委员分别由市、县或县图书馆指定。康特拉柯斯达（Contra Costa）县图书馆委员会定位是咨询，职责是向县议会和县图书馆员提供咨询，18 名成员由县、市或镇指定。

全国性和地方性公共文化机构理事会的成员代表也有差别。全国性公共文化机构由于影响到一国全体公民的文化权益和社会各界的利益，它的治理机构成员反映了公共文化机构在国家中的地位、国家与社会的关系、公共文化机构与服务对象的关系。新加坡民众联络所的管理机构是人民协会，人民协会的决策机构即董事会的现任成员是：主席为李显龙（总理）；副主席为陈振声（总理公署部长）；委员分别傅海燕（文化、社区及青年部长）、马善高（环境及水源部长）、普杰立（通讯及新闻部兼教育部高级政务部长）、陈振泉（总理公署，人力部兼外交政务部长）、刘锡明（JP，BBM（L））、王耀明（普华古柏退休审计合伙人）、丹娜乐芝米（保健服务雇员联合会会长）、陈国明（人民协会总执行理事长）、德苏札（欧亚裔人士协会受托人）、李前平（新加坡国立大学协会会长）、吴毓荣（新加坡羽毛球协会赛事小组成员）、班杰明·威廉（新加坡红十字会秘书长）、林文兴（人民协会董事会主席特别顾问）。这 15 名董事会会成员代表了新加坡政府、商业机构、多种族人群、高校、运动协会、慈善组织等，是新加坡政府、社会、公众的代表。地方性公共文化机构总分馆体系治理机构的成员组成主要代表了参与总分馆制的各地方政府的利益。美国阿肯色州阿肯色中心图书馆体系的董事会由各市、县分别指定。阿拉米达县图书馆建议委员会共有委员 15 名：5 个市各派 1 名议员担任议会委员，6 名自由代表由县议会或县图书馆建议委员会指定，4 名由县议会指定。康特拉柯斯达县图书馆委员会的委员由各市、镇及县分别指定。

治理机构的成员数量受到多种因素影响。有些机构成员数量以参与总分馆制的政府数量来确定，每个政府派出 1 名人员。有些机构成员数量在参考政府因素基础上，还考虑到各政府行政区域或各政府接受服务的人口数量。明尼苏达州法律要求每个地区的公共图书馆体系组建一个理事会，理事会成员数量从 8 到 38 名不等，主要取决于体系中的公共图书馆数量、体系建立的权力构成。索诺玛（Sonoma）县图书馆委员会由参与创建图书馆体系的 10 个政府指定，10 名委员由每个政府指定 1 名，圣罗莎（Santa Rosa）和索诺玛县议会再联合指定 1 名，共 11 名。

总分馆制下，指定和选举是治理机构成员产生的常见方式。但指定者和选举方式也有所不同。治理机构成员通常由他所代表的机构指定或选举，也有共同指定的做法。一体化公共文化机构总分馆制治理机构的成员通常由参与总分馆制的最高级别政府指定，如纽约市 3 大公共图书馆体系和波士顿市公共图书馆，这两个城市政府权力分布的特点是市政府权力较大。同样是一体化公共图书馆总分馆制，通过政府间协议组建新行政机构的总分馆制则采用了不同的成员选择方式，治理机构的成员由各参加总分馆制的政府分别指定或选举，各政府分别决定成员的指定或选举方式、程序、任期。如阿肯色州的阿肯色中心图书馆体系的董事会由参与总分馆制的市、县分别指定。圣马特奥县图书馆体系的行政理事会（Governing Board）由县和市推选，每县、市 1 名，任期由各县、市决定。

治理机构在成立之初就含有协商、民主的基因，其权力范围与实施方式主要取决于较高层级政府、协议约定和商讨机制。①来自较高层级政府的制约。治理机构的合法性来自上级政府的授权，上级政府会提出一些限定条件。新加坡总理有权给予 NLB 董事会指导，在总理要求下，董事会向总理提供其财产和活动的信息。加利福尼亚州阿拉米达县图书馆由阿拉米达县议会管理，所成立的委员会是建议性质的，向图书馆馆长和县议会提出建议。康特拉柯斯达县图书馆所设立的委员会是咨询性质的，康特拉柯斯达县共有 19 个市（镇），18 个市（镇）参与了康特拉柯斯达县图书馆体系。康特拉柯斯达县图书馆委员会中 18 名代表他们所在的市或镇议会任命；5 名成员代表康特拉柯斯达县，每个县议员指定一名；1 名代表中央劳工委员会（Central Labor Council）。②协议约定。美国一些州的地方公共图书馆体系是以签订协议方法成立的，所签订的协议对治理机构的权力、权力范围、执行方式会进行详细规定。如加利福尼亚州的多个图书馆体系即由政府间协议而成立，董事会的权力执行范围、执行方式在政府间协议中有明确规定。③来自商讨机制的制约。投票是总分馆体系治理机构常用决议方式。萨克拉门托公共图书馆体系的行政理事会实施双重投票制。a. 行政理事会的每个成员 1 票。b. 所有会员先就某一事项进行投票，多数赞成票方可进入第二层投票进程。c. 第二层投票获得多数市、县同意的事项方算批准。市、县先就该事项投票，若多数赞成则该市或县的票算为 1 张赞成票，然后计算所有赞成票张数，若获得多数赞成张数，则算作批准。共同拥有 1 名成员的缔约方算作 1 张票。

5.3.4 国外单馆治理机构与总分馆制治理机构的区别与联系

单个公共文化机构的治理机构与总分馆制的治理机构的差别主要在于成员代表构成和议事范围方面。

1. 成员代表构成不同

美国的紧密型和松散型总分馆制治理机构，总分馆制设有 1 个理事会外，各分馆责任政府还可设立自己的理事会。纽约州的 4 个联盟制公共图书馆总分馆体系和 16 个合作制公共图书馆总分馆体系即是这种情况。4 个联盟制图书馆体系的理事会成员由各馆相应的政府指定，例如，布法罗—伊利县公共图书馆总分馆体系共包括 37 个图书馆设施，布法罗市图书馆作为总馆，下设 8 个分馆（位于布法罗），剩余的 28 个图书馆设施（位于布法罗市外、伊利县内）

由 22 个主体运营，这 22 个主体具有独立性，拥有自身的图书馆理事会。位于布法罗市内的总馆和 8 个分馆也是一个独立主体——伊利县图书馆，设有理事会，9 名理事由伊利县执行委员会任命，并经伊利县议会批准，其中 7 个议会区各任命 1 名理事，2 名代表县。布法罗—伊利县图书馆理事会成员有 15 位，5 位由布法罗市长指定，10 位由伊利县行政长官指定。纽约市 3 个公共图书馆体系（纽约公共图书馆、皇后区公共图书馆和布鲁克林区公共图书馆）是一个实体，除总馆外，所有图书馆都是分支机构（分馆）。3 个公共图书馆体系各有 1 个理事会，分馆无理事会。

2. 议事范围不同

总分馆制的治理机构代表着总分馆制服务区域的利益，其议事范围是与总分馆制服务有关的事务，不管是行政事务还是专业服务。它从总分馆制服务覆盖区域的整体进行考虑和规划。

单馆治理机构代表着本机构及其服务区域的利益，它的议事范围是与本机构服务有关的行政事务、财政事务和服务提供。

如加利福尼亚州的阿拉米达县图书馆体系是一个联盟式图书馆体系，阿拉米达县图书馆体系建有咨询型理事会，理事会职责是给予图书馆体系馆长和县议会图书馆方面的建议。图书馆体系内的奥尔巴尼（Albany）图书馆咨询理事会对奥尔巴尼分馆的事项向市议会提出建议，佛利蒙特（Fremont）图书馆建议委员会职责是向市议会和县图书馆员提出有关图书馆设施和服务的建议。

3. 相互影响又相互独立

在紧密型和松散型公共图书馆总分馆制中，总分馆体系建有 1 个治理机构，总分馆制下的图书馆仍可设有治理机构。总分馆制的治理机构决定的是涉及到整个总分馆制服务的事务，总分馆制内的图书馆治理机构必须在总分馆制治理机构决定范围内参与治理。而总分馆制的治理机构须考虑到单个图书馆的实际情况，单个图书馆理事会也会影响到总分馆制治理机构。

但总分馆制治理机构与单个机构治理机构之间并不存在隶属关系，两者在机构成员的产生方式、任命程序、任职条件方面有较大差异。单个机构的治理机构无须向总分馆制的治理机构请示、汇报，它独立向机构的责任政府报告。总分馆制的决议也无须向单个馆的治理机构通报，而只须向授权它的机构负责。

5.3.5 我国文化馆总分馆制治理机构建设的难点

1. 政府之间文化馆责任分配机制的限制

我国文化馆属于事业单位管理体制，文化馆的资产、人员、运行经费和服务主要由本级政府的不同部门负责，文化行政主管部门只有部分管理权，它无法代表其他行政管理部门决策。国外的公共图书馆总分馆制治理机构一般由一名政府成员代表一个地方政府，可以代表政府投票。而我国文化馆总分馆制治理机构的成员并未获得本级政府的全权投票权力，甚至没有获得本部门的授权。因为有关政府行政管理的权力分散到在政府的不同部门，任一人员或组织都没有关于文化馆的完整权力。在访谈中了解到，实际上我国文化馆总分馆制治理机构的决策权力有限，因为有关文化馆运行的资产、人员、经费、服务等方面的事务已经由政府部门的相关制度给予明确规定，治理机构并无权力改变这些制度，所能做的只是对具体事务进行讨论，并将讨论结果反馈给政府相关部门，争取其理解和支持。

我国各地文化馆总分馆制的治理机构存在状态不同。目前，嘉兴市范围的文化馆总分馆制治理机构主要以联席会议的形式存在，联席会议的成员包括嘉兴市文化局长、各区县文化局长、市文化馆馆长等。2014 年，大渡口区为巩固文化馆总分馆制建设成果，成立了文化馆总分馆制业务协调组，区文广新局分管公共文化的领导任组长，区文化馆馆长任常务副组长，文化馆分馆及相关工作人员任成员。张家港市每季度召开一次理事会工作例会，由总馆向理事会报告总分馆体系建设进展，并接受理事会评议。每年召开一次监管会议，由市文化行政部门及其他职能部门对总分馆体系建设情况进行综合考察。由这几个地方的文化馆总分馆制治理机构的成员组成可以看出，成员主要来自于责任政府的文化行政主管部门，财务、人员、资产管理部门并不参与到总分馆制治理机构中。

2. 文化馆总分馆体系不稳定性的限制

我国文化馆总分馆体系均不是法人，不符合法人登记条件，由此导致了文化馆总分馆体系在政府行政管理体系中的不稳定性。按照我国 1987 年施行的《中华人民共和国民法通则》，我国法人应“依法成立；有必要的财产或者经费；有自己的名称、组织机构和场所；能够独立承担民事责任”，按照这样的标准，我国目前的文化馆总分馆体系都不是法人，很多文化馆总分馆体系显然还没有达到“能够独立承担民事责任”的要求。2005 年国家事业单位登记管理局颁布的《事业单位登记管理暂条例实施细则》规定，事业单位设立、变更、注销必须进行登记，未取得《事业单位法人证书》不得以事业单位法人名义开展活动。文化馆站之间虽然已经在业务活动方面有了合作，但均未进行变更登记。如果一些地方以乡镇为地域范围进行文化馆总分馆建设，也面临着法人登记的难题，按照民法通则的标准，我国大部分文化站也都不具备进行法人登记的资格，村文化室大多属于集体财产，社区文化室的财产归属更加多样，一般都不符合进行法人登记的条件。文化馆总分馆体系的非法人地位导致其治理机构的法律地位不稳定。

第6章　文化馆总分馆制构建的关键问题（下）

6.1　文化馆总分馆制构建的关键问题三：管理模式

6.1.1　文化馆总分馆制的要素及其一般标准

在文化馆总分馆制的内部管理中，它应符合组织的一般标准。而组织存在的基本标准是领袖或管理干部。除此之外，作为一个文化馆群组成的组织体系，它的要素还包括总馆、分馆、组织结构这三个要素。

1. 受总馆与分馆认可的领导（管理干部）

一体化总分馆制的分馆无独立性，人员均接受总馆管理与领导，它达到了组织的基本标准。

紧密型和松散型总分馆制的领导设定较为特殊。因为紧密型和松散型总分馆制中，总馆的领导需要得到各分馆的认可，这样才能保证总馆的政策能够在分馆得到贯彻执行。总馆的领导只管理分馆的部分业务。国外各公共图书馆总分馆制的领导是总馆馆长，一般还设有专人负责总分馆制的业务。如纽约州《教育委员会条例》90.3规定，每个公共图书馆体系应设馆长，另外招聘3名全职持证的公共图书馆员负责图书馆体系管理。负责管理圣马特奥（San Mateo）县图书馆体系的是县图书馆馆长，县图书馆馆长应由圣马特奥县任命和雇佣，他应执行州法律对县图书馆员（County Librarian）的规定；县图书馆馆长的雇佣条件应由县决定，并符合职位分类要求；图书馆馆长决定图书馆服务的范围和种类，图书馆馆长向县汇报有关行政事务。索诺玛（Sonoma）县图书馆委员会任命了一个图书馆馆长，图书馆馆长负责图书馆的日常运行、行政和管理，完成委员会和县图书馆协议提出的工作要求。

2. 总馆功能和标准

（1）总馆的功能

总馆的功能可以划分为两种类型：一种是在一体化模式中，总馆全面发挥总分馆制业务和行政管理中心的作用，统筹整个总分馆制的人、财、物，分馆的功能只限于提供服务；一种是紧密型和松散型总分馆制中的总馆功能，总馆在总分馆制中承担区域规划、协调功能，分馆也保持相当的独立性。一般来说总馆在如下事项中发挥规划、协调功能：①规模效应明显的服务由总馆提供，如技术服务、残疾人服务、流动服务。②专业性要求高的服务由总馆提供，如人员培训。③具有全局意义的服务由总馆提供，如重大节日活动、意识形态宣传、馆站之间的资源协调、流动服务。

我国文化馆行业实践中，总馆的功能也基本属于下述两类：第一类以重庆市渝中区总馆（区文化馆）为代表，其职责是对 6 个分馆的人员、经费、设施、服务实施全面管理，这里的分馆指的是在 12 个街道基础上建立的 6 个文化中心。6 个分馆的服务对象以团体为主，各团体获得所在街道认可才可以使用分馆的设施以及参加活动。渝中区在社区建立了 77 个文化室，这 77 个文化室的人、财、物也由区文化馆统一管理，但也借助所在社区的力量，文化活动室负责人每个月将所开展活动进行总结，交由街道审核，审核通过后交由渝中区文化馆检查，之后渝中区文化馆将补助发放给各社区文化室负责人。嘉兴市各区县、张家港市和重庆市大渡口区文化馆总分馆制属于第二类。嘉兴市各区县总馆需具备的功能是：接受全市面上的资源调配，协调各分馆的资源配送；编制本地区文化馆事业发展规划；制定总馆和分馆服务标准、服务目录。张家港市总馆的功能是：编制总分馆总体建设规划，统一管理分馆、网格服务点；制定服务标准，指导、援助、监督分馆和网格服务点；统一派遣分馆助理，提供培训辅导；开展调查反馈工作，调整总分馆服务配送内容。重庆市大渡口区总馆的职责是：对分馆工作人员业务培训辅导；总馆对分馆及分馆馆长、业务副馆长、工作人员实现绩效考核。第二类总分馆制的功能可以归结为三个方面：协调各分馆的资源与服务；制定本地服务标准；培训或协助分馆工作。

（2）总馆的标准

综观国内外运营成功的总分馆制，大多拥有业务和管理能力强的总馆。总馆可以从以下指标衡量其能力。

①充足的经费。纽约州要求每个公共图书馆体系的总馆都要有专门的经

费，地方财政年投入为整个服务区域人均 2 美元，不包括州和联邦资助和基本建设经费；州每年向每个公共图书馆系统的总馆提供专项资助，资助额度为图书馆体系服务人口人均 32 美分，最低 15 万美元；州给予图书馆体系 71500 美元，为总馆购置图书和材料等，这部分资金购置的图书和材料所有权归图书馆体系，存放于总馆。

②开放时间较长。如纽约州法律要求公共图书馆总分馆体系的总馆每周为公众服务时间不少于 55 小时，分馆开放时间要求低于这个标准。

③服务资源充沛。这里的服务资源主要是物质资源和人力资源。我国各地实践中，各地分别通过不同的方式充实总馆服务资源，大渡口区、渝中区将乡镇和街道文化站人员的编制上收到区文化馆，嘉兴市各县（区）下派文化员的人事关系是归县（区）文化馆管理的，张家港市另外招聘了人员下派到分馆，这些做法都充实了总馆的人力资源。纽约州规定，总馆是公共图书馆系统的组织和服务中心，如果一个图书馆系统有两个总馆，则成人非虚构图书数量多者为总馆①。纽约州规定：总馆应有 2 名非联邦资助的全职专业馆员。萨克拉门托公共图书馆体系中心馆的馆藏资源比分馆远为丰富，既是贮藏中心，也是资源中心。

专门的发展计划。纽约州《教育法》（Education Law）要求，公共图书馆体系的总馆应有总馆理事会批准的 10 年发展规划。总馆的专门发展计划是为了保障总馆的持续、强劲运行，从而保证总分馆体系的运行。

3. 分馆的类型、标准和设置原则

（1）分馆的类型

根据是否具有独立性，可以分为直属分馆和独立分馆。直属分馆是指分馆完全隶属于总馆，分馆无独立性。独立分馆的部分人财物管理权归属于总馆，分馆具有一定自主权。

根据分馆在总分馆中发挥的作用，可以分为区域分馆和服务型分馆。区域分馆是在多层级总分馆制结构中设置的一种分馆，起着联结总馆与末端分馆的作用。区域分馆既接受总馆的管理，又管理着一部分分馆；既提供服务，又承担一部分分馆的管理工作。区域分馆一般是根据行政区域、交通条件而设置

---

① Robert Allan Carter. Public Library Law in New York State [S/OL]. (2006-07-11) [2017-08-08]. https://www.nyla.org/images/nyla/files/Public_Library_Law.pdf.

的，区域分馆可以分担总馆的管理压力。在文化馆总分馆制中，区域分馆多由乡镇（街道）文化站承担。嘉兴市各区县、重庆市大渡口区、青海省互助县、江苏省张家港市的文化馆总分馆制中，乡镇（街道）文化站均起到了区域分馆的作用。重庆市江津区珞璜镇合解村的村文化室承担了区域分馆的功能，村文化室还下设有13个文化大院。贵州省毕节市黔西县将地理位置优越、人员、图书资源较丰富的钟山镇提升为区域性分馆，带动周边乡镇的文化活动开展。

服务型分馆是指主要职能为直接提供公共服务的分馆，它位于体系最末端。在文化馆总分馆制中，村和社区文化室通常是服务型分馆，如在渝中区、嘉兴市各区县、重庆市大渡口区、青海省互助县的文化馆总分馆制中，村（社区）文化室均可视为服务型分馆。

（2）分馆应达到的标准

分馆应为具有日常运营能力的服务机构，分馆的设置标准主要包括三个要素，即服务设施、工作人员、开放时间。

①分馆应有固定的服务设施。是否设置固定的服务场所受到群众生活习惯、投入产出比的影响。在游牧地区，设置固定的文化馆舍并不符合当地的生活习惯，因此可以设置流动设施。在居民聚居点，如果服务人群过少，出于经费投入与产出的考虑，大多数文化馆总分馆制倾向于设置流动馆舍。在公共图书馆总分馆制中，设施结构通常为固定+流动+投递点的模式。

②分馆应有领取薪水的工作人员。之所以要求必须有领取薪水的工作人员，是因为在现实中观察到无薪兼职的弊端和志愿失灵问题。给工作人员发放一定的薪水，就可以对工作内容提出相应的要求。领取薪水与是否兼职并不冲突，在村和社区，政府投入的经费有限，雇佣全职工作人员比较困难。在最基层的社区，服务场所通常都是多功能的。在国外也不例外，如芬兰农村图书馆为综合性文化、信息和活动中心，众多市政活动在图书馆举行，开展电子民主工程、监督市政决策活动及市政决议过程监督等①。新加坡的民众联络所也发挥了法律咨询、市民咨询中心的功能。在这些机构中工作的人员无疑都是身兼多职，但他们能够分别在图书馆和民众联络所发挥积极作用的重要原因是他们的部分报酬由图书馆和人民协会支付。重庆市渝中区的社区文化室聘请的人员为文化志愿者，他们每天的津贴只有40元，但凭借着这40元，文化馆实现了

① 刘海丽．芬兰农村图书馆建设策略及其启示［J］．图书馆学研究，2017（13）：75-78.

服务目标的下达、服务质量的考核，充分发挥了文化室在总分馆制中的积极作用。

③分馆应有一定的开放时间。这一标准是为了保障服务的规范性。实行错时开放是对文化馆的基本要求。不同分馆采取不同的开放时间，服务人口数量越多的分馆，其开放时间应越长。服务人口数量较少的分馆，其开放时间可以适当缩短。圣马特奥县图书馆体系为整个地区设置的最低服务标准是：少于1万人的市，每周开馆40小时；超过1万人的市，每周开馆60小时。

（3）分馆设置原则

①分馆设置以人口数量为基础。文化馆存在的最根本价值在于为公众服务。任何一个文化馆都不可能服务于所有人，它只能服务于其所在地的社会公众，因此服务人口的数量对文化馆具有根本性的意义。按照人口设置文化馆的重要意义在于满足群众文化艺术需求的同时，还能节约建设、运行经费。如渝中区现有陆地面积20.28平方公里，辖11个街道，77个社区，常驻人口65万，日均流动人口100万人次以上，具有地域狭小、人口密集、流动人口多的特点。而且渝中区地处重庆市中心，文化资源富集，多个市级公共文化机构落户渝中区，因此在建设文化馆图书馆总分馆制时，渝中区充分考虑了这些因素，并未将11个街道文化站建设成为分馆，而是根据人口聚集程度、有效服务半径选定了6个文化中心作为分馆。这样不仅节约了建设资金、避免了重复建设，还在一定程度上突破了按行政区域设馆的局限性，提高了公共资金利用效率。美国加利福尼亚州的夫勒斯诺县公共图书馆（Fresno County Public Library）设置了多种类型的分馆，区域图书馆（Regional Libraries）坐落于农村或都市的中心位置。农村的区域图书馆服务人口范围为3万到5万人，都市的区域图书馆服务人口范围为4万到7万5千人。分馆（Branch Libraries）位于中型市或社区，服务人口为1.2万到3万。邻里图书馆（Neighborhood Libraries）位于小型市或未法人化社区，服务人口为0.6万到1.2万。服务点（Stations）位于最小的社区，服务人口可达6000人。这些做法都充分体现以人口为基础设置分馆的原则。

②分馆设置应以功能决定级别，适当突破行政区划。文化馆总分馆制是一种新的服务机制，一个文化站、文化室应该在总分馆制中担当什么角色，应该由这个文化站、文化室可以发挥的功能来决定。在重庆市渝中区，由于该区市级资源丰富，虽有11个街道，但考虑到一个街道设置一个分馆较为浪费，因此每2个街道设置一个分馆。苏州市张家港市在建设文化馆总分馆时将沙钢集

团、东渡纺织集团、沙洲职业工学院等归入分馆级别，而非服务点，充分考虑了这些分馆发挥的作用，而没有拘泥于行政级别的限制。贵州省毕节市在推进总分馆建设中发现，一些街道由于征地困难或独栋设计等原因，场馆面积有限，街道文化站不具备充当区域分馆的条件；而一些新建社区则比较重视文化室的配置，其设施面积和设备都优于街道，因此将这些社区文化室升格为县级文化馆分馆，如七星关区龙山社区和后河社区①。

③分馆布局需考虑文化馆站之间的整体布局。文化馆总分馆制是对现有文化馆服务供给机制的创新，将分布在一定地域范围的文化馆进行整体考虑，调整现有文化馆服务覆盖当中的重复和空白，进而整合为能够服务到所有人的布局。如青海省海晏县金滩乡的文化站与金滩乡岳峰村文化室仅一路之隔，这种按照行政级别必须设置、站室服务对象重复的现象多有存在。考虑文化馆站之间的整体分布，是将为人民服务的思想置于总馆、分馆布局的最前端，通过馆舍的整体分布规划设施建设。在已有馆或站的情况下，适当调整设施布局。

④分馆设置应以当地的经济社会发展状况为基础。经济社会发展状况主要包含当地经济实力、居民职业、年龄、文化层次、民族、生活习俗等因素，这些因素对居民文化需求均有影响。苏州市张家港市在建设文化馆总分馆时将永联村永合社区纳入了分馆级别，就是充分考虑了该村的经济背景，永联村永合社区常住人口 10000 多人，永联村的村办企业——江苏永钢集团有限公司在 2016 年实现销售收入 310 亿元②，社区经济实力雄厚，村民大多是村办企业的职工，该村的集体经济、人口数量能够支撑起分馆的运行。

4. 总分馆制的组织结构

将多个文化馆联结成一个组织，这需要考虑到组织的结构。组织结构有狭义和广义之分。狭义的组织结构指组织的构成要素及各要素之间的关系，广义的组织结构还包括组织与组织之间的关系③，本节主要研究广义上的组织结构。组织结构设计要考虑到组织层次和管理幅度的平衡。服务体系中的管理层

---

① 资料来源于贵州省毕节市在重庆市江津区创建国家公共文化服务体系示范区区域联动会上的发言材料。

② 江苏永钢集团有限公司．企业简介［EB/OL］．［2018-01-02］．http：//www.yong-gang.com/portal/？page_id=21.

③ 林泉．组织结构、角色外行为与绩效间的关系研究［M］．北京：经济管理出版社，2012：12.

次越多，用于管理方面的精力和资金就越多，因为服务体系中的协调成本增加了。而且层次越多，沟通越复杂，因为信息垂直向下传达时会发生遗漏和曲解，层次是信息的“过滤器”①。现代企业越来越追求扁平化组织结构，即减少管理层次、扩大管理幅度，这种结构有助于促进执行层与决策层的信息沟通，增强高层管理的控制能力，改进组织绩效②。扁平化组织的缺点是上级承担的压力较大，上级有可能失去控制，对管理人员的素质要求相当高③。

总分馆制可以采用星型、树型、网状结构。

（1）星型结构

星型结构是指一个馆位于中心，作为总馆，其他馆均为分馆，分馆均无独立性。星型结构要求中心馆具有较强的管理和服务能力。总馆是总分馆制运转的核心，承担着业务和行政管理的职能。这种组织结构要求总馆必须在各方面强于分馆，总分馆制能够有效运转的前提是总馆强劲、持续的运营能力。分馆从总馆获得资源支持，总馆与分馆之间的沟通是即时的、有效的。星型结构适用于地域范围不大的地市—县（区）、县（区）—镇（街道）、镇（街道）—村级别。深圳市福田区文体中心、新加坡民众联络、纽约市 3 个公共图书馆体系采用了这种结构。

（2）树型结构

树型结构是总馆——分馆——支馆的结构形式，支馆下还可以有分支。树型结构的优势是总馆直接管理的分馆数量有限，可以将精力集中于宏观事务的规划层面，其劣势是总馆不能对整个总分馆制进行全面监管。

在我国文化馆总分馆制建设中，考虑到地域范围和管理成本，总分馆制的构建要限定在合理的地域范围内。在一个省内建立一个服务体系是理想化的状态，但我国各省地域面积较大，且如果在全省范围内建立服务体系，其运输成本和协调沟通成本非常高，不符合建立文化馆总分馆制的初衷，因此至少应该限定在市、县或镇范围内。树型结构实际上是在星型结构上的延伸，要求总馆具有非常强的服务能力，处于中间层的文化馆要能够上接总馆，下为分馆服

---

① ［美］海因茨·韦里克，马克·V. 坎尼斯，哈罗德·孔茨. 管理学［M］. 北京：经济科学出版社，2015：204-205.

② 王雪莉，张力军. 企业组织革命［M］. 北京：中国发展出版社，2005，6：116-118.

③ ［美］海因茨·韦里克，马克·V. 坎尼斯，哈罗德·孔茨. 管理学［M］. 北京：经济科学出版社，2015：205.

务，起到上下沟通、协调的作用。这样的组织结构在我国文化馆应用具有优势，因为一般来说，我国省级文化馆强于市馆、市馆强于县馆、县馆强于乡镇文化站、乡镇文化站强于农村（社区）文化室。但在多大范围内建立文化馆总分馆制，需要综合考虑多种情况。我国绝大多数的文化馆总分馆大部分都采用这种树型结构，如嘉兴市各区县、张家港市、重庆市大渡口区等。

（3）网状结构

网状结构适用于文化馆之间实力相差不大，服务能力都较强的情况。文化馆之间没有总馆与分馆的区别，相互之间是合作、协调关系。网状结构的规模可大可小，任一文化馆的加入或退出，对整个文化馆总分馆制的影响不大。网状结构的缺点是，总馆的管理功能有限，文化馆之间的合作不够稳定。

（4）混合型结构

混合型结构是一种较为灵活的组织结构，可以是星型结构、树型结构、网状结构的综合运用，但必须保证文化馆之间信息流通的顺畅。重庆市江津区的文化馆总分馆制正在试验这种结构：区文化馆作为总馆；各乡镇文化站作为区域分馆，区域分馆下既设有直属分馆，也设有联盟式分馆；村文化室既作为区域分馆的分支，又作为各小组的区域中心。

6.1.2　文化馆总分馆制管理模式的类型

文化馆总分馆制管理模式的选择主要考虑总馆与分馆之间的业务联系、行政管理一体化程度。借鉴国内外公共图书馆、文化馆类似机构的总分馆制经验，笔者将文化馆总分馆制的管理模式也划分为三种：一体化总分馆制、紧密型总分馆制和松散型总分馆制。本节主要分析这三种管理模式的特点、政府责任的处理、人财物的处置和适用条件，最后对这三种模式进行比较与阐释。

1. 一体化总分馆制

一体化总分馆制以一个文化馆作为总馆，其他文化馆站作为无自主权的分馆存在。总馆的职责是统筹、协调、规划整个总分馆体系的人财物分配和服务，分馆的职责是在总馆领导下提供服务。总馆可以直接为居民服务，也可以仅作为服务于分馆的机构存在。

就政府责任而言，一体化总分馆制并不要求所有的政府责任归某一级政府承担。因为在文化馆服务中，政府的职责是提供文化馆服务所需的资源，因此政府责任可以由某一级政府单独负责，也可以由多级政府共同负责，还可以由政府和社会组织共同负责。

一体化总分馆制强调固定资产（尤其是设施）的使用价值，对固定资产的所有权进行灵活处置。重庆市渝中区文化馆总分馆制的设施所有权不一，有些属于借用，有些归街道，有些归区文委所有。美国阿肯色州的阿肯色中央图书馆体系是由各县市以协议形式成立的一体化总分馆制，成立协议要求各市县将固定资产所有权转让给体系，但又规定，若不移交固定资产，固定资产的运行费用应分担。我国佛山市禅城区图书馆总分馆制的5个分馆固定资产也并不全归总馆所有，澜石分馆的设施归街道所有。

经费的来源可以多元，但经费使用权必须归总馆所有。经费是否归总馆管理，决定着总馆与分馆的服务一体化程度。新加坡民众联络所的经费由人民协会统一管理。我国重庆市渝中区的文化馆总分馆制经费由区文化馆掌握。纽约市的3个一体化公共图书馆总分馆制经费主要来自纽约市政府，纽约市下的县、社区政府不向总分馆制投入经费，经费由总馆控制。夏威夷州整个州的图书馆构成了一个总分馆制实体，它的经费主要来源于夏威夷州政府，县政府不投入经费，经费的使用权归总馆。美国阿肯色中心图书馆体系是一体化总分馆制经费来源于各市、县税收、州援助、服务收费、捐赠收益和馈赠，所有经费由董事会管理。

人员必须归总馆统一管理、考评。人员是文化馆的重要服务资源，人员的水平高低影响着文化馆的服务水平。马克斯·韦伯认为组织的存在有赖于某人以他的方式将组织秩序予以贯彻①。已有公共文化机构总分馆制实践已经证明，分馆人员是否归总馆管理、考评与总分馆体系的一体化程度具有绝对正相关关系。我国重庆市渝中区的人员归区文化馆管理，新加坡民众联络所的所有人员归人民协会管理。

2. 紧密型总分馆制

紧密型总分馆制中，一个文化馆作为总馆，其他文化馆作为具有一定业务与行政自主权的分馆。总馆的职责是统筹、协调、规划整个总分馆制的基本服务，分馆在完成总馆分配的服务任务之后，还可以为本地居民提供额外服务。总分馆制设有专门的经费，设有负责总分馆体系的领导者。地方政府是总分馆制治理机构的成员。

---

① ［德］马克斯·韦伯．社会学的基本概念［M］．桂林：广西师范大学出版社，2011：64-67.

总馆与分馆共同承担一些责任，从而建立为区域内居民提供达到一定标准的服务。同时总馆与分馆还可以根据本地居民的需要提供具有特色或高于区域标准的服务，这种责任分配方式能够激发总馆与分馆责任政府参与的积极性。我国地方政府均有提供文化服务的职责，地方政府之间属于上下级关系，各级政府均有财政权，建立紧密型总分馆制具有优势，因为既没有改变地方政府之间的责任分配方式，又能够充分调动地方政府提供文化馆服务的责任心。

文化馆服务所需的设施、大型设备属于固定资产，我国政府对事业单位资产实行“国家统一所有，政府分级监管”的政策，建立紧密型总分馆制不改变固定资产的所有权。固定资产的投资规模较大，资产的共享使用有利于提高资产的使用率。设施的投资建设还涉及到土地审批、规划等其他政府部门，对于我国一级政府一级财政的政府体制来说，由各级政府分别负责设施建设、维护是较为有利。我国苏州、嘉兴、杭州公共图书馆体系均采用了紧密型总分馆制。

设立供总分馆制使用的专项经费有利于提供达到区域服务标准的服务。紧密型总分馆制的优势在于能够从整体上提供面向整个区域的基本服务，发挥某些服务的规模效应，同时又兼顾不同地区群众的个性化需求。但面向整个体系的服务需要由相应的经费作支撑，经费可以来自总馆责任政府，也可以来自总馆与分馆各自的责任政府，但这部分经费的使用权归总馆所有。美国纽约州为各个公共图书馆体系提供了专门经费，加利福尼亚州的阿拉米达县图书馆经费来自县财产税，圣克拉拉（Santa Clara）县图书馆区域的经费来自税收，均归其总馆支配。苏州市图书馆分馆的主管部门将一定数量的购书经费和人员工资委托给中心馆使用。嘉兴市公共图书馆体系面向整个体系的经费主要来自市政府、县政府。杭州市江干区面向整个区域公共图书馆总分馆的购书经费由区、街道和社区共同投入，总馆统一使用。桐庐县公共图书馆总分馆体系的经费由县、乡两级投入，总馆统一管理①。

总馆与分馆共同的领导或管理人员是总分馆制的边界，还是总分馆制内服务均等化的保证。为了实现总馆对分馆的控制，我国公共图书馆界通常采取总馆向分馆下派人员的方式。如苏州市公共图书馆分馆人员由总馆下派，接受总馆培训、管理、考核，工资由总馆发放。杭州市江干区图书馆分馆人员由总馆招聘、管理、考核，发放工资。桐庐县图书馆各分馆中有1人来自

---

① 梁亮，冯继强．城乡统筹的中心馆—总分馆模式研究——以杭州图书馆服务体系建设为例［J］．图书馆理论与实践，2013（09）：12-14.

总馆，由总馆发放工资①。美国的公共图书馆体系都配备有专为整个体系工作的人员。

3. 松散型总分馆制

在建设一体化和紧密型总分馆制均较为困难的地区，可以选择松散型总分馆制。松散型总分馆制的优势是可以充分调动分馆责任政府的积极性，满足分馆所在地群众的个性化需求，总馆只在最低限度上规范整个体系的服务。松散型总分馆制的基本特点是：总馆与分馆之间以业务合作为主，总馆在业务合作中起组织者、联络者的作用；设有管理总分馆体系的领导者或业务人员；总分馆制设有专门的经费；总馆只向整个体系提供最基本的服务，大量的文化活动主要靠分馆提供。作为一个组织，领导者或管理人员是否存在是它的边界，因此即使是松散型总分馆制也需要设有管理整个体系的人员。

松散型总分馆制不改变政府责任分配现状。强调总馆责任政府在较低限度上的统筹职责，比较适合我国政府责任现状。我国上海市、东莞市的公共图书馆体系选择了松散型总分馆制，未改变政府之间责任分配现状。

松散型总分馆制不改变固定资产的所有权和使用权，在总馆、分馆协商一致的前提下可以实现固定资产共享。

设立面向总分馆体系的经费是为了总馆可以在某种程度上提供面向整个体系的服务，没有相应的经费支持，总馆就无从统筹总分馆制内的服务。

总分馆制设有面向整个体系的人员，但总馆不管理、考评分馆人员，不向分馆下派人员。

4. 管理模式的比较

表 6.1 **总分馆制管理模式比较**

管理模式	优　　势	劣　　势
一体化	有利于资源在区域内的均等化配置。对分馆要求不高。	对总馆要求高。不利于发挥分馆责任政府的积极性。地域范围不能太大。分馆数量不宜过多。

① 梁亮，冯继强．城乡统筹的中心馆—总分馆模式研究——以杭州图书馆服务体系建设为例［J］．图书馆理论与实践，2013（09）：12-14.

续表

管理模式	优　势	劣　势
紧密型	有利于调动各馆能动性；保留了分馆责任政府的行政权，提高了分馆责任政府参与的积极性。	同一地域范围内服务不完全均衡。协调难度高。
分散型	由于总馆、分馆之间限于业务合作，容易取得共识。	可持续性问题：由于总馆与分馆责任政府的参与度不高，不易获得相应的行政资源。总馆、分馆只在某些业务上进行合作，对整个区域的服务水平、服务标准、服务规范影响力有限。

具体选择哪种管理模式建设本地区的总分馆制，需要综合考虑多种因素，每种模式都有它的优势和缺陷。

一体化总分馆制既有优势，又存在一些不足。Ren X. 通过比较发现，一体化公共图书馆系统的认证馆员、服务设施和服务人口均比其他两种类型多①。明尼苏达州的一体化地区公共图书馆体系，由于地方政府不再运营各自的图书馆，社区和地方政府对图书馆的责任心有所减弱，经费支持力度较低。因为决策过程不涉及社区，决策（别是涉及预算和本地运营时）的透明度不足。另一个劣势是无法充分满足各地方的特色化需求②。重庆市渝中区文化馆负责人也提到，总馆无力统筹分馆的所有服务，因为街道作为一级政府有权决定本级行政区域内的文化事务。

尽管松散型总分馆制对于整个服务区域的均等化提升有限，但它确实调动了分馆责任政府的积极性。加拿大亚伯达省一位管理松散型总分馆制（38 个地方图书馆理事，每个代表一个城镇或地区）的首席执行官认为，每个理事都会积极参与图书馆事务，因为没有来自总部的庇护，他们只能自己解决人力、项目、建设和资金问题。这种责任的分散转变成为了地方理事对省政府频繁和持续游说，增加了资金，提升了图书馆知名度。如果整个地区只设一个中

① Ren, X., D. L. Andersen. Public library systems in New York State: A history and survey [J]. Journal of Library Administration and Management, 20084 (1): 20-45.

② Office of the legislative auditor State of Minnesota. Public Libraries Evaluation Report [R/OL]. (2010-03-21) [2018-01-01]. http://www.auditor.leg.state.mn.us.

央董事会和集中管理制度则会削弱基层政府的责任感，并且图书馆支持者数量会减少。但她也指出，松散型总分馆制会导致区域内服务不平衡①。

6.1.3 我国文化馆总分馆制管理模式存在的问题

总馆对分馆的管理权力非常有限，难以保证文化馆总分馆制的效果。我国各级文化馆均有相应的责任政府，跨行政区域建立任何一种总分馆制必然受到这种政府体制的影响。嘉兴市各区县、大渡口区文化馆总分馆制都存在这样的问题。嘉兴市各区县的文化馆总分馆制主要靠人员连接，总馆基本无法管理分馆（乡镇、街道文化站）原有人员。大渡口区预设的人员双向考核制度落实也很困难，总馆基本只能考核下派的人员，总馆基本无权管理分馆的原有人员。这样的总分馆制基本没有激活分馆的参与积极性，对于无力增加人员编制或购买服务岗位的地方来说，采用这种模式就不适宜。而且文化馆总馆与分馆之间主要靠人员进行连接的弊端还在于，分馆责任政府的参与度不高，总馆与分馆只是在服务活动方面有了一些合作，在日程服务规范、服务标准方面尚难以全面统一。张家港市、深圳市的文化馆总分馆制就存在这样的问题。

缺乏总馆与分馆共同认可的领导（管理人员），总分馆制不规范。马克斯·韦伯认为："一种对外封闭或限制局外者加入的社会关系，当它的规则是由特定的个人如领导者，以及可能是管理干部（他们通常同时具有代表性权力）来执行时，称之为组织。"组织是否"存在"，主要看领袖或管理干部的存在与否。更确切地说，它的存在有赖于某人可以从事下列行动的机会，即以他的方式将组织秩序予以贯彻②。我国的文化馆总分馆制比较重视业务层面的合作，对规范的组织建设重视程度不高。嘉兴市各区县、重庆市大渡口区和江津区、江苏省张家港市等地文化馆总分馆制均存在这样的问题，这三者的共同点是总馆向分馆下派人员，这是一种自上而下的建设，并不重视取得分馆的认可，不利于总馆统筹整个总分馆制覆盖区域的服务。美国的公共图书馆总分馆

① Ann Curry, Suzanne Green, Jessica O' Neill. Regional Libraries Across Canada: a kaleidoscope of services and governance structures [R/OL]. (2004-07-09) [2018-08-01]. https://www.researchgate.net/profile/Jessica_Mussell/publication/228546951_Regional_libraries_across_Canada_A_kaleidoscope_of_services_and_governance_structures/links/53f4c1c70cf22be01c3edc47/Regional-libraries-across-Canada-A-kaleidoscope-of-services-and-governance-structures.pdf.

② [德] 马克斯·韦伯. 社会学的基本概念 [M]. 桂林：广西师范大学出版社，2011：64-67.

制相关法律、协议会明确指定整个总分馆体系的馆长，我国在这方面尚存不足。

文化馆总分馆制的专门经费难以保证。对于一体化文化馆总分馆制来说，由于分馆的经费由总馆统一管理，因此不存在需要设置专门经费的问题。而对于紧密型和松散型总分馆制而言，用于总分馆制的经费或是没有纳入国民经济发展规划、或是临时设立的专项经费，这样的经费难以保证持续性。一个组织缺乏专门经费，那么其组织的业务开展就缺乏相应的支撑资源。

6.2　文化馆总分馆制构建的关键问题四：资源配置

在文化馆总分馆制内分配资源，需要考虑到总分馆制模式的影响。对于一体化总分馆制来说，资源的配置由总馆来主导。对于紧密型总分馆制而言，总分馆制的资源配置是以总馆、分馆及其责任政府所掌握的资源和它们之间的博弈为基础的。松散型总分馆制只在最低程度上提供面向整个服务区域的服务。不同管理模式的资源配置既有共同点，也有不同之处。

6.2.1　文化馆总分馆制可配置的资源类型

在文化馆总分馆制内进行资源配置是为了实现资源的规模效应，最大程度实现资源的利用价值。文化馆服务所需的资源主要包括经费、设施与设备、人员等。

由于经费可以转换为多种服务资源，因此经费配置在文化馆总分馆制建设中具有重要地位。

文化馆服务中所需要的设施与大型设备由于价值较高、使用年限较长，可以归入到总分馆体系的资源配置当中，如流动演出车等，这些设施与设备统称为固定资产。大型设备需要具备专门技能的人员操作。为每个分馆配备大型设备既无必要，也无可能，因此将这些大型设备在文化馆群内共享、共用是最好的选择。对于文化馆服务来说，设施及其空间也具有资源的特征。根据总分馆制配置的一般原则，总馆的建筑设施面积比分馆要富足，总馆的大型设备配置比较齐全，因此在总分馆制内实施设施与大型设备共享可以提升使用率。纽约州《教育法》90.3 条规定，每个公共图书馆体系服务区域内的居民都有权使用整个图书馆体系的在馆服务。《事业单位国有资产管理暂行办法》对于国有资产整合与共享共用给出了明确的解决办法：财政部门负责建立资产整合、共享、共用机制；主管部门负责优化本部门事业资产配置，促进本部门事业资产共享共用；事业单位负责资产的有效利用，积极参与大型仪器、设备等资产的共享、共用和公共研究平台建设工作①。而价值较低的易消耗品如演出服装、小型设备、道具等，由于价格不高、使用频繁，可以由各馆视需要配备。

文化馆的人员具有独特的价值。文化馆的服务方式包括文化和艺术知识培训、比赛、演出、讲座、电影、展览、文献阅览等，其中前4项都具有对人员严重依赖的特点。对于后3项服务而言，其开展依然需要文化馆人员精心组织、悉心安排，才能够提供高水平的服务。人员配置受到人为因素的影响较大。首先，人员具有排他性，同一个员工不可能同时在两个馆服务。其次，人员掌握的专业、业务水平也会影响到服务效果。再次，人员的分配还受到个人意愿的影响。因此，文化馆的人员配置要对多方面因素进行综合考虑。

6.2.2 文化馆总分馆制资源配置的原则

文化馆总分馆制的资源配置是为了在整个服务区域内实现资源的有效整合和利用。

1. 配置服务于整个总分馆制的资源

配置服务于整个总分馆制的资源，目的是为了提升整个区域服务的均等化水平。总馆要开展面向整个总分馆制服务区域的活动，需要一定的资源做支撑。经费、固定资产和人员均可作为配置类型。

重庆市渝中区将各个街道文化站的经费都整合到了区文化馆，由区文化馆统一管理，社区文化室的经费也由区文化馆统一管理。嘉兴市各区县在各馆站日常经费来源不变的情况下，增设了文化馆总分馆制专项经费，并纳入各级财政预算，并且制定了《嘉兴市文化馆总分馆服务体系专项经费使用办法》。重庆市大渡口区文广新局于每年年末将次年总分馆制建设项目报政府常务会通过后，区财政在次年的年初预算时安排。大渡口区设立了总分馆制运行管理专项资金，用于总分馆日常业务工作基本运行，由总分馆制业务协调组进行统筹管理。2014年，大渡口区文化广电新闻出版局发布《大渡口区国家公共文化服务体系示范项目“文化馆图书馆总分馆制”建设专项经费统筹运行管理办法》，对文化馆总分馆制的专项经费管理作出了规定：区文化委设立总分馆制

① 事业单位国有资产管理暂行办法［S/OL］.（2006-05-30）［2017-12-12］. http：//www.gov.cn/gongbao/content/2007/content_660534.htm.

专项经费，由“文化馆图书馆总分馆制”工作组负责项目审核，区审计局负责监督，区财政负责编制预算，免费开放经费（街镇综合文化站、社区文化室、村文化室）收归工作组统筹管理。青海省互助县将各个乡镇文化站的免费开放经费归拢到县文化馆进行管理，县文化馆根据各乡镇人数、各文化站服务开展情况对经费进行分配。

2. 总馆人力资源富集

文化馆的重要服务资源是人员，我国文化馆总分馆制的资源配置无不是以总馆人力资源富集为原则的。重庆市大渡口区的文化馆总分馆制中，总馆在岗职工 32 人，总馆为分馆（8 个）分配 1 名在岗职工，担任分馆馆长助理。嘉兴市各区县为每个文化站配置 1 名文化员，而区县文化馆的人员配置则最少为 11 人，最多为 34 人。重庆市渝中区为每个分馆配备 2 名工作人员，总馆人员多达几十人。

3. 资源与分馆功能相匹配原则

笔者根据分馆功能将它们分为区域分馆和服务型分馆，这两种类型的分馆发挥着不同的作用，它们所分配到的资源量与质也有所不同。

从设施与设备的配置来看，不同功能的分馆具有不同的资源。嘉兴市各区县的区域性分馆是乡镇街道文化站。平湖市 8 个文化站的建筑面积均为 $1000m^2$ 以上，并且配有公共电子阅览室。海宁市 20 个社区文化室的面积均为 $350m^2$ 多。

从人员配置来看，嘉兴市各区县的文化员招聘条件高于文化管理员。渝中区为每个分馆分配 2 名编制内职工，为社区文化中心分配的人员则为志愿者。编制内职工的招聘要符合事业单位招聘要求，一般为大学学历，而社区文化中心的人员只有 1 名，要求他们具有文艺特长，与事业单位招聘的人员存在明显差距。

4. 分馆资源分配以人口为基础

文化馆服务的目的是为了满足群众的文化需求，而人口数量多少决定了参与文化活动的人口数量，决定了资源需求量，因此以人口为基础符合文化馆服务需求特点。

2012 年，加拿大安大略省在《农村/城市公共图书馆体系指南》第二版中，将公共图书馆分馆按人口分为四种类型，并且建议配置不同的资源。分别是小型分馆（服务人口 1000~5000）、中型分馆（服务人口 5000~10000）、大型分馆（服务人口 10000~35000）和城市分馆（服务人口 35000 以上）①。

5. 紧密型总分馆制（给予各分馆自主性）

在紧密型总分馆制下，一般的做法是设立区域内的最低服务标准，在此基础上再由各馆自行提供服务。最低标准的设定有三种方式：一是以开放时间作为基本标准。对于不同级别、不同服务人群规模的文化馆规定不同的开放时间，文化馆级别越高服务时间越长，服务人数越多开放时间越长；二是以人均经费投入作为最低标准；三是以设施可达性作为最低标准。陆晓曦在其博士论文中，对国际公共文化机构的服务半径做了梳理。纽约“十分钟步行圈”的标准是以成年人十分钟的步行距离（约 805 米，若与老人或儿童一起则步行 536 米或 402 米）为标准来设置公共空间，这里的公共空间包括了广场、公园、图书馆、剧院等。英国公共图书馆的家庭覆盖率要求在内伦敦区 1 英里

表 6.2　**加拿大安大略省公共图书馆分馆配置资源**

<table>
<tr><th>馆类型</th><th>设施面积（平方英尺）</th><th>每周开放时间（小时）</th><th>员工</th><th>文献（人均册数；最低册数）</th><th>科技</th></tr>
<tr><td>小型分馆</td><td>2500</td><td>20~25</td><td>2.5</td><td>3~5；7500</td><td rowspan="4">接通网络；最低 3 台终端，2500 以上，每增加 1300 人多配 1 台电脑；</td></tr>
<tr><td>中型分馆</td><td>5000</td><td>25~35</td><td>2.5~5</td><td>3~4；15000</td></tr>
<tr><td>大型分馆</td><td>10000</td><td>35~60</td><td>5~17.5</td><td>3；30000</td></tr>
<tr><td>城市分馆</td><td>35000</td><td>>65</td><td>>17.5</td><td>2~3；70000</td></tr>
</table>

注：专业馆员（Professional librarian）是指拥有图书馆学或信息学硕士学位者；小型图书馆管理 Excel 资格项目是一种针对未受过正式图书馆培训者提供的远程培训；图书馆技术人员指从社区大学获得图书馆技术证书者。小型分馆的人员要求受过高等教育或图书馆培训；受过 Excel 或图书馆技术人员培训。中型分馆的人员：负责人要求是专业馆员，或受过高等教育和图书馆培训；要求助理受过 Excel 或图书馆技术人员培训。大型分馆的人员：负责人须是专业馆员；2 个全职专业馆员；每增加 1 万服务人口，增加 1 个全职专业馆员。城市分馆人员：负责人须是专业馆员；2 个全职专业馆员；每增加 1 万服务人口，增加 1 个全职专业馆员。

① Administrators of Rural and Urban Public Libraries of Ontario. Guidelines For Rural/Urban Public Library Systems 2nd edition [R/OL]. (2012-01-?) [2018-02-05]. http://aruplo.weebly.com/uploads/2/8/3/7/2837807/aruplo_guidelines_2nd_edition_january_2012.pdf.

（1 英里约等于 1609 米）半径内分别覆盖内伦敦区、外伦敦区、大都会区、自治区分别 100%、99%、95%、88%居民，而在 2 英里半径内覆盖大都会区、自治区 100%居民和郡治区 85%，在人口稀少地区的 2 英里范围内最低覆盖 72%居民。北爱尔兰公共图书馆的目标是 85%居民居住在图书馆 2 英里范围内，包括固定图书馆和移动站点。威尔士的图书馆服务标准比英国的更加精确一些，将人口密度与覆盖率联系在一起，当人口密度为每公顷 20 人、1. 1 到 19 人、1 或 1 以下时，分别对应于 95%在 2 英里内、75%在 2. 5 英里内（或公共交通 10 分钟里程）和 75%在 3 英里内（或公共交通 15 分钟里程），达不到以上标准则需提供流动服务或服务点服务①。

6. 根据资源特点确定资源的管理权分配

不同资源的特点不同，适用的管理方式不同，应根据资源特点确定由总馆或分馆管理。已有的文化馆、文化馆类似机构总分馆制中，互联网的管理均由总馆负责，这是因为互联网服务具有高度技术依赖性，需要由专业人员管理，而且其可复制性高，由总馆管理能够节约技术人员的投入，实现规模效应。

根据资源特点确定管理权分配在公共图书馆总分馆制中也是如此。2011 年，Ann Curry 等对加拿大图书馆体系的一项调查表明，图书馆体系对资源的共享考虑了共享成本。他们所调查的 58 个总分馆体中，一体化（23）、紧密型（23）和松散型总分馆制（6）均有，即使是一体化总分馆制也不是管理所有的事务。总体来看，文献订购、编目、预算和账目、发放工资、经费申请、联合目录、材料选择等较多由总馆管理。分馆管理的项目中，有 50%的馆管理剔旧、夏日阅读计划和图书馆之友的服务。还有一些服务由总馆与分馆共同管理。从加拿大的统计来看，某一活动由总馆、分馆还是联合管理要考虑到这项服务的特性。图书馆之友这样的业务与本地的公民联系较多，由分馆管理有利于及时获取信息、获得社区的支持。

表 6. 3　　加拿大图书馆体系的总分馆业务管理权分配统计

服务或项目类型	总馆管理	分馆管理	共同管理
文献订购	44（55）	6（55）	5（55）
编目	43（54）	6（54）	5（54）

① 陆晓曦．“公共文化服务保障法”立法支撑研究［D］．北京：北京大学，2014.

续表

服务或项目类型	总馆管理	分馆管理	共同管理
预算和账目	43（56）	8（56）	5（56）
发放工资	42（55）	8（55）	5（55）
经费申请	39（51）	8（51）	4（51）
联合目录	37（42）	1（42）	4（42）
材料选择	33（56）	9（56）	14（56）
信息统计	31（54）	13（54）	10（54）
员工评价	29（54）	15（54）	10（54）
联系媒体	28（54）	8（54）	18（54）
员工雇佣	28（54）	11（54）	15（54）
网页服务	28（53）	18（53）	7（53）
员工培训	28（56）	15（56）	13（56）
剔旧	25（56）	16（56）	15（56）
夏日阅读计划	23（54）	21（54）	10（54）
图书馆之友	6（34）	23（34）	5（34）

7. 以分馆为服务重点

前面所提到的总馆资源富集主要是为了实现资源管理上的规模效应，而在服务资源的配置方面应加强对分馆资源的配给。新加坡民众联络所和以色列社区中心的总馆只是承担着管理中心的功能，并不直接提供服务，这比较符合文化馆服务的特点。文化馆服务具有地方差异、群体差异、个人差异，很难实现统一供给。而且，阵地服务的特点导致民众享受文化馆的服务必须要付出一定的交通成本。因此，若是将服务集中在总馆会增加人们的交通成本，影响人们参加文化馆服务的积极性。我国的嘉兴市各区县、重庆市渝中区和张家港市文化馆总分馆制的资源分配均较为重视分馆。

6.2.3 我国文化馆总分馆制资源配置存在的问题

1. 经费配置存在的问题

资金统筹方式缺乏法律依据。文化馆总分馆制统筹的经费中，多个县将财政部下发到乡镇的免费开放经费进行了集中使用。按照我国一级政府一级财政的体制，乡镇拥有免费开放经费的支配权。各县（区）对乡镇（街道）文化站免费开放经费的统筹缺乏法律依据。

社区、村文化室的经费缺乏保障。我国大部分地区位于服务终端的文化室仍然没有获得稳定的经费。社区与村汲取行政资源的能力有限，文化室能否获得稳定的运营经费受到多方面因素的制约。未将文化室经费纳入总分馆制专项经费，不利于文化室充分发挥作用。

面向总分馆制的专项经费不明确。我国的文化馆站由各级政府设立，一般来说上级政府的财政比下级政府充裕，符合总馆资源富集原则。但是面向整个体系的经费设置不确定，这会影响到整个体系的服务均等化供给。张家港市、重庆市江津区、重庆市各区县文化馆服务联盟、深圳市文化馆联盟均未设置面向整个体系的经费，总馆缺乏统筹整个体系的资源支撑。

2. 固定资产配置存在的问题

国有资产管理规定尚未突破。《事业单位国有资产管理暂行办法》明确规定，我国事业单位国有资产实行国家统一所有，政府分级监管，单位占有、使用的管理体制。设施空间的共享尚不难突破，一些地方已经对空间资源共享进行了规定。各地对于大型设备的共享还没有达成协议。由于其价格较高，若在运输、使用过程中发生损坏，责任归原单位所有，不利于资源的共享使用。因此还需要各责任政府积极协商。

3. 人员配置存在的问题

分馆人员的待遇难以保证，影响人员队伍稳定性。文化馆总馆下派到分馆的人员途径包括事业编制、政府购买服务岗位、志愿者和网格文化员等，这几类人员相互之间无法转换。除了事业编制人员外，其他人员的劳动报酬、社会地位、职业稳定性都缺乏保障。法约尔在《工业管理与一般管理》提出，个人报酬应尽量公正，员工和雇主双方都满意；报酬首先取决于不受雇主意志和雇员价值影响的情况，如生活费用；其次取决于雇员的价值以及报酬的模式；员工适应并胜任工作需要时间，员工频繁更换，不利于工作的连续性开展①。文化馆总分馆制中除事业编制人员外，其他人员非常不稳定、更新频繁，这会影响到文化馆总分馆制的运行效率。

---

① ［法］亨利·法约尔．工业管理与一般管理［M］．成都：四川人民出版社，2017：25-55.

人员数量不足。我国地方文化馆事业编制数量大部分是20世纪八九十年代核定的，许多单位人员编制数额多年不变，不适应文化馆事业发展的需求。人员下派上挂是一种效果较好的总馆、分馆人力资源共享方式，但由于事业单位编制、政府财政经费限制，无法配置适应文化馆事业发展的充足人员，进而影响人员下派上挂的实施和推广。在农村，我国有行政村和自然村，一些自然村距离行政村较远，而村文化室的人员一般是按行政村来配备的，这样就导致距离行政村较远的自然村被排除在服务范围之外。

6.3 文化馆总分馆制构建的关键问题五：地域单元

文化馆总分馆制要在一定的地域范围内实施。地域范围过大或过小都不能实现规模效应。选择地域范围需要考虑到多个方面的因素，既要考虑地方政府之间的行政资源配置现状、地方政府之间关系的影响，还要考虑到文化馆服务能力、文化馆服务的特点。

地域单元与行政区域有一定关系，但又有区别。行政区域即一个国家或地区内各级地方政府明确的管辖地域，是行政区划的结果。行政区域不单单有自然、地理之含义，更重要的是一个政治、经济和社会综合体；它通过地方国家行政系统行使一定的决策权、调控权，发挥应有职能，进行利益表达和利益综合；行政区域一般界线明确、稳定，一旦划定，便具有法律效力①。地域单元是一种功能区域，即实行文化馆总分馆制的区域范围。刘慧等认为地域单元是政府或组织为了一定目的而划分的功能区域，一般以行政区域、人口、民族、地理、交通、经济等因素的一种或多种为划分标准，它可以是行政区域的全部、一部分或跨行政区域联合②。特殊的地域单元，如滨海旅游功能区、长三角、珠三角、自由贸易区等。在美国的公共图书馆总分馆体系中，地域单元有行政区、联合图书馆区。联合图书馆区包括学区和特别立法区，行政区则可能是村、镇、市或县，这些公共图书馆区根据法律授权拥有预算和选举图书馆理事会的权力③。新加坡公共图书馆服务体系的地域单元是整个国家。文化馆总

---

① 宋月红．行政区划与当代中国行政区域、区域行政类型分析［J］．北京大学学报（哲学社会科学版），1999（04）：55-62.

② 刘慧，樊杰，王传胜．欧盟空间规划研究进展及启示［J］．地理研究，2008（06）：1381-1389.

③ New York State Library. What is a Public Library District［EB/OL］．［2017-09-09］．http：//www. nysl. nysed. gov/libdev/libs/pldtools/guide/1what. htm.

分馆制的地域单元是文化馆总分馆制服务的地理区域，可以是跨行政区域的，也可以局限在某个行政区域内。

6.3.1　文化馆总分馆制地域单元选择的影响因素

1. 地方政府掌握的行政资源

文化馆服务所需的经费、人员、设施与设备来源于政府支持，因此建设总分馆制必然受到政府所掌握行政资源的影响。组织资源和财力资源是行政资源的重要组成部分。

法律是组织资源的重要组成部分，法律规定对总分馆制的地域范围具有决定性影响。美国的纽约州、明尼苏达州出台法律要求图书馆体系必须满足一定条件才能实施；新加坡的《人民协会法案》规定在新加坡范围内建设民众联络所；英国的《公共图书馆与博物馆法》要求，一个公共图书馆体系的覆盖范围可以是行政区域，也可以是两个地方政府商定的区域。这些案例都说明了，地域单元的选择受到了各国相关法律的规范。

财力资源是行政管理的基础，政府是否具有充足的财力可以决定文化馆总分馆制的实施效果。美国公共图书馆的经费主要来自地方政府税收（地方政府有征税权），因此地方政府在一定程度上有权决定在什么地域单元内建设图书馆体系。日本公民馆的经费主要来自于市町村（市町村有征税权），因此公民馆总分馆制的地域单元主要以市町村为单位建立。而我国地方政府均无征税权，文化馆的经费主要来自本级政府拨款、专项转移支付等，而越往下政府的财政能力越弱，因此地域单元的选择受上级政府意愿的影响较大。

2. 地理、交通因素

天然的地理条件对地域单元的形成有着制约作用。地形地貌对公共品供给效率有显著的影响，即在提供同样数量和质量的公共品及服务时，山区县较丘陵县的成本高，丘陵县又较平原县的成本高，也表明在其他条件相同时，地形复杂、环境恶劣会降低县（市）公共品供给效率①。

交通条件影响了人们的活动半径。首先，公路网络的发达影响人们的活动范围。其次，公共交通和私人交通工具的水平也影响人们出行的意愿和成本。

---

① 李建军，王德祥．人口地理与公共品供给效率——以四川省 135 个县（市）为例［J］. 人口学刊，2011（06）：3-10.

文化馆总分馆体系目的是为了共享总分馆之间的服务资源，交通条件的优劣也会影响到总分馆之间的交流成本。

3. 人口因素

人口规模、结构、流动性都是人口因素的构成因子。

人口规模受到了人口密度的影响。人口密度对县（市）公共品供给效率影响显著，所辖人口密度的增加有助于公共品供给效率的提升。其内在逻辑在于：人口密度的增加使公共品需求多样化、组织成本提高，从而产生一定程度的拥挤效应，而在现行政府主导型供给模式下，这种拥挤效应相对有限。另一方面，由于公共品供给增加产生的规模经济和网络效应，公共品受益外溢范围的广度使人口集中带来公共品供给成本节省，政府公共服务组织和提供的便利又降低了公共品供给成本，最终使人口密度增加对公共品供给效率产生的积极效应大于消极效应①。

人口结构指人口的年龄、职业、知识水平、民族等特征，人口特征会影响文化需求的旺盛与否。职业和知识水平影响着用户在文化服务方面的投入能力和选择能力，进而影响用户对文化馆服务的需求。随着居民收入水平的提高，居民对公共服务的需求也在增加。根据经济学的一般定义，从现阶段看，公共服务还属于正常物品，不是低档物品。居民的收入每提高1%，居民对整体公共服务的需求提高0.3242%。另外，公共服务单位成本的提高也会降低居民对它的需求②。

在我国城市化进程中，人口从农村流向城市，这部分人的文化需求只能由城市地区来供给，这也势必影响到服务人口的数量。蒂伯特将公共服务供给与人口迁移和社会结构相结合，认为公共设施的建设主要依靠地方税收，地方政府依靠公共设施配置来影响地区人口迁移和社会经济结构③。

4. 文化馆服务的特点

文化馆服务是一种具有需求差异性、地方化的服务。地方化是在特定地理

---

① 李建军，王德祥．人口地理与公共品供给效率——以四川省135个县（市）为例［J］．人口学刊，2011（06）：3-10.

② 罗植，施昌奎．北京市公共服务资源拥挤性的实证研究［J］．北京社会科学，2013（03）：135-142.

③ 余猛．中国农村基本公共服务设施空间组织研究［M］．北京：中国建筑工业出版社，2015：9.

区域形成的，与当地人民的生活息息相关，反映当地居民的生活方式、集体性格等诸多方面的特征，具有一定的稳定性。文化馆服务是以满足人民的文化需求为宗旨，不同地方的群众会因为地方文化的不同而偏爱不同的文化活动，文化服务应由最了解群众需求的机构来提供。这样的服务特点决定了需求信息统计难度大、服务统一供给比较困难，因此服务区域不宜过大，否则容易出现供给与需求不对接的问题。

5. 互联网技术

互联网技术对地域单元的影响主要分为两个方面：一方面是利用互联网技术实现了新的服务方式，降低了资源共享的成本；另一方面是互联网技术深刻影响了人们的生活方式，改变了某些服务的传输方式。整体来看，互联网技术可以扩大地域单元的范围。因为互联网技术将一些服务以数字形式在网络上集中呈现，可以将信息技术和资源在多个文化馆之间共享，降低了单个文化馆进行信息资源数字化建设的成本。

6.3.2　文化馆总分馆制地域单元选择的原则

本节所讨论的地域单元是指文化馆总分馆体系整体所覆盖的地域单元，并不是总馆或分馆覆盖的地域单元。

1. 适度规模原则

文化馆总分馆制的地域单元过大和过小都会导致规模不经济。罗震东等研究人员认为，在基本公共服务设施建设和运营的财政资源有限等因素影响下，一般设施的质量与规模存在紧密的正相关关系。一定范围内资源越集中规模效应越大，服务质量相应越好，其需要服务的范围也就越大①。但 McAfee 和 McMillan 明确提出了组织规模负效率（organizational diseconomy of scale）的观点，即随着组织规模的扩大，等级链条的延长，私有信息分布随之分散，信息不对称状况恶化，其效率会相应下降②。

奥茨从分权理论的角度认为，信息不对称或不完全使地方政府比中央政府

---

① 罗震东、张京祥、韦江绿．城乡统筹的空间路径——基本公共服务设施均等化发展研究［M］．南京：东南大学出版社，2012：47-48.

② Mc R P，Mc J. Organizational Diseconomies of Scale［J］. Journal of Economics & Management Strategy，2010，4（3）：399-426.

更具有信息的优势，因而分散提供公共服务更有优势。殷存毅和杨勇则认为，地方政府更具信息优势仅指当地的公共服务需求信息。在公共服务提供上，应采取上级政府统筹资金安排，基层政府提出具体需求规划的混合式做法。奥茨分权定理提出的上下级政府间信息不对称的理论具有合理成分，在具体公共服务数量和种类问题上，应认真听取具有信息优势的基层政府或行政管理机构的意见①。

2. 以行政区域为基础

由于文化馆总分馆制的政策必须要落实到一定的实施主体上，突出行政管理的相对完整性，所以文化馆总分馆制的地域单元应基于行政区域。一个行政区域的政府拥有推行和运营文化馆总分馆制的完整权力，能够在最大程度上节约政府之间、文化馆之间协调成本。我国政府在纵向关系上属于隶属关系，横向上则以合作关系为主，选择以行政区域为地域单元符合我国政府间的关系结构。

以行政区域为基础的另外一个原因是我国地方政府不具备征税的权力、政府之间横向合作的基础比较薄弱。美国公共图书馆的地域单元有市域、县域、跨域、学校区、图书馆特别区等，在这些区域，政府可单独征收公共图书馆税，因此可以获得稳定的经费支持。在我国现行财税体制框架下，地方政府既没有税收立法权、举债权，也没有独立的主体税种②，因此如果不以行政区域为基础来推行总分馆制，那么就意味着政府之间合作难度的加大、能否得到上级政府支持、如何协调区域内外之间的关系等问题出现。当然，对于个别经费充足的地区，在整体提升文化馆服务水平的前提下，政府可以作另外选择。如广东省中山市拟分别以中山市文化馆、小榄镇文化站为总馆分别建设文化馆总分馆体系，其特殊的背景是小榄镇经济实力强大，具备独立建设服务体系的能力。《地方政府组织法》对我国地方政府的纵向关系给予了明确规定，但对于横向和斜向之间的关系则未明文规定，横向和斜向政府之间合作的行政成本和协调成本要比纵向之间高得多。因为未受法律保护和规范的横向合作，可能得不到地方政府的理解和支持，同时我国也没有横向转移支付制度，同级政府合

① 殷存毅，杨勇．新型城镇化与乡镇行政管理体制改革［J］．云南社会科学，2015（02）：6-11.

② 杨之刚．财政分权理论与基层公共财政改革［M］．北京：经济科学出版社，2006：159.

作的财政基础比较薄弱。

3. 以人口规模为主导

文化馆服务的对象是“人”，人口规模是文化馆总分馆制配置的主要依据。文化馆属于俱乐部物品。文化馆服务具有一定排他性，一场文艺培训、各类文化活动的参与人数是有限的。俱乐部物品的一个特点是，俱乐部人数的增加，能够给已有成员带来正的边际收益，即规模效应。但是，当成员增加到一定程度时，它所带给成员的边际收益会降到零甚至负数，这就是拥挤效应①。对于文化馆总分馆体系来说也是如此，人口规模的增长可以带来平均服务的成本降低，但人口规模增长到某一程度，则会带来服务水平下降、用户需求表达不畅等问题。

人口密度是人口规模的要素，同样的地域单元面积内，人口密度越高，人口规模越大。我国疆域辽阔，人口分布极不平衡。同样是小城镇地区，一些城镇人口已经超过40万人，最小的镇仅有100多人②。农村人口以散居为主，有行政村和自然村，有些村的居住人口达几千人甚至几万人，有些则只有几十、几百人。这种人口分布的不平衡状态，对文化馆总分馆制的人口规模提出了因地制宜的要求。不同地区要根据实际情况确定人口规模，不能拘泥于人口规模的硬性要求。在人口稠密地区，可以将人口规模的标准提高，在人口稀疏地区则可以降低人口规模的标准。

4. 城乡兼容

从我国经济社会发展方向看，文化馆总分馆制的地域单元应考虑城乡协调发展的因素。改革开放以来，我国进入了迅速城市化的阶段，1995年，我国城市化水平为29.04%；2008年，城市化水平达到45.68%，多个地区纷纷提出“要加速城市化，以城市化推动区域经济快速发展”的战略。联合国预测我国到2050年城市化水平将达到73.2%。实现更高的城市化水平是我国长期坚持的目标，是解决我国“三农问题”的主要途径之一③。十三五规划提出

① 张青阳，王英．俱乐部物品拥挤点的研究分析［J］．新经济，2014（22）：22-24.

② 张玉昆，周丹．不同人口规模小城镇特征及规划建设思考［J］．小城镇建设，2017（11）：44-50.

③ 陈明星，叶超，周义．城市化速度曲线及其政策启示——对诺瑟姆曲线的讨论与发展［J］．地理研究，2011，30（08）：1499-1507.

了协调、共享的发展理念，让全国人民都能够充分享受改革发展成果已经成为我国政府的执政信念之一，在全国人民中推行普及均等的公共文化服务是其实现方式之一。十九大报告提出，我国社会主要矛盾已经转化为人民日益增长的美好生活需要和不平衡不充分的发展之间的矛盾，要推动新型城镇化建设，保证全体人民在共建共享发展中有更多获得感。城市化的演进关联着人口、经济和社会多重要素和层面的整体演变。城市化体现出来的丰富内涵，可归结为人口聚居的城市化、产业发展的非农化和社会生活的现代化的“三化”合一现象。社会生活现代化是人口城市化稳定呈现的根本保障①。长期以来，我国存在着城乡二元的结构，资源配置严重向城市地区倾斜，造成了农村公共文化供给的不足。城乡协调发展、城乡共享城市化成果是城市化健康发展的内在要求②。城乡统筹是区域发展视角下城市化健康发展的重要内容，城乡能够平等分享城市化的成果，既不是脱离农村的城市化，更不是剥削农村的城市化③。因此在文化馆总分馆制建设之初即以城乡统筹为方向符合我国经济社会发展的方向。

6.3.3 我国文化总分馆制以县域为基本单元的合理性

县域作为我国政府行政管理的单元，具备建设文化馆总分馆制的优势。2016 年底，原文化部等明确要求以县域为单位推进文化馆总分馆制。本节主要聚焦于一般意义上县域的合理性与局限性。我国的县级建制，除县以外，还有旗、自治县、自治旗、县级市、市辖区和林区、特区④。在行政级别上分为县级市和县城，本书对它们不作区分。

1. 县的稳定性与行政权的完整性

县一直是我国稳定的行政组织。中国的县制始于春秋时期，定制于秦始皇

---

① 罗淳．中国“城市化”的认识重构与实践再思［J］．人口研究，2013，37（05）：3-15.

② 王桂新．城市化基本理论与中国城市化的问题及对策［J］．人口研究，2013，37（06）：43-51.

③ 陈明星，叶超，周义．城市化速度曲线及其政策启示——对诺瑟姆曲线的讨论与发展［J］．地理研究，2011，30（08）：1499-1507.

④ 周仁标．省管县改革的动因、困境与体制创新研究［D］．武汉：华中师范大学，2011.

统一中国，在封建社会，县是我国最基层的行政单位①。1949 年以后，我国地方政府经过几次调整，目前我国地方政府由省、地级市、县、乡镇组成，地级市和乡镇都一直处于变动当中，而县一直较为稳定。地级市的前身是省级政府派出机构的"专员公署"，1983 年，我国开始在全国推行市管县体制改革，市开始成为实体性的地方政府。我国于 2004 年开始省直管县改革，地级市的职能和地位受到了削弱。乡镇政府也不稳定，我国政府对乡镇治理采取的基本策略是合并，街道的政府地位处于探索之中，一些地方的街道已经成为一级政府，有些只是区县的派出机构。根据《中国统计年鉴（1986）》《中国统计年鉴（1994）》及中国国家统计局网站 1996 年以后数据显示，1986 年到 2015 年，乡镇数量一直处于减少过程中。地方政府作为实施文化馆总分馆制的责任主体，其本身的稳定性关乎总分馆的稳定。

县级政府具备完整的行政权力。我国乡镇政府是法定的基层政府，但在实践中其主要功能是执行县级政府的决策，并不具有完备的治理功能。近年来，我国一些地方在推行"乡财县管乡用"的财政管理体制，这在一定程度上制约了乡镇作为一级政府的政权完整性，但县的行政权力完整性则是确定的。20 世纪 90 年代，浙江等省开始了"强县扩权"的改革探索，进入 21 世纪更多的省份加入其中。强县扩权就是把部分省市经济和社会管理权下放给县级政府，这种做法增强了县的行政权力。一级完整的行政建制，其核心内容就是具有一套健全的政权机关及其合法形式权利的活动空间，包括地理范围、周边界线、一定水平的政治经济中心等②。与乡镇相比，县域内基本包括当今社会经济和政治生活的各种元素，工农商学兵、党政军民企等各个方面都比较完备③。因此，除中央财政转移支付外，农村基本公共服务具体的资金安排在实际上还是由县级财政进行预算决策的④。

围绕着乡镇行政管理体制改革问题，近几年已出现了一些实践探索，主要有"强镇扩权""乡财县管"和"撤镇变街"等几种形式。强镇扩权是有选

① 周仁标．省管县改革的动因、困境与体制创新研究［D］．武汉：华中师范大学，2011.

② 李贵鲜．公共行政概论［M］．北京：人民出版社，2002：281，265.

③ 余猛．中国农村基本公共服务设施空间组织研究［M］．北京：中国建筑工业出版社，2015.9：117-119.

④ 余猛．中国农村基本公共服务设施空间组织研究［M］．北京：中国建筑工业出版社，2015.9：117-119.

择地赋予经济发达行政区更多权限，强镇扩权落实不尽如人意①。“乡财县管”主要内容为“预算共编、账户统设、集中收付、采购统办、票据统管、县乡联网”②。乡财县管的改革推行较为顺利，截至2011年底，实现了“乡财县管”的乡镇为2.93万个，占全国乡镇的3/4左右③。所谓“撤乡变街”是把乡镇政府变为街道办事处，这主要出现在城市及其周边地区。这一变化实质上是撤销了乡镇这一级政府，使之变为上级政府的派出机构——街道办事处。街道办事处作为上级政府的派出机构，最本质的变化就是不再作为一级独立财政预算的行政单位，辖区内的经济发展和社会管理由上级政府统筹规划，街道办事处只是负责执行上级政府任务安排的机构。税费改革和农村基层政权改革以后，中西部地区县乡政权的总体格局是“以县为主”和乡镇政权的弱化④。乡镇政府位于政府序列末梢，基本上只有执行权，自己制定政策的权力和能力都非常有限，加之财政能力的窘迫，也没有支持行政协调的财政工具，面对错综复杂的跨行政区划的协调发展问题显得无能为力⑤。乡镇政府的统筹管理功能不足。

2. 城乡综合性

县承担着协调城乡发展的职能。1999年，中共中央、国务院在《关于地方政府机构改革的意见》中对县级政府的职能进行了概括：“县一级政府要切实把职能转向服务与协调，加强农村基层政权建设，逐步发展小城镇，促进农业的专业化、市场化、现代化。”县具有管理城市和管理农村的双重职能⑥，相对于地级市的“改善投资环境，加强基础设施建设，维护市场秩序，搞好社区服务，充分发挥城市的中心作用和辐射功能”来说，地级市的管理职能

① 殷存毅，杨勇．新型城镇化与乡镇行政管理体制改革［J］．云南社会科学，2015（02）：6-11.

② 殷存毅，杨勇．新型城镇化与乡镇行政管理体制改革［J］．云南社会科学，2015（02）：6-11.

③ 谢旭人．务实进取，努力开创农村综合改革新局面［EB/OL］．（2012-08-20）［2018-01-01］．http：//www.gov.cn/govweb/gzdt/2012-10/08/content_2239422.htm.

④ 付伟，焦长权．“协调型”政权：项目制运作下的乡镇政府［J］．社会学研究，2015，30（02）：98-123，243-244.

⑤ 殷存毅，杨勇．新型城镇化与乡镇行政管理体制改革［J］．云南社会科学，2015（02）：6-11.

⑥ 王丽慧，王旭超．论县级政府角色定位［J］．行政与法，2002（4）：15-17.

显然定位于城市管理。而建制镇一般规模不大，自身尚处于城市化进程中的边缘地带，带动城乡一体化发展的潜力不足。

3. 规模适当

规模效应理论认为，规模过小或过大时都不能取得规模效应。对于我国地级市区域来说，由于规模较大，会出现规模不经济。而对于乡镇来说，则难以达到规模效应。我国建制镇建成区平均人口为 1 万人，建成区面积平均为 2.2 平方千米，均远低于县城的平均规模，也达不到 3 万人的最低有效规模要求①。

从文化馆服务特点来看，以县为单位来建设总分馆制更能发挥规模效应。文化馆服务是一种设施依赖型服务（尽管现在已经出现了“云服务”，但阵地服务的重要作用仍无可替代），它的设施规模与人口数量呈正相关关系。乡镇的人口规模显然支撑不起面积较大的设施，而地级市的文化馆由于距离农村和乡镇居民太远而无法服务群众。县既有一定数量的人口又具备距离可达性，具有成为服务中心的优势。文化馆服务通过比赛、服务输送等方式来提升整个地区的活动趣味性可以吸引群众参与，人口稀少的乡镇不具备充分资源。建设部颁布的《县域村镇体系规划编制暂行办法》中也明确指出，县域村镇体系规划是政府调控村镇空间资源、指导村镇发展和建设，促进城乡经济、社会和环境和谐发展的重要手段。这说明，村镇空间资源的调整需要在县域范围内做出。因此，在县域空间范围内进行服务设施空间格局是合适的②。

4. 县文化馆服务能力强

文化馆总分馆制建设是一种强弱联合，实力较强的文化馆和较弱的文化馆通过分工合作，提高资源利用率。因此，它暗含的实施条件是较弱的文化馆能够从这种专业联合中获益。反观我国乡镇文化站，一直以来，文化站的地位都不稳定，在乡镇财政吃紧的情况下，许多文化站的人员无法做到“专职、专业、专心”，相应的服务设备配置也比较落后。在这种自身服务尚且不能做好的条件下，文化站不具备统筹文化馆服务的能力。

---

① 魏后凯．中国城市行政等级与规模增长［J］．城市与环境研究，2014，1（01）：4-17.

② 余猛．中国农村基本公共服务设施空间组织研究［M］．北京：中国建筑工业出版社，2015：117-119.

6.3.4 我国文化馆总分馆制以县域为基本单元存在的问题

省、市文化馆的职能定位问题。以县域建立文化馆总分馆制，是否意味着省级、地市级馆可以置身事外？答案是否定的。因为作为我国文化馆服务体系的组成部分，它们需要充分发挥积极作用。但目前省、市文化馆职能与县级文化馆职能定位存在重合。《群众艺术馆、文化馆管理办法》规定，省、市文化馆与县级文化馆是业务指导关系，但实际上省、市文化馆对县级文化馆的业务指导权非常有限。因为在一级政府一级财政的体制下，县级文化馆的人财物主要归县级政府管理，省、市文化馆缺乏相应的资源约束县级文化馆。国外经验值得我国借鉴，如美国对各级公共图书馆职能是有所区分的。美国公共图书馆总分馆制的地域单元主要是州内的县—县、县、县—市、市—市等为主。相应的，美国各州立公共图书馆并不列入公共图书馆范畴，州立图书馆在统筹协调整个州的公共图书馆事务方面发挥重要作用，甚至以“准政府”称呼之并不为过。州立公共图书馆的职能定位显然与县、市公共图书馆定位不同。再以日本为例，日本区分了都道府县立图书馆和市町村立图书馆的职能。日本《图书馆法》规定，市町村立公共图书馆的职能是直接为居民提供服务，都道府县公共图书馆除了为居民提供服务外，还要对都道府县内的市町村提供支持和合作服务。日本都道府县图书馆的设置率为 100%，市区图书馆的设置率为 99%，町村公共图书馆的设置率为 56%。日本的公民馆由市町村设立，公民馆内设有图书室，在未设置图书馆的市町村，公民馆的图书室起着提供图书馆服务的作用。目前，都道府县通过互联网技术将市区町村的图书馆和公民馆的图书室纳入到服务网络中①。美国和日本分别对国内不同层级政府设立公共图书馆职能区分的做法，充分发挥了各级公共图书馆的优势。

① Haruki Nagata. Public Libraries in Japan：Triggers for the Renovation of Library Service Models [R/OL]. (2016-11-18) [2017-12-10]. http：//www. kc. tsukuba. ac. jp/div-comm/pdf/Library_in_Japan. pdf.

第7章　我国县域文化馆总分馆制实现方式设计

在前面章节中，本书已经论证了在县域内建立文化馆总分馆制的合理性。本章主要论述如何在县域内落实文化馆总分馆制。文化馆总分馆制建设牵涉到政府、文化馆站这两大主体，而政府又可分为中央、省、市、县和乡镇政府，文化馆站涉及多级政府（省、市、县、乡镇），在县域内落实文化馆总分馆制需要各级政府及它们设立的文化馆站发挥不同的作用。

在管理模式的选择上，各县应考虑县级行政区的自然条件、经济社会发展状况、文化馆站室的已有基础，采用不同的管理模式。现实中的总分馆制管理模式一般是两种或三种管理模式的组合。按县级文化馆、乡镇文化站、村文化室为基础来建设文化馆总分馆制，还可以组合使用多种管理模式：两级管理模式和三级管理模式。两级管理模式有三种：以县乡两级为主体的一体化、紧密型和松散型。三级管理模式有：以县乡村为主体的一体化+一体化，一体化+紧密型，一体化+松散型；紧密型+紧密型，紧密型+一体化，紧密型+松散型；松散型+一体化，松散型+紧密型，松散型+松散型。各县还可根据本地实际情况开发更具有本地特色的总分馆制管理模式组合，这方面的典型代表是重庆市江津区，该区的区镇村之间是松散型+松散型，但在乡镇和村本级分别构建了一体化总分制。各县在具体应用中，可以根据本地实际情况灵活组合应用两种或三种管理模式，还可以在不同地区运用不同的管理模式，在应用管理模式时遵循前面两章和本章提出的基本原则。

本章根据已有文化馆总分馆制实践和我国县域的基本情况，设计四种管理模式组合，分别是以县乡为主体的一体化、以县乡村为主体的紧密型、以县乡村为主体的松散型和以县乡村为主体的松散型+一体化。笔者认为，这四种管理模式在我国已有了实践应用，并且已经取得了不错的效果，具有较强的适用性。

7.1 县域文化馆总分馆制基本要素

7.1.1 县级政府主导，乡镇政府配合

在县域文化馆总分馆制建设中，直接涉及的政府是县级政府和乡镇政府；村委会虽然并不是一级地方政府，但它们也掌握着一些行政资源；因此县级政府、乡镇政府和村委会都应发挥相应的作用。考虑到我国县、镇、村掌握的行政资源不同，因此它们发挥的主导作用应有所不同。

对于县级政府而言，它一方面应积极争取上级政府在行政资源方面的支持，另一方面应主导县域内的文化馆总分馆制建设。①由于县级政府承担的公共服务职能较多，一般的县级政府并不具有运行县域文化馆站的充足资源，因此它需要上级政府的支持。在已经实行省直管县的地区，县级政府在政策上寻求省和市级政府支持，在财政方面寻求省级政府投入，制定本县的文化馆总分馆制服务规范，对县域内文化馆站进行评估考核。对于市管县的地区，县级政府以县域为单位推进本县的文化馆总分馆制进展，在政策和财政上寻求市政府的保障，制定本县域的文化馆服务规范，评估考核县域内文化馆站。②县级政府推动文化馆总分馆制建设的主要措施是将文化馆总分馆制纳入到对乡镇政府绩效考核的指标当中。我国县与乡镇政府之间是隶属关系，县级政府的绩效考核指标对乡镇政府和村委会的行政行为都具有导向作用。县级政府作为县域内最高级别政府，它制定的绩效考核指标能够督促乡镇政府和村委会配合文化馆总分馆制建设。

乡镇政府主要在文化馆总分馆制建设中发挥执行县级政府决策作用。这是因为，我国政府近几年实行“镇财县管”等改革之后，乡镇政府已经越来越具有县级政府办事机构的特征，因此它在文化馆总分馆制中主要发挥执行上级政府政策的作用。同时，由于文化站对乡镇政府的依附性、乡镇政府在获取本辖区信息方面具有优势、文化馆服务特点等因素，决定了乡镇政府对本辖区的文化馆总分馆制推动必须发挥积极作用。乡镇政府对文化馆总分馆制的推动主要包括以下方面：①发挥一级政府的权威，为本辖区居民争取利益，积极参与治理机构建设。②在上级政府协调下主导本辖区的文化馆总分馆制建设，执行上级政府的命令。③监督、管理文化站的运营，规划本辖区的文化站活动，收集本辖区居民的需求信息。

村委会在文化馆总分馆制中应主要发挥运行文化室的作用。村委会和社区

居委会并不是我国的一级政府，但它们掌握着一些行政资源，而且它们在组织群众文化活动方面发挥着独特的优势，因此应将它们纳入到“政府”作用范畴。考虑到村委会、居委会掌握的行政资源有限、自身的不稳定等因素，因此村委会的责任应定为：积极参与文化馆总分馆制建设，发挥“半政府”组织的作用，协助运行文化室。

7.1.2　县镇村组建治理机构

县域文化馆总分馆制建设在政府层面涉及县级政府、乡镇政府以及村委会，它们掌握了分配文化馆站室资源的权力，因此治理机构应由这三者组成。但考虑到村委会掌握的行政资源有限，因此可以选择部分村委会参加治理机构。

治理机构的构建并不能寄希望于高层级政府。这是因为高层级政府对各县的实际情况并不完全明晰，在信息收集上，它不具有优势。县、乡镇政府了解文化馆总分馆制相关政府部门的权力配置情况，对各方的诉求、困难能够及时获知，因而由县、乡镇政府协同提供的制度安排更能够满足制度需求。同时，文化馆总分馆制建设涉及行政资源的二次配置，这样的配置对有些乡镇、村来说是有利的，对有些乡镇、村则是不利的，这可能会引起乡镇和村的不理解和不配合。而公共政策的可执行性取决于公共政策文本公平、合理、可行，且得到政策相关群体的普遍认同①。这样的普遍认同需要乡镇、村的共同参与。黄颖将美国早期学区图书馆创建失败的原因之一归结为：学区图书馆是以政府（不是最能够了解基层情况的地方政府，而是以遥远的州政府）中的精英人物有意组织推动的结果，并付诸法律以立法形式自上而下地强制性推行这种制度创新，这种制度创新缺乏自下而上的积极响应和支持②。我国文化馆总分馆制治理机构建设必须避免这种由上级政府包办的情况，以免出现治理机构决策权无法落实的局面。

治理机构充分发挥作用的前提是县、乡、村之间进行充分协商沟通。我国的乡镇政府虽然越来越具有县级政府办事机构的特征，但它作为一级政府仍然有一定的行政自主权，有自己的地方利益诉求。村虽然具有半政府组织的特

① 谢炜．中国公共政策执行中的利益管理研究［M］．上海：学林出版社，2009，8：210.

② 黄颖．图书馆治理的比较制度分析［D］．北京：中国科学院研究生院（文献情报中心），2004.

征，但它作为自治组织，有一定权力决定本村的事务。基于以上两个因素，乡镇和村是本辖区利益的代表者，它们是否认同、配合文化馆总分馆制建设关系到服务终端的建设效果。因此，在县级政府主导下，文化馆总分馆制治理机构应建立协商、对话的机制，从而取得乡镇、村对文化馆总分馆制的共同认可。共同利益和意向一致是治理行动产生的基础；唯有在共同利益驱动下，利益主体才有愿望和动力参与治理行动；意向一致是指主体间基于认可的同意，如果意向不一致，则启动不了治理行动①。

治理机构的运行还需要政府具备合作精神。合作精神的培养是营造整体行动柔性机制的必然要求。从某种意义上说，合作精神的培养比机构的整合和协作更重要②。即使在治理经验丰富的加拿大，也面临着培养地方政府合作精神的问题。在加拿大不列颠哥伦比亚省，县图书馆体系馆长提到，她必须时刻提醒治理机构的成员将图书馆体系作为整体进行考虑，经过几次会议之后，治理机构的成员观察到其他成员对所有事情的公平态度，他们也会消除竞争和狭隘的地方利益观③。由于合作的本质是地方政府对其所享有行政权力的一种自我约束，归根结底仍是其行使权力的一种方式④。因此合作意识的培养需要县级政府充分重视乡镇级政府、村委会的权益，而不仅是以行政命令的方式强制乡镇和村的服从。而乡镇和村也应该从县域进行整体考虑，培养全局观念。

7.1.3 做强县级文化馆，夯实乡镇文化站

文化馆总分馆制建设将已有文化馆站连接为一个组织，它建立在已有文化馆站设施基础上。我国已经初步实现了省、市、县、镇的文化馆站设施全覆盖，目前存在的主要问题是城乡不均等，建设文化馆总分馆制的目的是为了实

---

① 杨涛．公共事务治理机制研究［M］．南京：南京大学出版社，2014：21-26.

② 尹文嘉．整体治理的现实困境与路径选择［J］．华东经济管理，2010，24（01）：129-132.

③ Ann Curry，Suzanne Green，Jessica O' Neill. Regional Libraries Across Canada：a kaleidoscope of services and governance structures［R/OL］．（2014-09-11）［2018-08-01］．https：//www. researchgate. net/profile/Jessica _ Mussell/publication/228546951 _ Regional _ libraries_ across _ Canada _ A _ kaleidoscope _ of _ services _ and _ governance _ structures/links/53f4c1c70cf22be 01c3edc47/Regional-libraries-across-Canada-A-kaleidoscope-of-services-and-governance-structures. pdf.

④ 余韬．论区域协调中政府合作协议的法律规制［J］．广西政法管理干部学院学报，2008（03）：86-89.

现文化馆服务的普遍均等，充分利用现有文化馆站能够激活已有存量资源，提高服务效能。在建设文化馆总分馆制时，县级文化馆和乡镇文化站发挥着重要作用，因为它们分别承担着总馆和服务枢纽的作用，因此应强化、做实这两者。

1. 做强县级文化馆

国内外文化馆、公共图书馆总分馆制的经验之一即建设强而有力的总馆。总馆实力强大，才能带动整个总分馆制的运转。总馆的强大实力表现为两个方面：一是管理能力强；二是业务能力强。我国文化馆总分馆制是在县域内以现有文化馆站为基础而建立的，县级文化馆承担了总馆的职能。因此，只有做强县级文化馆，才能带动整个总分馆制的运转。

做强县级文化馆要从提高管理能力和业务能力两个方面入手。首先，提高县级文化馆管理能力。县级文化馆承担文化馆总分馆制职能之后，县级文化馆的管辖范围扩大了，它不再局限于管理本馆事务，而是拓展到对整个县域的文化馆站室进行管理，因此需要提升县级文化馆的管理能力。其次，提升县级总馆业务能力。赋予总馆充足的服务资源，这是提升总馆业务能力的基础。在资源配置上，为总馆配置较多的服务资源，将资源的管理权赋予总馆；建立文化馆从业人员资格认证制度，建设专业全面、结构合理的从业人员队伍；文化行政主管部门需要制定长期、中期和短期培训计划，规定文化馆从业人员参加培训的比例和时长，以保证总馆从业人员的知识不断更新。

2. 夯实乡镇文化站

在文化馆总分馆制中，乡镇文化站位于连接县级总馆和村级文化室的重要环节，文化站的服务与管理能力强弱影响到总分馆制的延伸能力。充分发挥乡镇文化站的作用需要从两方面着手：一是强化乡镇文化站的协调组织能力；二是提升乡镇文化站的服务能力。

夯实乡镇文化站的协调组织能力和服务能力可以采取以下措施：一是对乡镇文化站从业人员进行专业化培训，县文化馆制定详细的从业人员培训计划，有针对性地对乡镇文化站人员进行训练；二是应保障乡镇文化站的日常运行经费。我国乡镇文化站运行经费来源于乡镇政府、上级政府拨款和免费开放等专项经费，在乡镇政府财政能力薄弱的情况下，应增加上级政府拨款和免费开放等专项经费的额度。根据国务院 2015 年颁布的《国家基本公共文化服务指导标准》（2015—2020 年）规定，乡镇文化站至少应配备 1~2 名编制内人员，规模较大的乡镇适当增加人员；三是为乡镇文化站配备相应的服务设施和设备，并且制定常规的设施设备维修与更新计划。

3. 以分馆为服务重点

提高文化站、文化室的参与度。我国已有的文化馆总分馆制普遍是从上向下推动的，市、县文化馆对建设文化馆总分馆制颇为积极，而乡镇文化馆、村文化室参与总分馆制建设的积极性不高。这导致了大部分总分馆制建设未能盘活文化站、文化室已有资源，总分馆制的运行主要靠总馆向分馆下派人员来维持总分馆制的运行。这样做的弊端是未能激活整个文化站、文化室的力量，因此应激发文化站、文化室参与总分馆制的积极性，充分发挥它们的作用。

提高文化馆总分馆体系的服务标准。文化馆总分馆制作为文化馆服务体系建设的一种重要方式，它受到推崇的重要原因在于它能提高整个区域的服务标准，提升一个地区的文化馆服务均等化水平。而在我国目前的文化馆总分馆制建设中，对于服务标准强调不足。如嘉兴市各区县制定了总馆、分馆、服务点的服务标准，但大渡口区、张家港市、深圳市的总分馆制较多关注服务的联动，对于总分馆整体的服务标准不够重视。总馆、分馆的服务标准确定主要考虑以下因素：服务人口数量、服务需求量、分馆的功能。服务标准的内容主要包括：开放时间、人员数量、设施面积、经费额度等。

7.1.4 规范总馆与分馆资源配置

1. 规范经费配置

文化馆总分馆制作为一个整体需要开展一些面向整个总分馆体系的服务，这些服务有助于提高整个体系的服务水平，而这些服务的开展需要一定资金做保障。资金的设置受到自然因素、社会因素和业务因素的影响。

自然因素主要包括地域面积和交通条件。地域面积大小和交通条件优劣影响到供给服务的成本，地域面积越大、交通条件越差，用于整个总分馆制的经费标准应设低一些。因为总、分馆统一服务的难度越大，越应该尊重经济原则，充分发挥分馆的积极主动性。

社会因素包括：区域内经济社会发展均衡程度、上级政府的财政能力、总分馆制内各责任政府的财政能力和总分馆制经费在文化馆服务总经费中的占比。区域内经济社会发展较为均衡，社会对文化馆服务的需求较为均衡，可以设置较高的经费标准，反之则应设置较低的经费标准。上级政府财政能力强，可转移支付的经费就越多，可以设置较高的经费标准。总分馆制内各责任政府的财政能力越强，能够投入到文化馆服务方面的经费就越多，可以设置较高的经费标准，反之，则设较低的经费标准。

业务因素包括居民需求差异和文化馆站发展水平差异。不同人群参与文化馆服务的比率不同，需求的内容也不同，因此同质化越高的人群需求一致性越高，可以将标准设置高一些，反之则应设低。文化馆站发展水平若较为均等，对于整个地区统一供给某项服务是有利的，因此可以将标准设高，否则应设低。

2. 建立固定资产共享机制

文化馆总分馆制应适应已有国有资产监管制度的规定，吸纳国内外公共图书馆、文化馆类似机构总分馆制的有益经验，从而实现固定资产使用价值最大化。在国内外公共图书馆总分馆制建设中，关于固定资产的共享方式主要有以下几种：①分馆将资产转移给图书馆体系，由图书馆体系对资产进行配置。美国阿肯色中央图书馆体系就是这样要求的：如果参与阿肯色中心图书馆体系的市、县不同意这样做，该市或县应该提供公用事业和通信系统、房屋和场地服务、日常维修等服务。这种做法在我国有很大难度，因为我国对固定资产实施政府分级监管的制度。②文献资产权是流动的，文献的位置在哪个馆，资产权就归属哪个馆，这种做法主要出现在苏州市。这种做法需要向相关各方普及、游说其利弊，能够共同接受使用权大于所有权的观念①。这样的做法与我国固定资产管理规定不符，图书馆、文化馆拥有国有资产的使用权，并无所有权，因此推广难度极大，特别是对于价值较高的文化馆固定资产而言，不可能采用这种方式。③文献的所有权和处理权归购置者所有，文献在整个图书馆体系内流通。这方面的例子是我国上海市、杭州市、广东流动图书馆、美国佛罗里达州中心地带（heartland）合作图书馆，文献在整个体系内流通，但所有权归购置馆所有。另一个特别的案例是美国圣克拉拉县图书馆区，该图书馆区规定：各成员自有财政获得的图书馆财产归各成员所有，图书馆权力当局财政获得的图书馆财产归图书馆当局所有。这种做法既符合我国固定资产管理规定，又能发挥资产的使用价值，其难点在于如何取得相关政府的支持。

借鉴以上做法，对县域文化馆总分馆制的固定资产共享提出以下建议：

---

① 邱冠华，于良芝，徐晓霞．覆盖全社会的公共图书馆服务体系：模式、技术支撑与方案［M］．北京：北京图书馆出版社，2008：109.

首先，县、乡政府之间达成合作共享计划，明确各方的权力、义务和责任。我国事业单位国有资产实行国家统一所有、政府分级监管、单位占有、使用的管理体制，各级政府对文化馆固定资产的损益负有法律责任，因此固定资产的共享应首先取得各级政府的支持。县、乡政府在协商一致的基础上，共同商定文化馆的固定资产共享计划，并签订相应的协议，明确县、各乡的责任与义务。

其次，文化馆站应制定固定资产共享目录，明确资源共享规则。政府作为文化馆资产的所有者，主要是负责对资产的共享给予行政许可，具体的执行规则应由文化馆总分馆体系规定。文化馆作为固定资产使用者，应制定符合文化馆活动规律的固定资产共享规则。第一，总馆制定整个组织的固定资产共享目录，建立信息沟通机制。总馆处于总分馆制的中心，它在信息沟通方面占据着优势，由总馆建立可以共享的固定资产目录可以起到在总分馆制内信息流通的作用，降低信息不对称。第二，总馆应保证分馆之间享有较为均等的固定资产使用权利。保障分馆使用这些设施设备的权利，从而实现这些资产的使用价值，用较少的资金服务更多的群众。对于分馆之间，则不必强调这一点，因为分馆主要是服务于本地区的居民，它的首要目的是服务好本地居民，在尚有余力的情况下可以为其他分馆开放固定资产使用条件。第三，可以建立总馆与分馆之间、分馆与分馆之间的固定资产使用付费机制。在分级财政体制下，一个乡镇文化站的装备完全有可能优于总馆和其他分馆，为了最大化利用总分馆制内的固定资产，有必要建立总馆与分馆、分馆与分馆之间的固定资产使用规则。这里的固定资产共享主要是为了充分利用分馆的资源，除去一体化总分馆制外，分馆可以将自己的特色资源供给其他文化馆使用，并且可以适当收取使用费。分馆收取固定资产使用费可以获得一些经济补偿，有利于充实总分馆制的资源，但具体的收费方式、收费价格应由总馆来协调，从而实现总分馆制的整体利益。

3. 规范人员配置

(1) 建立规范的薪酬与考核制度

提高人员待遇，建立规范的薪酬制度。目前，文化馆分馆、服务点新增人员的薪酬水平比较低，这样的薪酬水平难以激发人员的工作积极性，也难以留住专业能力强、有发展前景的人员。根据本届政府“财政供养的人员只减不增”承诺，增加文化馆站人员编制在短期内是不现实的，那么就有必要建立文化馆总分馆制新增人员队伍的薪酬制度。薪酬包括外在薪酬和内在薪酬，外在薪酬是指物质形态的工资、奖金、津贴、福利、红利等；内在薪酬是指精神形态的文化氛围、工作的满意度、成就感、晋升培训的发展机会等①。因此有必要针对文化站文化室人员设计出具有层次性、发展性的职业体系。海宁市从 2012 年起开展村（社区）专职管理员职称评定工作，对于获得职称的人员给予聘任，并按专业资格给予补助。

延长下派人员在分馆的工作时间。文化馆总分馆制建设的目的是为了提供普遍均等的文化馆服务，解决现有文化馆服务中存在的城乡不均、乡镇文化站和村文化室服务能力不高的问题，因此文化馆总分馆制的服务资源分配应以乡镇和村为重点。2016 年 12 月五部委发布的《关于推进县级文化馆图书馆总分馆制建设的指导意见》明确提出以县为基本单位、以乡村为重点的要求。重庆市渝中区、嘉兴市各区县、张家港市下派人员的主要工作时间是在分馆，能够充分带动分馆的文化活动开展。而重庆市大渡口区的下派人员每周只在分馆工作两个半天，这显然是以总馆为主、以分馆为辅的模式，不能充分带动整个地区的服务发展。文化馆总分馆制的资源分配原则之一是总馆资源富集，但这并不是要求以总馆为服务中心、重点，总馆资源富集是为了能够充分发挥总馆在总分馆制中的业务和管理功能，实际工作的开展应以分馆为中心。因此下派人员绝大多数工作时间和精力应放在分馆。

多方共同合作建立完善的考核制度。文化馆站存在着条块管理矛盾的问题，所以对于人员的考核应该由相应各方合作实施。与文化馆人员相关的是文化主管部门、财政部门、人事管理部门、文化馆等，与文化站人员相关的是文化主管部门、文化站、乡镇/街道政府等，与文化室人员相关的是乡镇/街道政府、村/社区等，所以在考核制度的设计中，必须要考虑这些部门和机构的已有制度，设计出与部门和机构制度契合的考核制度。

（2）建立面向专职人员与志愿者的培训体系

为从业人员构建完善的培训体系。新加坡民众联络所构筑了完善的培训体系，正式员工不仅可以参与硕士培训项目，还提供多种实践和应用培训，不同的员工级别都开设了针对性的培训。我国文化馆总分馆制分馆人员的培训可以按照层次性、针对性来设计，在培训内容方面可以包括新人入职培训、专业技能培训、协调能力培训。在培训层次上可以包括专项培训、继续教育、学历教育等。在培训时间要求上，《国家基本公共文化服务指导标准（2015—2020

① 陈思明．现代薪酬制度的新特点及其对国企改革的启示［J］．华东经济管理，2004（01）：63-66.

年）》要求县级以上公共文化机构从业人员每年参加脱产培训时间不少于15天，乡镇（街道）和村（社区）文化专兼职人员每年参加集中培训时间不少于5天。编制内外人员应享有相对均等的培训机会。

构建面向志愿者等非专职人员的培训体系。志愿者等非专职人员是文化馆服务供给中的重要力量，但由于志愿者专业能力不强、服务意识与个人素养良莠不齐，容易导致志愿失灵问题，所以应建立面向非专职人员的培训体系。建立培训体系的目的是培育社会力量不断壮大，提高他们的服务能力，补充文化馆专职人员的不足。所建立的培训体系应具有针对性和层次性。

7.1.5 以人员为纽带连接总馆与分馆

首先，在日常服务活动中，发挥总馆的人员优势。对于紧密型、松散型文化馆总分馆制的服务供给而言，总分馆制内各馆的日常服务活动由各馆分别负责，这需要各分馆具备基本服务能力。总馆在群众文化活动、辅导群众文艺创作、信息技术的应用指导等方面可以指导分馆，从而增强分馆的日常服务能力。在我国嘉兴市各区县、重庆市渝中区、重庆市大渡口区、江苏省张家港市的文化馆总分馆制建设中，都充分发挥了总馆在专业能力方面的优势，通过将总馆人员扩编或购买服务岗位，充实总馆的服务人员，并将这些人员下派到分馆中，从而提升分馆的服务能力。总馆人员的下派促成了总馆服务资源下移、活动重心下移，提高了分馆服务的质量。

其次，在重大节事活动中，发挥总馆的人员优势。文化馆服务的一个特点是大规模群众性文化活动的组织，文化馆人员在这些重大节事活动中充分发挥统筹者、协调者、组织者、指导者的作用。在文化馆总分馆制建设中，人员上挂下派是一种联结总馆与分馆非常有效的方式，但这种方式的弊端在于需要总馆有充足的人员。以重庆市江津区为例，江津区文化馆有工作人员30多人，江津区辖有4个街道、25个乡镇，这样的人员规模是无法向乡镇、街道下派人员的。因此该区为每3~5个乡镇、街道安排1名区文化馆工作人员，在重大节事活动开展时，这名工作人员负责汇总、沟通这些文化站的需求与供给信息。

7.1.6 充分发挥互联网的支持作用

首先，互联网对文化馆总分馆制的支持作用表现在对县域内文化馆站资源的整合。从网站与实地调研看，文化馆的数字资源大部分是在开展活动过程中形成的，它们的格式、存储方式、质量参差不齐。一般的文化站并不具备整合这些数字资源的能力。而由县级总馆来统筹规划县域的文化馆站互联网服务充分发挥了县级馆的优势。县级文化馆可通过三种途径整合县域内文化馆站资源，一是建立统一的服务平台，统一展示整个县域的文化馆站资源，有利于建立地方特色资源数据库；二是制定统一的技术标准，培训分馆工作人员，提高其互联网技术水平；三是在互联网、云计算技术的支持下，文化馆可以为用户提供服务预约（含场地预约）、服务评价与反馈、艺术与活动欣赏、观看展览、网络活动参与、远程活动指导、全民艺术普及、活动直播等服务，整合了县域内的服务资源。例如，马鞍山市文化馆通过远程视频技术，可以实施指导文化站或文化室群众舞蹈活动。

其次，将互联网技术用于文化馆站之间的管理。互联网技术的特点是通讯即时性，文化馆站之间可以跨越行政级别和地理位置的障碍直接互相沟通，在一定程度上解构了文化馆站室之间的层级限制。例如，有些地方的文化馆站之间建立了统一的联网监控系统，文化馆可以实时对文化站的服务和活动状态进行指导、监督，及时沟通、处理突发事件。同时，还可以通过互联网技术对分馆进行日常服务排名，达到绩效评估的效果。上海市东方公共文化配送中心和重庆市公共文化服务物联网则是以网络为媒介将各馆的服务职能进一步拓展，为文化馆、文化站配备了上网账号，文化馆站的活动申请情况尽在总馆的掌握之中，通过资源配送实现了对文化馆站的管理。张家港市文化馆建立了网格平台，主要用于文化网格员之间的沟通和作品辅导，各分馆或网格点管理人员若有资源、物资、人才等方面的需要可以在交流平台上提出求助信息，实现了信息纵向和横向的沟通。马鞍山市文化馆建设了文化志愿者远程辅导培训平台。

7.1.7　县级以上政府在法律、财政和行政方面提供保障

跨地区公共事务一般都要涉及政府的公共行政权力，并且政府是行政权力的唯一合法垄断者，因而跨行政区公共事务通常只能由地方政府间合作或者其共同上级政府解决①。苏州图书馆在没有得到政府支持之前，其总分馆拓展非常慢，与区政府、街道办事处的谈判也耗费了大量的人力、物力、财力，签订

① 彭彦强．基于行政权力分析的中国地方政府合作研究［D］．天津：南开大学，2010.

的合约也曾经出现了违约。2011 年，苏州市在创建国家公共文化服务体系示范区过程中，政府主导得到了落实，合约上升为政府规划、人员编制增加、分馆数量迅速增加①，推动了苏州市公共图书馆总分馆制更好、更加稳定地发展。以县域为地域单元建设文化馆总分馆制跨越了县与乡镇，属于跨行政区域的公共服务供给，因此应充分发挥县、乡镇政府的作用，而对于县与乡镇政府意见不一致的事务应由更上层级的政府协调。再考虑我国行政资源层层向上集中的特点，在有些行政事务如财政资源方面，中央、省、市政府掌握着较多资源，应充分发挥它们的作用。

1. 中央政府

中央政府以法律形式调整各级政府在文化馆服务中的职责。我国各级地方政府在提供文化馆服务方面的职责存在“职责同构”的问题，而调整政府职责属于中央政府行政权范畴。①给予文化馆总分馆制法律地位。纵观国外的总分馆制，不管采取哪种模式，无一不获得了政府在法律上的许可、确认，给予其法人地位，并规定了成为总分馆制的必要条件。这种在法律地位上的确认，对于文化馆总分馆制的平稳、长期运行有利无弊。②在法律上确保文化馆总分馆制的财政经费。目前我国关于文化馆总分馆制的运行经费大多由地方政府根据财政能力或政府意愿设定，这些经费普遍缺乏法律法规保障。缺乏相应财政保障的文化馆总分馆制，缺乏运行的财政基础，其可持续性需要长期观察。

中央财政应加大免费开放经费力度，保障文化馆站的日常运行经费。我国县域文化馆总分馆制推行的难点之一是县、乡政府财政能力不足，许多县级文化馆、乡镇文化站的日常运营经费尚且难以保证。建设文化馆总分馆制的基础是县级文化馆具有较强的服务和管理能力，分馆（乡镇文化站）具有日常服务能力。在这两者都无法达标的情况下，文化馆总分馆制的建设非常困难。因此中央财政应在一定程度上保障文化馆站的运行经费，保障文化馆站的日常运行。

文化和旅游部应将文化馆总分馆制纳入全国文化馆站评估标准中。中央对文化馆站事业的具体管理是通过文化和旅游部实现的，文化和旅游部对全国文化馆站颁布的规章政策、评估、推动的项目等对全国文化馆总分馆制建设具有直接的规范和指导意义。而全国文化馆站评估能够促进文化馆站建设，引领文

① 邱冠华．苏州总分馆制度设计的背景、思路与成效［J］．图书馆，2014（02）：27-30.

化馆事业发展的方向，因此将文化馆总分馆制纳入到全国文化馆站评估标准中能够切实推动它的建设。这些标准的设定能够力求从各地区现实经济发展水平出发，与其实际经济能力相符，具有真实的可操作性①。

2. 省级政府

省级政府具有地、市级政府所不具有的行政优势，应充分发挥其优势。我国地方行政是以省级政府行政区为单位的集权管理运行模式②，省级政府对于全国政策的执行具有至关重要的作用。省级政府在提供文化馆服务方面应充分发挥省域主导者角色，因此应调整省级政府在提供文化馆服务方面的职责定位。省级政府掌握的行政资源充沛：省级人大常委具有制定地方性法规的权力，省级政府具有制定行政规章的权力，省级政府制定的法律法规对于一省具有强制力。在我国地方政府博弈中，地、县政府在与省级政府博弈中处于劣势，省级政府掌握的财政资源要比地、县多得多。因此，应充分发挥省级政府的这些优势。

省级政府在县域文化馆总分馆制建设中应采取的措施主要有三个。第一，省级政府以地方立法形式确立文化馆总分馆制的法律地位。法律地位的确定对于转变文化馆孤岛运行的方式具有根本性意义。在调研中笔者了解到，尽管一些公共图书馆的总分馆制成效显著，但由于上级政府对下级政府的绩效考核机制没有转变，仍然以单个“政府”为单位进行考核，从而导致总分馆制并未融入已有制度。因而，确立文化馆总分馆制的地位，可以在一定程度上转变政府绩效考评方式与方法。分税制之后，县、乡财政较为薄弱。以省级政府立法形式确立文化馆总分馆制的经费，能够保障它获取足够的财政资源。第二，发挥省级政府作为地方中心枢纽的作用，协调市、县、乡镇政府的资源配置。省级政府作为市、县、乡镇政府的上级政府，有着相当的权威性。在文化馆总分馆制建设中，要尤其注意避免将行政责任向下推、行政资源向上集中的做法，分税制之后的财权、事权不一致已经导致了基层政府的公共服务职责难以落实的后果，因此在文化馆总分馆制建设中应坚持责任与资源相匹配的原则。由于我国政府的上下级隶属关系，导致下级政府在与上级政府

① 中国（海南）改革发展研究院．基本公共服务与中国人类发展［M］．北京：中国经济出版社，2007：185.

② 彭彦强．基于行政权力分析的中国地方政府合作研究［D］．天津：南开大学，2010.

博弈中处于劣势，因此必须充分发挥它们的共同上级政府——省级政府的统筹、协调作用。第三，在全国最低标准的基础上，根据本省的经济社会文化发展状况，制定符合本地实际情况的服务标准，此标准应体现地方经济社会发展水平。我国各省经济社会发展程度差异较大，一省之内也存在区域差异，而省级政府对于本省的情况最为了解，制定符合本省的文化馆服务标准，有利于各地、县充分发挥各自的积极能动性，这样的标准一般来说应高于国家标准，而且可以有地区差异。

3. 市级政府

尽管近几年我国一直在推行省直管县，但市级政府的作用仍然未被省政府、县级政府完全取代。我国省级政府所管辖的行政区域大，省域内人口数量较多，由省直接来管理各县行政事务几乎是不可能的。尽管一些地方已经实施了省直管县，但市级政府在省级政府政策的推行、行政资源的配置方面仍然发挥着重要作用。

对于已经实施省直管县的地区来说，市级政府在文化馆总分馆制建设中主要发挥如下作用：市级政府在智力和政策上与县保持联系，积极向县宣传、推广本市其他区的建设经验；向县级政府传达中央、省级文件的精神，运用行政手段督促各县的进程。

对于尚未实施省直管县的地区，市级政府主要负责本市范围内文化馆发展规划。市级政府制定本市的文化馆发展规划，确立本市文化馆服务标准，对本市文化馆发展给予财政支持。市级政府运用行政力量推动本行政区内的各区县文化馆总分馆制建设，统筹解决总分馆制推进过程中的实际问题，协调各区县与其辖区内乡镇、村之间的利益关系。对于市级政府无法解决的法律、财政问题，积极向省级政府请求帮助。

7.1.8　调整省市文化馆职能

省市级文化馆的职能定位应考虑以下几个因素：①省市级文化馆具备的独特优势。如省级文化馆距离省政府较近，在全省信息掌握方面具有优势，所以它在制定省域文化馆总分馆制发展规划方面有优势；②省市级文化馆承担某些职能更有利于发挥规模效应，如研究职能、数字化技术支撑职能。③省市级文化馆承担某些职能有利于县域文化馆总分馆制建设，如省域、市域内的人才培训职能由省、市文化馆承担，有利于增强县级文化馆人员的专业能力。

1. 省级文化馆调整后的职能

省馆承担制定省域内文化馆总分馆制发展规划的职能。首先，省馆接近省政府，掌握全省文化馆服务的基本状况，在信息获取方面具有优势。其次，我国省馆的正副高职称人员馆均为 17 人，县馆馆均为 1 人①，所以省馆的业务人员专业能力强。因此省馆可以承担这项职能。

省馆应承担理论研究中心的职能。省级文化馆人力资源有优势，研究力量强大，因此由省级文化馆来承担研究任务。

省馆应承担数字化技术支撑的职能。由于数字技术的可复制性较强，由省馆来承担全省文化馆的数字技术支撑职能可以发挥规模效应。

省馆应承担人员培训中心的职能。人员是文化馆工作的重要资源，由于全国高校没有设置文化馆专业，面向文化馆人员的继续教育和深造教育体系也没有建立起来，那么省馆作为全省的业务领头人应该发挥这方面的作用，成为全省的业务培训基地。

2. 市级文化馆调整之后的职能

市馆应规划协调本行政区域内文化馆总分馆制事业。市级文化馆作为地区中心，应当对文化馆的活动策划、行业发展作出规划；对文化馆之间的联合、合作进行协调。

市馆应对县、镇文化馆给予业务支持。市级文化馆在人才、设备、政策方面具有优势，具备支持县级、镇级文化馆的业务能力，市级文化馆在业务上支持县、镇文化活动可以提升县域文化馆站的专业水平。

市馆应对县域内从业人员进行培训。县级以下文化馆的专业人员不多，业务力量不强，而市级文化馆在这方面有优势，可以发挥市级文化馆的人才优势。

市馆应组织力量开展理论研究。文化馆服务具有自身的规律，需要进行研究。县、镇文化馆在研究力量方面比较薄弱，相对而言，市级文化馆的研究力量要强大一些。市级文化馆与省级文化馆研究的重点有所不同，省级文化馆着眼于全省，对全省的文化馆服务、地方文化需求进行研究；而市级文化馆的研

---

① 中华人民共和国文化部．中国文化文物统计年鉴（2017）［M］．北京：国家图书馆出版社，2017：126.

究重点是本市的文化馆服务、地方文化需求，更具有地方针对性。

7.2　以县乡为主体的一体化文化馆总分馆制实现方式

以县乡为主体的一体化文化馆总分馆制是两级结构，它以县级文化馆为总馆、乡镇文化站为分馆，总馆全面、直接管理分馆的人财物。村文化室并不参与文化馆总分馆制，因为分馆功能完全可以替代村文化室。这样的一体化总分馆制能够在最大程度上实现一个县域的服务均等化，但它的适用条件较为苛刻。从管理层面看，由于总馆直接管理分馆，这要求总馆具有很强的管理能力和业务能力。在此基础上，分馆的数量不能太多，数量太多会对总馆造成太大的压力。从经济社会发展条件层面看，这种管理模式由于要在整个县域实现文化馆服务均等化，它要求整个县域的经济社会发展较为均衡，通常更适用于城市地区。目前来看，应用一体化总分馆制的地区也通常是经济社会发展比较均衡的城市地区，如美国纽约市、新加坡、我国佛山市禅城区及重庆市渝中区。从文化馆服务特点看，这种总分馆制适用于人口规模较小的地区，因为文化馆服务的地方特色明显，一般不适宜统一供给服务。从政府关系看，只有县级财政而无乡级财政的地区更加适合这种“乡财县管”的总分馆制，因为这样的财政结构决定了县级政府掌握了全县的财政大权，行政权力集中在县级政府手中。对于采用县乡两级财政的地区，也可以采用这种总分馆制，但需要县级政府将文化馆站运行经费交予县级政府整合运作。

为应用以县乡为主体的一体化文化馆总分馆制，政府及文化馆站需采取以下措施：

1. 政府需采取的措施

县级政府主导文化馆总分馆制建设。县级政府以行政动员方式督促文化馆相关政府部门和乡镇政府共同协商文化馆总分馆制的推进，并给予相应的经费支持。在县级政府主导下，县文化行政主管部门、乡镇政府和部分村委会代表组成治理机构，治理机构的主要职责是及时对文化馆总分馆制运行过程中遇到的问题进行商议，并商讨解决方案。县、乡政府共同确定文化馆总分馆制的经费投入方式，可以由县、乡共同投入，也可以由县政府单独投入，但需要确保所有经费都由县级文化馆管理和使用。县级政府主导建立文化馆站固定资产共享制度。县级财政、人事、文化、组织和乡镇政府等与文化馆站人员相关的政府机构共同建立与文化馆总分馆制相适应的人员管理制度，并将人员的管理权赋予县级文化馆。各县级文化馆站相关政府部门、乡镇政府将涉及文化馆站运行的制度纳入到日常管理制度中。

乡镇政府不再具体负责文化站的管理，它的职责是对乡镇区域内的文化活动进行监督。在县、乡两级投入的情况下，乡镇政府将有关文化站的运行经费交予县级文化行政主管部门或约定的其他县级政府部门。

2. 文化馆站需采取的措施

总馆对所有分馆的人财物进行统一管理。总馆建立建立总馆、分馆统一使用的互联网平台，总馆负责平台的日常管理与运营。总馆对整个县域的文化活动进行统一策划与管理，设立统一的服务标准。总馆负责流动服务的运营与管理。

所有分馆由总馆管理，分馆无独立性。分馆的主要职能是在总馆领导下提供文化馆服务，分馆负责日常的业务管理，将服务区域内的居民需求反馈给总馆。

7.3　以县乡村为主体的紧密型文化馆总分馆制实现方式

建立总馆—分馆—服务点紧密合作的模式，以县文化馆为总馆，文化站为分馆、村文化室为服务点，这是一种三级结构。

紧密型文化馆总分馆制中，总馆管理着分馆的部分行政和业务活动，这要求总馆既要对整个县域进行一些统筹管理，又要尊重分馆的独立性。紧密型文化馆总分馆制一般适用的地区为：①县域的地理面积不是太大，县与乡、乡与村之间交通距离不太远；②乡镇的经济社会发展有一定差异，但悬殊不太大；③地方经济较为发达，乡镇政府有财政能力对文化站投入；④县级文化馆的业务和管理能力较强；⑤乡镇/街道文化站、村/社区文化室设施基础条件好，乡镇文化站工作人员专业和管理能力较强，能够对村/社区文化室进行指导；⑥总馆、分馆及它们的责任政府合作意识、契约意识强。

1. 政府需采取的措施

县级政府主导文化馆总分馆制的建设。①县级政府以行政动员方式督促文化馆相关政府部门、乡镇政府共同协商文化馆总分馆制的推动，乡镇政府督促村委会参与文化馆总分馆制建设。②在县级政府主导下，县文化行政主管部门、乡镇政府、村委会的代表组成治理机构，治理机构的主要职责是及时对文化馆总分馆制运行过程中遇到的问题进行商议，并商讨解决方案。乡镇政府与村委会组成议事机构，共同协商镇村文化站室总分制的有关事项。③设立文化馆总分馆制专项经费，由县、乡共同投入，或由县单独投入，专项经费的使用权归县文化馆。专项经费中一部分用于开展文化活动，一部分用于补偿部分文化站运行经费的不足、奖励表现优秀的文化站。④县级政府、乡镇政府共同协商、建立文化馆站固定资产共享制度。⑤与文化馆人员管理有关的县级财政、人事、文化、组织和乡镇政府共同建立与文化馆总分馆制相适应的人员管理制度，将人员在文化馆总分馆制中的工作表现纳入工资福利制度。⑥村文化室的运行经费由县、乡两级政府承担。

乡镇政府在与县级政府协商基础上，采取行政措施推动乡镇区域内总分制的建设。乡镇政府负责文化站的运营，文化站经费主要由乡镇政府投入，人员归乡镇政府调配，文化站资产由乡镇政府所有。乡镇政府与村委会协商村文化室事务。

村委会协助文化室的运行。村民不负担文化室的运行经费，而由县、乡两级政府负责。

2. 文化馆站需采取的措施

县级文化馆充当总馆，它的功能如下：①管理文化馆总分馆制的专项经费，根据经费情况策划面向整个服务区域的文化活动；②建立总馆、分馆统一使用的互联网平台，负责平台的日常管理与运营；③设定整个服务区域的基本服务标准，允许分馆提供高于标准的服务；④负责流动服务的运营与管理；⑤总馆的馆长是整个文化馆总分馆制的负责人，总馆的部分人员下派到分馆工作，下派人员的工作地点主要在分馆；⑥总馆、乡镇政府共同对分馆的业务活动进行评估、监督和管理；⑦流动服务由总馆统一管理；⑧总馆对分馆、服务点的人员进行培训。

紧密型文化馆总分馆制的乡镇文化站承担着连接总馆与服务点作用，分馆既要接受总馆的管理，又有一定的自主性。分馆的职能如下：①分馆按照总馆划定的基本服务标准提供服务，在完成基本服务标准的基础上，分馆可以提供更高水平、具有地方特色的服务；②日常运营管理由分馆自行负责；③分馆还承担着管理分馆的职能。分馆向服务点下派人员，下派人员的工作地点主要在村文化室，分馆对村文化室进行评价和监督；分馆对服务点的人员进行培训；

分馆将村民的文化需求向县文化馆进行反映，并且协调村文化室之间的资源共享、活动联办等。

村委会负责村文化室日常运行，配合县文化馆、乡镇文化站举办文化活动。村文化室、分馆下派人员将本村居民文化需求反馈给乡镇文化站。

7.4　以县乡村为主体的松散型文化馆总分馆制实现方式

在县级文化馆、乡镇文化站、村文化室之间构建松散型管理模式，总分馆体系之间的连接主要限于重大节日、赛事和专项活动，日常服务由文化馆、文化站、文化室自行负责。

适合建立松散型总分馆制的地区包括：①地域面积比较大、地区内群众需求差异化较大、人口居住比较分散的地区。这样的地区并不适合建设一体化、紧密型总分馆制。这是因为，地域面积较大会导致文化馆站分布较为分散，总馆难以及时掌握分馆的运行动态，监督和管理成本较高。②区域内经济社会发展悬殊较大的地区。在区域发展较为悬殊的地区，受到区域内政府经济能力影响，不同乡镇政府对文化站服务的投入能力不同，若制定较高的投入标准会加重经济落后地区的财政负担，而较低的投入标准影响经济发达地区政府对文化投入的积极性。因此这样的地区不适合建立一体化和紧密型总分馆制。③县级文化馆管专业和管理能力较弱地区。松散型总分馆制对总馆的要求要弱于一体化和紧密型总分馆制。我国许多县级文化馆的服务与管理能力并不强，不具备承担一体化和紧密型总分馆制总馆的能力。④在经济发达的城市地区，由于各馆能力都很强，建设一体化和紧密型总分馆制的阻力较大，可以选择建设松散型管理模式。

1. 政府需采取的措施

县级政府主导文化馆总分馆制的建设。①县级政府以行政动员方式督促文化馆相关政府部门、乡镇政府共同协商文化馆总分馆制的推动，乡镇政府督促村委会参与文化馆总分馆制建设。②在县级政府主导下，县文化行政主管部门和乡镇政府组成治理机构，决策范围为重大节日、赛事、专项活动。乡镇政府与村委会组成议事机构，共同协商镇村文化站室总分制的有关事项。③设立文化馆总分馆制专项经费，由县、乡共同投入，或由县单独投入，专项经费的使用权归县文化馆，专项经费主要用于开展重大节日、赛事、专项活动等。④县级政府、乡镇政府共同协商、建立文化馆站固定资产共享制度。⑤村文化室的运行经费由县、乡两级政府承担。

乡镇政府主导本镇的总分制建设，并积极配合县乡两级总分馆制的推进。乡镇政府负责文化站的运营，人、财、物由乡镇政府负责。乡镇政府每年交纳少量经费给县级政府，用于总分馆制专项经费。乡镇政府与村委会就文化活动的开展进行协商。

村委会负责村文化室的运行。村委会配合县、乡两级政府开展文化活动。

2. 文化馆站需采取的措施

县级文化馆充当总馆，它的功能如下：①管理文化馆总分馆制的专项经费，根据经费策划面向整个服务区域的文化活动；②建立总馆、分馆统一使用的互联网平台，负责平台的日常管理与运营；③与分馆、服务点协商后，由总馆负责流动服务的运营与管理；④设立为整个总分馆制服务的专门人员，人员由总馆馆长负责管理，这些人员无需到分馆工作；⑤总馆可以设定面向分馆的服务标准，但这个标准是建议性的，而非强制性；⑥总馆对分馆之间的资源共享进行协调；⑦总馆对分馆和服务点的人员进行培训。

乡镇文化站和村文化室的主要职能是做好各自的日常服务工作。乡镇文化站对村文化室的业务工作进行指导，村文化室配合乡镇文化站开展一些活动。乡镇文化站将村民的文化需求向县级文化馆反映，并且协调村文化室之间的资源共享、活动联办等。

7.5　以县乡村为主体的松散型+一体化文化馆总分馆制实现方式

这种模式在县、乡、村文化馆站之间建立松散型管理模式，以县、乡、村本级为基础分别建立直属分馆、分站、分室。这种管理模式的优势是：①它符合我国一级政府一级财政的基本特点，因而能够充分发挥各级政府的积极性；②遵循文化馆、文化站、文化室之间只有业务指导关系，而无行政管理关系的事实；③符合文化馆服务具有地方特色、服务半径有限的特点。

这种管理模式适用的条件为：①整个县地域范围较大，县文化馆实力一般，难以统筹整个县域的文化馆站服务；②县本级、乡镇本级、村人口较多，县、镇、村距离较远；③县、镇、村经济发达；④乡镇文化站和村文化室实力较强，能够统筹本辖区的文化站、文化室服务。

1. 政府需采取的措施

县级政府主导文化馆总分馆制的建设。①县级政府以行政动员方式督促文化馆相关政府部门、乡镇政府共同协商文化馆总分馆制的推动，乡镇政府督促村委会参与文化馆总分馆制建设。②在县级政府主导下，县文化行政主管部门和乡镇政府组成治理机构，决策范围为重大节日、赛事、专项活动。乡镇政府与村委会组成议事机构，共同协商镇村文化站室总分制的有关事项。③设立文化馆总分馆制专项经费，由县、乡共同投入，或由县单独投入，专项经费的使用权归县文化馆。专项经费用于在区域内开展重大节日、赛事、专项活动等。④县级政府、乡镇政府共同协商、建立文化馆站固定资产共享制度。⑤村文化室的运行经费由县、乡两级政府承担。

乡镇政府主导本镇的总分制建设，并积极配合县乡两级总分制的推进。乡镇政府以所在地为服务区域，建立乡镇文化站直管下的总分制。乡镇政府负责文化站的运营，人财物由乡镇政府负责。乡镇政府与村委会就文化活动的开展进行协商。

村委会以行政村为服务区域，建立村文化室、自然村为分室的总分制。村委会负责村文化室的运行。村委会配合县、乡两级政府开展文化活动。村委会将本村居民需求反馈给乡镇政府。

2. 文化馆站需采取的措施

对于整个文化馆总分馆制而言，总馆的功能包括两个层面：一是对县直属分馆进行全面管理；二是对乡镇文化站、村文化室进行管理。县文化馆对乡镇文化站、村文化室的管理表现为如下方面：①管理文化馆总分馆制的专项经费，根据经费策划、开展面向整个服务区域的文化活动；②建立总馆、分馆统一使用的互联网平台，负责平台的日常管理与运营；③与分馆、服务点协商后，由总馆负责流动服务的运营与管理；④设立为整个总分馆制服务的专门人员，人员由总馆馆长负责管理，这些人员无需到分馆工作；⑤总馆可以设定分馆、服务点服务标准，但这个标准是建议性的，而非强制性；⑥总馆对分馆和服务点的人员进行培训。

乡镇文化站既承担着整个总分馆制区域分馆职能，又是分站的总站。乡镇文化站全权管理其直属分站。乡镇文化站与村文化室只在重大活动、专项活动上合作，镇文化站对村文化室活动给予指导，但不干涉其运行。乡镇文化站将村民的文化需求向县级文化馆反映，并且协调村文化室之间的资源共享、活动联办等。

村文化室负责村文化室及分室的管理。村文化室配合乡镇文化站开展一些活动。村文化室将本村居民需求反映给乡镇文化站。

第8章 结　　语

8.1 研究总结

本书在研究过程中遵循两条原则：一是寻找理论支撑，应用相应的理论解释实践背后的规律和原因；二是探索国内外相关经验，从经验中可以寻找具有共性的经验，有利于分析经验背后的特殊之处，发现问题的真正原因所在。在具体应用方面，本书从理论上分析了文化馆总分馆制的可行性，并运用多个理论解读了文化馆总分馆制的基本规律。在实践层面，本书从国内外实践中总结普遍规律，并且在理论与实践基础上提出了文化馆总分馆制在我国落实的方式。

本书的研究结论如下：

①文化馆总分馆制从理论上讲是可行的。有关文化馆总分馆制的支撑理论主要包括理念支持和理论支撑。理念方面主要是十三五规划提出的创新、协调、开放、共享理念，以及基本公共服务均等化理念。在理论方面，规模效应理论和交易成本理论分别从经济性和组织角度解释了文化馆总分馆制的理论可行性。

②文化馆总分馆制建设有着急迫的现实需求和重要的社会意义。文化馆总分馆制在现代社会面临着多个方面的问题，而文化馆总分馆制有助于这些问题的解决，因此文化馆总分馆制建设有着现实需求与实践意义。21世纪之前，我国已经出现了文化馆总分馆制建设，但它们与当下的文化馆总分馆制建设在多个方面存在着差异。

③总分馆制可以借鉴一些国内外经验，主要是文化馆、公共图书馆这两个领域的经验。国内外的公共图书馆、文化馆总分馆制可以按总馆与分馆的一体化程度从总体上划分为三种模式。文化馆总分馆制的建设经验主要来自于日本公民馆、新加坡民众联络所、以色列社区中心和我国部分地方的实践。公共图书馆总分馆制的经验主要来自于美国、英国、日本、新加坡、加拿大和我国。

国内外文化馆、公共图书馆总分馆制经验具有一些共同点。

④文化馆总分馆制建设面临的五个关键问题主要是政府责任、治理机构、管理模式、资源配置和地域单元。这五个问题之间的逻辑关系是以萨瓦斯的公共服务提供与生产相分离理论为基础。第一，政府责任分配、政府间关系、行政资源配置对如何实现政府责任有影响。第二，治理机构是政府为了进行跨行政区域进行行政管理而组建的。治理机构在国外公共图书馆、文化馆总分馆制中应用较为普遍。单馆的治理机构与总分馆制的治理机构既有差别又有联系。第三，在管理模式方面，笔者认为一体化、紧密型和松散型可以应用于文化馆总分馆制，建设文化馆总分馆制要符合一定的标准。第四，总分馆体系内可以配置的资源包括固定资产、经费、人员，资源配置需要遵循多项原则。第五、文化馆总分馆制建设的地域单元受多个因素的影响，并要符合多项原则，我国建设文化馆总分馆制的合适地域单元是县域。

⑤在县域内建设文化馆总分馆制既要符合一般原则，又要针对不同管理模式进行具体分析。在县域文化馆总分馆制需要遵循的基本要素为：县级政府主导、乡镇政府配合；县镇村组建治理机构；做强县级文化馆，夯实乡镇文化站；规范资源配置；以人员为纽带连接总馆与分馆；充分发挥互联网的支持作用；县级以上政府在法律、财政和行政方面提供保障；调整省市文化馆职能。在县域内构建文化馆总分馆制可以应用多种管理模式组合。本书在实践和理论总结基础上，设立了四种在县域内具有广泛适用性的管理模式：以县乡为主体的一体化总分馆制，以县乡村为主体的紧密型总分馆制，以县乡村为主体的松散型总分馆制，以县乡村为主体的松散型+一体化总分馆制。

8.2 研究存在的不足

本研究对社会动态发展的影响考虑不足。我国目前处于快速城镇化阶段，大量农村人口流入城市，加上农村交通条件的快速改善和非农经济的发展，在农村地区使用基本公共服务设施的人口的下降速度很快。而本书主要研究了社会发展“静态”下的总分馆制构建，对于人口迅速城市化背景的如何构建总分馆制考虑不足。

在文化馆总分馆制的实际应用层面，笔者将主要精力放在了建设原则方面，所涉设计的建设路径适用于普遍情况，对于具体而微的措施考虑得并不十分周全。

对于现实情况的把握可能存在一些不足。笔者对已有文化馆总分馆地区进行了实地调研，但实践事务的不断发展变化，需要时时进行跟踪与了解。限于时间和精力，笔者对某些实践进展的跟踪可能存在更新不及时的问题。

8.3 进一步研究方向

进一步跟踪文化馆总分馆制建成之后的可持续发展问题。我国文化馆总分馆制大多是由政府以行政动员方式推动的，它们在建设之初获得了一些超常规的行政资源支持。而动员体制存在持续性不足的问题，如何保证文化馆总分馆制的持续发展需要进一步跟踪研究。但一项社会制度的建设还受到已有制度的制约，如何突破旧有制度建设新的社会秩序，从而为文化馆总分馆制建设提供稳定保障，这还需要持续跟进。

进一步研究文化馆发展形态对总分馆制的影响。文化馆的社会功能、服务内容与方式是不断变化的，而这些变化会影响到文化馆总分馆制的内容建设。尤其是在互联网技术全面普及的背景下，文化馆发展形态可能不断面临新的机遇与挑战，总分馆制如何适应还需要持续跟踪分析。

参 考 文 献

中文文献

图书

［1］［美］E. S. 萨瓦斯．民营化与公私部门的伙伴关系［M］. 北京：中国人民大学出版社，2002.

［2］［美］V. 奥斯特罗姆等．制度分析与发展的反思——问题与抉择［M］. 上海：商务印书馆，1996.

［3］［美］W. 理查德·斯科特．组织理论［M］. 北京：华夏出版社，2002.

［4］［美］W. 理查德·斯科特，杰拉尔德·F. 戴维斯．组织理论：理论、自然与开放系统的视角［M］. 北京：中国人民大学出版社，2011.

［5］蔡武．改革 发展 繁荣：改革开放 30 年中国文化发展报告［G］. 北京：文化艺术出版社，2008.

［6］陈瑞莲．区域公共管理导论［M］. 北京：中国社会科学出版社，2006.

［7］成思危．中国事业单位改革——模式选择与分类引导［M］. 北京：民主与建设出版社，2011.

［8］戴珩．创新与跨越：公共文化服务体系前沿报告［M］. 南京：南京师范大学出版社，2014.

［9］戴珩．现代公共文化服务体系 200 问［M］. 南京：南京师范大学出版社，2015.

［10］丁煌．西方公共行政管理理论精要［M］. 北京：中国人民大学出版社，2005.

［11］董琴娟．中国图书馆联盟发展研究［M］. 北京：光明日报出版社，2013.

［12］风笑天．现代社会调查方法．第五版［M］. 武汉：华中科技大学出版社，2001.

[13] 冯守仁，等．群众文化基础知识［M］．北京：北京师范大学出版社，2013.
[14] 傅才武．中国公共文化政策研究实验基地观察报告（2016—2017）［G］．北京：社会科学文献出版社，2017.
[15] 国家图书馆研究院．我国图书馆事业发展政策文件选编(194902012)［S］．北京：国家图书馆出版社，2014.
[16] ［美］海因茨·韦里克，马克·V. 坎尼斯，哈罗德·孔茨．管理学［M］．北京：经济科学出版社，2015.
[17] 韩永进．中国图书馆事业发展报告：农村图书馆卷［M］．北京：国家图书馆出版社，2016.
[18] 何东昌．中华人民共和国重要教育文献 2003—2008［M］．北京：新世界出版社，2010.
[19] 何渊．中国特色的区域法制协调机制研究［M］．上海：格致出版社，2010.
[20] ［法］亨利·法约尔．工业管理与一般管理［M］．成都：四川人民出版社，2017.
[21] 胡惠林，胡训珉，宋仲琤．长江三角洲发展报告 2013 文化产业的发展［M］．上海：上海人民出版社，2015.
[22] 胡霁荣．社会主义中国文化政策的转型：上海工人文化宫与当代中国文化政治［M］．上海：上海人民出版社，2016.
[23] 胡建淼．公权力研究［M］．杭州：浙江大学出版社，2005.
[24] 黄恒学．分类推进我国事业单位管理体制改革研究［M］．北京：中国经济出版社，2012.
[25] 黄恒学．中国事业管理体制改革研究［M］．北京：清华大学出版社，1998.
[26] 吉林省群众文化学会．文化馆学［M］．长春：吉林大学出版社，1988.
[27] 蒋永福．现代公共图书馆制度研究［M］．北京：知识产权出版社，2010.
[28] 金锦萍．非营利法人治理结构研究［M］．北京：北京大学出版社，2005.
[29] 孔伟．社会教育视域下的公共文化服务研究［M］．济南：山东人民出版社，2014.
[30] 李贵鲜．公共行政概论［M］．北京：人民出版社，2002.

[31] 李国新．国外公共图书馆法研究［M］．北京：国家图书馆出版社，2013.
[32] 李建盛．北京文化发展报告（2011—2012）［M］．北京：社会科学文献出版社，2012.
[33] 李鸥．事业单位改革与管理［M］．天津：天津人民出版社，2007.
[34] ［美］理查德·A. 马斯格雷夫．比较财政分析［M］．上海：格致出版社，2017.
[35] 林泉．组织结构、角色外行为与绩效间的关系研究［M］．北京：经济管理出版社，2012.
[36] 林尚立．国内政府间关系［M］．杭州：浙江人民出版社，1998.
[37] 罗震东、张京祥、韦江绿．城乡统筹的空间路径——基本公共服务设施均等化发展研究［M］．南京：东南大学出版社，2012.
[38] 马学文．嘉兴市文化馆总分馆服务体系研究论文选［G］．嘉兴.
[39] 木北．35 岁前要懂得活学活用的经济现象与规则 全民阅读提升版［M］．北京：中国华侨出版社，2015.
[40] 邱冠华，于良芝，徐晓霞．覆盖全社会的公共图书馆服务体系：模式、技术支撑与方案［M］．北京：北京图书馆出版社，2008.
[41] 屈宝强．图书馆联盟资源共享绩效评估研究［M］．北京：科学技术文献出版社，2015.
[42] 荣敬本，等．从压力型体制向民主合作体制的转变：县乡两级政治体制改革［M］．北京：中央编译出版社，1998.
[43] 中国艺术馆筹备处，北京华人经济技术研究所．中国群众艺术馆志［G］．北京：社会科学文献出版社，1997.
[44] 沈荣华．行政权力制约机制［M］．北京：国家行政学院出版社，2006.
[45] 孙进舟．中国文化馆志［G］．北京：专利文献出版社，1999.
[46] 孙晓莉．中外公共服务体制比较［M］．北京：国家行政学院出版社，2007.
[47] 谭培文．马克思利益观研究［M］．南宁：广西师范大学出版社，2001.
[48] 汪洪涛．制度经济学：制度及制度变迁性质解释［M］．上海：复旦大学出版社，2009.
[49] 王雪莉，张力军．企业组织革命［M］．北京：中国发展出版社，2005.
[50] 王有强，叶岚，吴国庆．协同治理：杭州“上城经验”［M］．北京：清华大学出版社，2015.

[51] 王真．图书馆联盟建设研究［M］．天津：天津大学出版社，2011.
[52]［德］马克斯·韦伯．社会学的基本概念［M］．桂林：广西师范大学出版社，2011.
[53] 夏海．中国政府架构［M］．北京：清华大学出版社，2001.
[54] 谢炜．中国公共政策执行中的利益管理研究［M］．上海：学林出版社，2009.
[55] 徐胜源．企业行政管理理论与实务［M］．北京：中国经济出版社，2012.
[56] 杨杜．管理学研究方法［M］．大连：东北财经大学出版社，2009.
[57] 杨涛．公共事务治理机制研究［M］．南京：南京大学出版社，2014.
[58] 杨之刚．财政分权理论与基层公共财政改革［M］．北京：经济科学出版社，2006.
[59] 于良芝等．公共图书馆建设主体研究：全覆盖目标下的选择［M］．北京：国家图书馆出版社，2011.
[60] 余猛．中国农村基本公共服务设施空间组织研究［M］．北京：中国建筑工业出版社，2015.
[61] 余宪忠等．流动性发展［M］．济南：山东人民出版社，2006.
[62] 俞可平．治理与善治［C］．北京：社会科学文献出版社，2000.
[63]［美］约翰·罗尔斯．正义论［M］．北京：中国社会科学出版社，1988.
[64] 张维迎．企业理论与中国企业改革［M］．上海：上海人民出版社，2015.
[65] 张文焕．控制论·信息论·系统论与现代管理［M］．北京：北京出版社，1990.
[66] 张妍．文化体制改革视域下现代公共文化服务体系建议研究［M］．沈阳：东北大学出版社，2015.
[67] 张志红．当代中国政府间纵向关系研究［M］．天津：天津人民出版社，2005.
[68] 郑永富．文化馆管理学［M］．杭州：杭州大学出版社，1992.
[69] 中国（海南）改革发展研究院．基本公共服务与中国人类发展［M］．北京：中国经济出版社，2007.
[70] 中国艺术馆筹备处，北京华人经济技术研究所．中国群众艺术馆志［G］．北京：社会科学文献出版社，1997.
[71] 中华人民共和国文化部．中国文化年鉴（2012）［M］．北京：新华出版

社，2013.
[72] 中华人民共和国文化部．中国文化文物年鉴（2016）[M]．北京：国家图书馆出版社，2016.
[73] 中华人民共和国文化部．中国文化文物统计年鉴（2011）[M]．北京：国家图书馆出版社，2011.
[74] 周慧梅．近代民众教育馆研究 [M]．北京：北京师范大学出版社，2012.
[75] 朱光磊．当代中国政府过程 [M]．天津：天津人民出版社，2002.
[76] 最高人民检察院《法律手册》编委会．教育管理与学生维权常用法律法规精编 [S]．北京：中国检察出版社，2013.
[77] [美] 亨利·法约尔．工业管理与一般管理 [M]．成都：四川人民出版社，2017.
[78] 中国文化馆协会．全民艺术普及：文化馆的责任与使命 2015 年中国文化馆年会征文获奖作品集 [C]．北京：国家图书馆出版社，2015.

学位论文

[1] 卜清平．乡镇文化站的历史变迁与路径转向 [D]．武汉：华中师范大学，2014.
[2] 丁晓强．新加坡人民行动党对社会基层组织的建设与管理 [D]．上海：中共上海市委党校，2010：12.
[3] 董帮应．基于规模经营视角的农户经营主体的变迁 [D]．合肥：安徽大学，2014：11-12.
[4] 杜伟伟．公益性文化事业单位法人治理改革研究 [D]．济南：山东大学，2017.
[5] 高博．省域“文化馆”建筑计划研究 [D]．西安：西安建筑科技大学，2011.
[6] 郭士国．基本公共服务非均等化：成因、影响及对策分析 [D]．长春：吉林大学，2012.
[7] 黄颖．图书馆治理的比较制度分析 [D]．北京：中国科学院研究生院（文献情报中心），2004.
[8] 蒋一．完善事业单位法人治理结构研究 [D]．北京：中国地质大学（北京），2015.
[9] 梁晓玉．日本公民馆在公共精神培育中的作用及对我国的启示 [D]．上

海：上海师范大学，2012.
［10］刘斌．公共服务的发展历程：历史与启示［D］．北京：北京大学，2006.
［11］刘丽．论日本公民馆的社会教育功能及其启示［D］．南京：南京师范大学，2014.
［12］陆晓曦．“公共文化服务保障法”立法支撑研究［D］．北京：北京大学，2014.
［13］马丽华．论日本公民馆在社会教育中的作用［D］．保定：河北大学，2003.
［14］彭彦强．基于行政权力分析的中国地方政府合作研究［D］．天津：南开大学，2010.
［15］孙政．群众艺术馆文化治理的历史嬗变［D］．武汉：华中师范大学，2014.
［16］汤玉婷．改革开放以来上海公共图书馆服务模式研究［D］．上海：上海师范大学，2016.
［17］王志雄．我国基本公共服务均等化研究［D］．北京：财政部财政科学研究所，2011.
［18］胥睿．中国社区文化中心管理体制探究［D］．济南：山东大学，2017.
［19］姚萌．公共图书馆服务体系建设研究［D］．长春：吉林大学，2010.
［20］周仁标．省管县改革的动因、困境与体制创新研究［D］．武汉：华中师范大学，2011.

期刊论文

［1］薄君．文化馆体系在构建公共文化服务体系中的职能定位与运营模式新探［J］．山东省青年管理干部学院学报，2006（05）：140-143.
［2］财政科研协作课题组，王朝才．加快构建事权与支出责任相适应财政体制——基于山东、吉林、焦作、龙岩的分析与思考［J］．公共财政研究，2015（02）：24-52.
［3］蔡朝阳．文化馆参与公共文化服务体系建设的探讨［J］．艺海，2015（02）：124-126.
［4］曾润喜，方付建．“以钱养事”改革的困境与出路［J］．学习月刊，2008（21）：37-38.
［5］常修泽．中国现阶段基本公共服务均等化研究［J］．中共天津市委党校学

报，2007（02）：66-71.
[6] 陈明星，叶超，周义．城市化速度曲线及其政策启示——对诺瑟姆曲线的讨论与发展［J］．地理研究，2011，30（08）：1499-1507.
[7] 陈思明．现代薪酬制度的新特点及其对国企改革的启示［J］．华东经济管理，2004（01）：63-66.
[8] 陈天祥．论中国制度变迁的方式［J］．中山大学学报（社会科学版），2001（03）：86-93.
[9] 陈云飞．着力构建文化馆图书馆总分馆制的“嘉兴模式”——嘉兴市推进文化馆、图书馆总分馆制建设情况介绍［J］．图书馆杂志，2017，36（03）：13-16.
[10] 戴珩．提高县域公共文化服务效能的重要途径——《关于推进县级文化馆图书馆总分馆制建设的指导意见》解读［J］．图书馆杂志，2017，36（03）：11-12.
[11] 刁乃莉．日本公民馆的启示［J］．北方经贸，2001（08）：155-156.
[12] 丁煌，杨代福．政策执行过程中降低信息不对称的策略探讨［J］．中国行政管理，2010（12）：104-107.
[13] 丁元竹．促进我国基本公共服务均等化的基本对策［J］．中国经贸导刊，2008（05）：20-22.
[14] 段小虎，张梅，谢逸芸，尹莉．西部贫困县图书馆“因素法”财政保障研究［J］．图书馆论坛，2018，38（01）：21-35.
[15] 方标军，吴政，祁刚．公共数字文化服务体系的组织建设研究［J］．新世纪图书馆，2013（11）：3-5.
[16] 冯蕾．省市县三级群艺馆、文化馆联动——公共文化服务体系建设的助推器［J］．大众文艺，2014（10）：1-2.
[17] 付伟，焦长权．“协调型”政权：项目制运作下的乡镇政府［J］．社会学研究，2015，30（02）：98-123，243-244.
[18] 傅才武，许启彤．基层文化单位的效率困境：供给侧结构问题还是管理技术问题——以5省10个文化站为中心的观察［J］．山东大学学报（哲学社会科学版），2017（01）：50-59.
[19] 傅才武．当代公共文化服务体系建设与传统文化事业体系的转型［J］．江汉论坛，2012（01）：134-140.
[20] 高建华．区域公共管理视域下的整体性治理：跨界治理的一个分析框架［J］．中国行政管理，2010（11）：77-81.

[21] 高晓霞．重新审视日本公民馆：历史谱系、目标偏差与功能错位——兼论我国公民教育的基本路向［J］．南京师大学报（社会科学版），2015（06）：94-101.
[22] 荀红．也说农村公共文化服务体系构建中的文化馆建设［J］．四川戏剧，2014（06）：48-50.
[23] 顾金孚，王显成，刘靖．嘉兴市文化馆总分馆服务体系研究［J］．上海文化，2014（08）：46-51.
[24] 管新帅，王思文．地方公共品供给、网络集体行动与“反搭便车”效应［J］．经济问题，2015（11）：13-17，22.
[25] 何明升．中国网络治理的定位及现实路径［J］．中国社会科学，2016（07）：112-119.
[26] 黄冀渝．贴近文化民生 创新服务模式——大渡口区推进文化馆图书馆总分馆制建设情况［J］．大众文艺，2017（06）：14.
[27] 黄永珍．文化馆公共文化服务目标体系的构建对策［J］．老区建设，2009（08）：40-41.
[28] 江存彬．贴近文化民生 创新服务模式——大渡口区推进文化馆、图书馆总分馆制建设情况介绍［J］．图书馆杂志，2017，36（03）：17-19.
[29] 焦潺子．新时期县级文化馆在公共文化服务体系构建中的重要性探析［J］．中小企业管理与科技（上旬刊），2015（05）：130-131.
[30] 金武刚，李国新．中国公共图书馆总分馆制建设：起源、现状与未来趋势［J］．图书馆杂志，2014，33（5）：4-15.
[31] 金武刚．论县域公共图书馆总分馆制的构建与实现［J］．中国图书馆学报，2015，41（03）：42-57.
[32] 景跃进．中国农村基层治理的逻辑转换——国家与乡村社会关系的再思考［J］．治理研究，2018，34（01）：48-57.
[33] 孔越．公共文化服务“嘉兴模式”示范作用凸显［N］．嘉兴日报，2017-02-23（001）.
[34] 李超平．嘉兴模式的延伸与深化：从总分馆体系到图书馆服务体系［J］．中国图书馆学报，2012（03）：12-19.
[35] 李超平．中国公共图书馆服务体系“嘉兴模式”研究［J］．中国图书馆学报，2009（06）：10-16.
[36] 李国新．新阶段 新目标 新任务——《关于推进县级文化馆图书馆总分馆制建设的指导意见》解读［J］．图书馆杂志，2017，36（03）：7-8.

[37] 李国新．日本的“公民馆主事”职业资格制度［J］．上海文化，2013（04）：98-103.
[38] 李国新．示范区（项目）创建与公共图书馆发展［J］．中国图书馆学报，2012，38（03）：4-11.
[39] 李建军，王德祥．人口地理与公共品供给效率——以四川省135个县（市）为例［J］．人口学刊，2011（06）：3-10.
[40] 李建钟．事业单位取消行政级别问题研究［J］．第一资源，2012（01）：32-42.
[41] 李金芮，肖希明．国外公共数字文化资源整合管理体制模式及其适用性研究［J］．图书情报工作，2015，59（03）：26-34.
[42] 李君如．马克思主义中国化政治经济学的最新成果——十八届五中全会的重大理论贡献［J］．理论与改革，2016（01）：1-6.
[43] 梁亮，冯继强．城乡统筹的中心馆——总分馆模式研究——以杭州图书馆服务体系建设为例［J］．图书馆理论与实践，2013（09）：12-14.
[44] 梁亮，冯继强．公共图书馆服务体系建设保障要素探讨——以“大杭州”等公共图书馆服务体系建设为例［J］．图书情报工作，2014，58（04）：29-34.
[45] 林学启．党管干部90年：模式演变与价值追求［J］．理论学刊，2011（04）：44-47.
[46] 刘海丽．芬兰农村图书馆建设策略及其启示［J］．图书馆学研究，2017（13）：75-78.
[47] 刘慧，樊杰，王传胜．欧盟空间规划研究进展及启示［J］．地理研究，2008（06）：1381-1389.
[48] 刘佳，吴建南，吴佳顺．省直管县改革对县域公共物品供给的影响——基于河北省136县（市）面板数据的实证分析［J］．经济社会体制比较，2012（01）：35-45.
[49] 刘明华．尽快组建国家文化馆 完善公共文化服务体系［J］．群言，2012（04）：9-10.
[50] 刘尚希．基本公共服务均等化：现实要求和政策路径［J］．浙江经济，2007（13）：24-27.
[51] 龙滔，周铭蓉．“文化馆图书馆总分馆制”在重庆市大渡口区图书馆的实践——基于国家公共文化服务示范项目的探索［J］．图书馆，2014（03）：31-35.

[52] 罗淳．中国“城市化”的认识重构与实践再思［J］．人口研究，2013，37（05）：3-15.
[53] 罗植，施昌奎．北京市公共服务资源拥挤性的实证研究［J］．北京社会科学，2013（03）：135-142.
[54] 骆勇，赵军锋．区域公共管理的行政生态分析——从行政区行政到区域公共管理［J］．理论导刊，2009（04）：16-18.
[55] 马健．为了公共文化的发展和繁荣——大渡口区深入推进国家示范项目“文化馆图书馆总分馆制”创建纪实［J］．重庆行政（公共论坛），2013，14（06）：83-85.
[56] 马丽华．日本公民馆财政补助分析［J］．河北大学成人教育学院学报，2008（03）：51-52.
[57] 马岩，孙红蕾，郑建明．公共数字文化的服务主体职能［J］．图书馆论坛，2015，35（10）：30-34.
[58] 内外兼修：深圳市文化馆努力创建现代公共文化服务体系［J］．文化月刊，2015（32）：28-29.
[59] 彭健．分税制财政体制改革 20 年：回顾与思考［J］．财经问题研究，2014（05）：71-78.
[60] 彭明淅．大渡口区文化馆总分馆制路径探索［J］．大众文艺，2015（18）：5.
[61] 彭泽明，等．重庆市大渡口区文化馆总分馆制探索［J］．上海文化，2013（02）：24-32
[62] 邱冠华．苏州城区总分馆建设的实践与思考［J］．图书情报工作，2009，53（01）：15-18.
[63] 邱冠华．苏州总分馆制度设计的背景、思路与成效［J］．图书馆，2014（02）：27-30.
[64] 邱冠华．新世纪以来国内公共图书馆总分馆建设回顾与思考［J］．中国图书馆学报，2017，43（04）：18-31.
[65] 渠敬东，周飞舟，应星．从总体支配到技术治理——基于中国 30 年改革经验的社会学分析［J］．中国社会科学，2009（06）：104-127，207.
[66] 桑玉成．服务型政府的职能［J］．党政干部文摘，2008，4：8.
[67] 宋月红．行政区划与当代中国行政区域、区域行政类型分析［J］．北京大学学报（哲学社会科学版），1999（04）：55-62.
[68] 孙代勇．新加坡加强社区组织建设与管理的启示［J］．新重庆，2008：

44-47.
［69］孙红蕾，马岩，郑建明．区域集群式公共数字文化协同治理——以广东为例［J］．图书馆论坛，2015，35（10）：35-38.
［70］孙慧明．新加坡公共图书馆服务体系的观察与思考［J］．图书馆界，2016（3）：47-50.
［71］谭畔．大渡口文化馆总分馆制理想模式的建构［J］．大众文艺，2016（02）：4.
［72］唐健春．论公共文化服务体系与文化馆（站）建设的转型升级［J］．四川戏剧，2014（10）：37-40.
［73］田碧．佛山市禅城区联合图书馆特色建设的经验［J］．全国新书目，2007（17）：92-94.
［74］完颜邓邓．公共数字文化服务中的社会合作研究［J］．图书与情报，2016（03）：55-60.
［75］万文晴．公共图书馆延伸服务的实践与思考——以佛山市禅城区联合图书馆为例［J］．图书馆理论与实践，2012（10）：107-109.
［76］王德祥，李建军．人口规模、“省直管县”对地方公共品供给的影响——来自湖北省市、县两级数据的经验证据［J］．统计研究，2008，25（12）：15-21.
［77］王芳，李路曲．新加坡社会基层组织建设的经验［J］．理论探索，2005（02）：110-112.
［78］王桂新．城市化基本理论与中国城市化的问题及对策［J］．人口研究，2013，37（06）：43-51.
［79］王国辉，马丽华．城市化进程中日本都市型公民馆的发展探析——以20世纪60—70年代东京三多摩地区为中心［J］．教育科学，2012（03）：80-86.
［80］王丽慧，王旭超．论县级政府角色定位［J］．行政与法，2002（04）：15-17.
［81］王一帆．埃及的文化宫制度及其作用［J］．山东图书馆学刊，2013（01）：37-38.
［82］魏后凯．中国城市行政等级与规模增长［J］．城市与环境研究，2014，1（01）：4-17.
［83］魏筱颜，谭必勇．数字文化资源跨机构整合研究——艾米莉·迪金森数字档案馆的启示［J］．兰台世界，2017（09）：10-15.

[84] 吴洪珺，倪晓建．面向普遍均等服务的公共图书馆管理体制探析——以北京市公共图书馆为例［J］．图书情报工作，2011，55（1）：47-50.
[85] 吴理财．把治理引入公共文化服务［J］．探索与争鸣，2012（06）：51-54.
[86] 吴淑梅．刍议文化馆在公共文化服务体系构建中如何打造全民覆盖的服务网络［J］．群文天地，2013（02）：5-6.
[87] 吴晓林．城乡一体化建设的两个误区及其政策建议［J］．调研世界，2009（09）：36-38.
[88] 吴遵民．公民馆与日本现代社会教育 日本公民馆研究系列讲座（五）［J］．上海成人教育，1997（10）：41-42.
[89] 吴遵民．公民馆与现代日本社会教育 日本公民馆研究讲座（七）［J］．上海成人教育，1998（06）：46-47.
[90] 吴遵民．公民馆与现代日本社会教育 日本公民馆研究系列讲座（二）［J］．上海成人教育，1997（Z1）：77-78.
[91] 吴遵民．公民馆与现代日本社会教育 日本公民馆研究系列讲座（六）［J］．上海成人教育，1997（12）：41-42.
[92] 吴遵民．公民馆与现代日本社会教育 日本公民馆研究系列讲座（三）［J］．上海成人教育，1997（03）：45-46.
[93] 吴遵民．公民馆与现代日本社会教育 日本公民馆研究系列讲座（四）［J］．上海成人教育，1997（05）：41-43.
[94] 吴遵民．公民馆与现代日本社会教育 日本公民馆研究系列讲座（一）［J］．上海成人教育，1996（11）：35-36.
[95] 夏鹏翔．战后日本公民馆发展述论［J］．日本学刊，2002（02）：113-128.
[96] 项继权，袁方成．我国基本公共服务均等化的财政投入与需求分析［J］．公共行政评论，2008（03）：89-123，199.
[97] 肖金明．为全面法治重构政策与法律关系［J］．中国行政管理，2013（05）：38-42.
[98] 肖鹏，等．广州区域总分馆制实施路径探索：以基层管理者为中心的研究［J］．中国图书馆学报，2016，42（03）：103-115.
[99] 肖希明，曾粤亮．公共数字文化资源整合与服务中的信息交流机制创新［J］．图书馆论坛，2015，35（06）：34-40.
[100] 肖希明，李琪．公共数字文化服务合作机制研究［J］．图书与情报，

2016（04）：31-37.
［101］肖希明，卢世晴．公共数字文化资源整合政策体系探讨［J］．图书馆，2015（09）：1-5.
［102］肖希明，唐义．公共数字文化资源整合动力机制研究［J］．图书馆建设，2014（07）：1-5.
［103］谢庆奎．服务型政府建设的基本途径：政府创新［J］．北京大学学报（哲学社会科学版），2005（01）：126-132.
［104］新保敦子．全球化下日本公民馆的发展及其社会影响［J］．现代远程教育研究，2011（02）：52-58.
［105］邢健．从“低认知”到“全民艺术普及”——群艺（文化）馆全民艺术普及的创新方式调研报告［J］．大众文艺，2017（02）：9-10.
［106］徐斌．规模经济、范围经济与企业一体化选择——基于新古典经济学的解释［J］．云南财经大学学报，2010，26（02）：73-79.
［107］徐珊．公共图书馆服务标准中的资源效益观——中英两国公共图书馆评估标准比较［J］．图书情报工作，2008，10：109-112.
［108］徐阳光．论建立事权与支出责任相适应的法律制度——理论基础与立法路径［J］．清华法学，2014，8（05）：88-102.
［109］许晓霞．“苏州模式”的演进及价值再挖掘——写在苏州图书馆服务体系建设十周年之际［J］．国家图书馆学刊，2015，24（03）：16-23.
［110］闫燕．规模不经济的原因——管理不经济［J］．时代经贸（下旬刊），2008，6（12）：65-66.
［111］杨刚强，等．官员晋升激励、标尺竞争与公共品供给——基于286个城市的空间杜宾模型实证［J］．宏观经济研究，2017（08）：121-131.
［112］杨新海，洪亘伟，赵剑锋．城乡一体化背景下苏州村镇公共服务设施配置研究［J］．城市规划学刊，2013（03）：22-27.
［113］杨学勤，高峰松．关于加快河北省乡镇综合文化站发展的思考［J］．河北学刊，2012，32（05）：221-224.
［114］杨雪冬．压力型体制：一个概念的简明史［J］．社会科学，2012（11）：4-12.
［115］杨永恒．促进资源和服务下移 提升基层文化服务能力——《关于推进县级文化馆图书馆总分馆制建设的指导意见》解读［J］．图书馆杂志，2017，36（03）：9-10.
［116］杨勇，叶志鹏，殷存毅．财力配置与农村治理成效研究——4地4村案

例比较［J］. 北京行政学院学报，2016（01）：26-31.
［117］叶艳萍．杭州地区公共图书馆总分馆制的实践与思考——以桐庐县总分馆制建设为例［J］. 图书馆论坛，2012，32（06）：155-158，64.
［118］殷存毅，杨勇．新型城镇化与乡镇行政管理体制改革［J］. 云南社会科学，2015（02）：6-11.
［119］尹文嘉．整体治理的现实困境与路径选择［J］. 华东经济管理，2010，24（01）：129-132.
［120］应松年，薛刚凌．论行政权［J］. 政法论坛，2001（04）：52-63.
［121］于良芝，邱冠华，许晓霞．走进普遍均等服务时代：近年来我国公共图书馆服务体系构建研究［J］. 中国图书馆学报，2008（03）：31-40.
［122］余韬．论区域协调中政府合作协议的法律规制［J］. 广西政法管理干部学院学报，2008（03）：86-89.
［123］余晓青．行政资源优化配置的路径选择［J］. 理论与改革，2005（02）：83-85.
［124］袁志钦．重庆市大渡口区"文图总分馆制"的创新与实践［J］. 河南图书馆学刊，2014，34（09）：24-26.
［125］詹美珠，朱晓兰．在贴近中提升 在服务中推进——以文化馆建设为例，浅谈公共文化服务体系如何贴近人民生活［J］. 戏剧之家（上半月），2011（06）：90-91.
［126］张颉．文化馆公共文化服务标准化体系建设初探［J］. 大众文艺，2015（22）：14-15.
［127］张劲松，杨芬．论党管干部与公共部门人力资源管理的和谐［J］. 深圳大学学报（人文社会科学版），2007（05）：74-79.
［128］张丽．新加坡"民众联络所"的服务与管理［J］. 上海文化，2013（04）：104-113.
［129］张青阳，王英．俱乐部物品拥挤点的研究分析［J］. 新经济，2014（22）：22-24.
［130］张圣侃．新加坡社区中心的设计与规划［J］. 城市建筑，2013（14）：2-3.
［131］张玉昆，周丹．不同人口规模小城镇特征及规划建设思考［J］. 小城镇建设，2017（11）：44-50.
［132］周雪光．运动型治理机制：中国国家治理的制度逻辑再思考［J］. 开放时代，2012（09）：105-125.

[133] 朱祥仙．城乡一体化总分馆制背景下的村图书分馆建设及延伸服务——以嘉兴市为例［J］．图书与情报，2012（03）：92-95.

[134] 傅才武．国家公共文化服务体系建设的价值评估及政策定位［J］．江汉大学学报（人文科学版），2010，29（06）：17-22.

新闻报道

[1] 陈世海．文化馆总分馆服务的张家港样板［N］．中国文化报，2015-03-27（008）.

[2] 耿俪洳．海盐城乡一体化文化馆总分馆模式效益初显［N］．嘉兴日报，2015-05-07（001）.

[3] 李国新．拓展和深化总分馆制建设的行动指南［N］．中国文化报，2017-02-24（006）.

[4] 李国新．现代公共文化服务体系的内涵与标志［N］．经济日报，2013-11-28（015）.

[5] 孙道进．重庆大渡口实施文化馆总分馆制［N］．中国文化报，2013-04-24（007）.

[6] 王学思．发挥人的力量 灵活调配资源［N］．中国文化报，2017-03-03（006）.

[7] 王学思．嘉兴着力构建文化馆总分馆服务体系［N］．中国文化报，2014-12-12（008）.

[8] 徐程．构建文化馆公共文化服务目标体系［N］．中国文化报，2008-02-27（003）.

[9] 张家港市发布全国首个县级文化馆总分馆制建设地方标准［N］．中国文化报，2017-09-25（005）.

网络文献

[1] 禅城区联合图书馆总分馆服务体系［EB/OL］．［2018-01-01］．http：//www. cclib. cn/webs/show/notice/54/3413. html.

[2] 关于推进社会主义新农村建设的若干意见［EB/OL］．（2005-12-31）［2017-11-12］．http：//www. china. com. cn/chinese/PI-c/1130430. htm.

[3] 国家“十一五”时期文化发展规划纲要［EB/OL］．（2006-09-13）［2018-01-05］．http：//www. china. com. cn/policy/txt/2006-09/13/content_7158849_5. htm.

[4] 国家基本公共服务体系“十二五”规划［EB/OL］.（2013-02-20）［2018-01-01］. http：//www.ce.cn/cysc/newmain/yc/jsxw/201302/20/t20130220_36451.shtml.

[5] 国务院关于调整城市规模划分标准的通知［S/OL］.（2014-10-29）［2018-01-05］. http：//www.gov.cn/zhengce/content/2014-11/20/content_9225.htm.

[6] 国务院关于印发国家基本公共服务体系“十二五”规划的通知［EB/OL］.（2012-07-11）［2017-11-12］. http：//www.360doc.com/content/13/0313/15/4354645_271264552.shtml.

[7] 江苏永钢集团有限公司. 企业简介［EB/OL］.［2018-01-02］. http：//www.yong-gang.com/portal/？page_id=21.

[8] 决胜全面建成小康社会 夺取新时代中国特色社会主义伟大胜利［R/OL］.（2017-10-18）［2018-03-14］. http：//www.china.com.cn/cppcc/2017-10/18/content_41752399.htm.

[9] 李林. 中国法律体系构成［EB/OL］.［2017-12-12］. http：//www.iolaw.org.cn/showArticle.aspx？id=523.

[10] 日本国自治体国际化协会. 日本的地方自治2016［R/OL］.（2018-05-23）［2017-08-17］. http：//www.clair.or.jp/j/forum/pub/docs/jichi-ch_2.pdf.

[11] 事业单位国有资产管理暂行办法［S/OL］.（2006-05-30）［2017-12-12］. http：//www.gov.cn/gongbao/content/2007/content_660534.htm.

[12] 苏图简介［EB/OL］.［2018-02-01］. http：//www.szlib.com/AboutSzlib/AboutSzlib？catId=27.

[13] 文化部. 国家公共文化服务体系示范区（项目）创建工作领导小组关于公布第一批国家公共文化服务体系示范区（项目）名单的通知［EB/OL］.［2014-01-25］. http：//www.mcprc.gov.cn/sjzz/shwhs_sjzz/shwhs_ggwhfwtxjs/201311/t20131111_423498.htm.

[14] 文化馆关于印发《文化馆关于“十五”期间文化建设的若干意见》和《文化部关于深化文化事业单位改革的若干意见》的通知［EB/OL］.（2010-10-18）［2017-10-10］. http：//www.chinabaike.com/law/zy/bw/gw/whb/1356537_5.html.

[15] 文化站管理办法［EB/OL］.（1992-05-27）［2017-10-20］. http：//www.chinalawedu.com/falvfagui/fg22598/23446.shtml.

[16] 谢旭人. 务实进取，努力开创农村综合改革新局面［EB/OL］.（2012-08-20）［2018-01-01］. http：//www. gov. cn/govweb/gzdt/2012-10/08/content_2239422. htm.
[17] 中国互联网络信息中心. 第40次中国互联网网络发展状况统计报告［R/OL］.（2017-08-04）［2018-12-13］. http：//www. cac. gov. cn/cnnic 40/index. htm.
[18] 中国互联网络信息中心. 第41次《中国互联网发展状况统计报告》［EB/OL］.（2018-03-05）［2018-03-06］. http：//www. cnnic. net. cn/hlwfzyj/hlwxzbg/hlwtjbg/201803/t20180305_70249. htm.
[19] 文化部关于群众艺术馆、文化馆管理办法［S/OL］.（1992-05-27）［2018-01-01］. http：//www. 34law. com/lawfg/law/6/1187/law_251634383824. shtml.

英语文献

[1] Administrators of Rural and Urban Public Libraries of Ontario. Guidelines for Rural/Urban Public Library Systems 2nd edition［R/OL］.（2012-01-?）［2018-02-05］. http：//aruplo. weebly. com/uploads/2/8/3/7/2837807/aruplo_guidelines_2nd_edition_january_2012. pdf
[2] Aiste Urboniene，Virginia Jureniene. Cultural Centers as Key Agents of Non-Formal Education［J］. International Journal on Global Business Management & Research，2015：5-14.
[3] Bogen S. Community Centers in Israel［J］. Journal of Jewish Communal Service，2005.
[4] Bowers，William L. The Country Life Movement in America，1900-1920［M］. Port Washington，N. Y.：Kennikat Press，1974.
[5] Brooklyn Public Library. Central Library-History［EB/OL］.［2017-10-10］. https：//www. bklynlibrary. org/locations/central/history.
[6] California Library Services Act［EB/OL］.（2017-? -?）［2017-12-12］. https：//law. justia. com/codes/california/2015/code-edc/title-1/division-1/part-11/chapter-4/article-4/
[7] Colorado Statutes. 2016 Colorado Revised States Title 24-Government-State Libraries Article 90-Libraries Part-Library Law.［EB/OL］.［2018-01-05］.

https: //law. justia. com/codes/colorado/2016/title-24/libraries/article-90/part-1/section-24-90-103/

[8] Hoffman, Karen. Community Centers in Israel [M]. Asssociation of Community Centers in Israel, American Jewish Joint Disstribution Committee in Israel. 1977.

[9] Curry Ann, Green Suzanne, Neill Jessica O'. Regional libraries across Canada: A kaleidoscope of services and governance structures [J]. 2004: 1-32.

[10] DegruyterL. The History and Development of Rural Public Libraries. [J]. Library Trends, 1980: 513-523.

[11] Educational System & Practice in Japan [EB/OL]. [2018-01-01]. http: //www. criced. tsukuba. ac. jp/keiei/kyozai_ide_f3. html.

[12] Excerpts from New York State Law and Regulations of the Commissioner of Education pertaining to Libraries, Library Systems, Trustees and Librarians [EB/OL]. (2009-05-04) [2018-04-04]. http: //www. nysl. nysed. gov/libdev/excerpts/finished_regs/903. htm.

[13] Foutts, James C., ed. American Library Laws [S]. Chicago: ALA, 1943.

[14] George Monger. Rural Community Centres: Indicators of Social and Cultural Change [EB/OL]. Folk Life, 1992, 31 (1) [2016-12-23]. https: //www. tandfonline. com/doi/abs/10. 1179/flk. 1992. 31. 1. 63? journalCode = yfol20.

[15] Gerard Hagg. The state and community arts centres in a society in transformation [J]. Culture Studies: 2010, 13 (2): 163-184.

[16] Grimes J, et al. Public Libraries in the United States Survey: Fiscal Year 2010. [J]. Institute of Museum & Library Services, 2013, 3: 52.

[17] Hajime Hontama. A Study of the Tackling with Lifelong Learning in Kominkan System : Some Problems of Lifelong Learning Forwarding in a Kominkan System [J]. Bulletin of Mukogawa Womens University Humanit, 2005, (53): 83-89.

[18] Han L P. The history of an emerging multilingual public library system and the role of mobile libraries in post colonial Singapore, 1956-1991 [J]. Malaysian Journal of Library & Information Science, 2010, 15 (2):

85-108.

[19] Haruki Nagata. Public Libraries in Japan: Triggers for the renovation of library service models [R/OL]. [2017-12-10]. http://www.kc.tsukuba.ac.jp/div-comm/pdf/Library_in_Japan.pdf.

[20] Heike Koelln-Prisner. Community adult education centers in Germany [J]. Adult Learning. 1997, (1): 25-31.

[21] Israel Association of Community Centers Ltd. Community Building [EB/OL]. [2017-01-02]. http://www.matnasim.org.il/? CategoryID=2246.

[22] Israel Association of Community Centers Ltd. List of Community Center [EB/OL]. [2017-01-02]. http://www.matnasim.org.il/english.

[23] J. Martinez-Vazquez, R. M. Mcnab. Fiscal Decentralization and Economic Growth [J]. World Development, 2003. (31): 1597-1616.

[24] Jackie Sanders & Robyn Munford. COMMUNITY CENTRE PRACTICE — POTENTIAL AND POSSIBILITIES FOR CREATING CHANGE [J]. Journal of Social Work Practice, 2006, 20 (1): 39-50.

[25] Jaka Primorac, Nina Obuljen Koržinek & Aleksandra Uzelac. Access to culture in Croatian cultural policy: moving towards explicit policies [J]. International Journal of Cultural Policy, 2015, (9): 562-580.

[26] Jakobiszyn Monika. DOM KULTURY JAKO INSTYTUCJA UPOWSZECHNIANIA KULTURY WSRÓD OSÓB DOROSLYCH [J]. Zarzadzanie w Kulturze, 2011, 11 (2): 87-101.

[27] James M . Buchanan. The Demand and Supply of Public Goods [M]. Chicago: Rand McNally, 1968.

[28] Jessica Winegar. Culture is the Solution: The Civilizing Mission of Egypt's Culture Palaces [J/OL]. Review of Middle East Studies. 2009, 43 (2): 189-197.

[29] LJ. S. Office of Education Library Services Branch. State Plans under the Library Seniors Act (Supplement 2) [M]. Washington, D. C.: IJSGPO, 1960.

[30] Long S A. Regional library systems: a tale of cooperation that grew America's public libraries [J]. New Library World, 2005, 106 (11/12): 556-558.

[31] Magdi Wahba. Cultural Policy in Egypt [M]. [United Nations] Educa-

tional, Scientific and Cultural Organization, 1972.

[32] Mc R P, Mc J. Organizational Diseconomies of scale [J]. Journal of Economics & Management Strategy, 2010, 4 (3): 399-426.

[33] Membership in the Library System [EB/OL]. [2018-03-03]. https://dpi.wi.gov/pld/boards-directors/administrative-essentials/system-membership.

[34] Merril,Julia W., comp. RegionalandDistrzct Library I~ws. Chicago, ALA, 1942.

[35] Mississippi Library Commission. Mississippi Trustee Handbook [S/OL]. (2017-? -?) [2018-05-05]. http://mlc.lib.ms.us/wp-content/uploads/2015/04/FINAL-DRAFT-Trustee-Handbook-2017-091217.pdf.

[36] Moira Mckee Statistician. Partcipation in Core&Regular Library Activities in Northern Ireland 2016/17 Annual Report [R/OL]. (2017-08-31) [2018-05-05]. http://www.librariesni.org.uk/AboutUs/OurOrg/Statistics% 20 Documents%20201617/Participation_in_Core_and_Regular_Library_Activities_2016_17_Report.pdf.

[37] New York Public Library. History of The New York Public Library [EB/OL]. [2017-1-21]. https://www.nypl.org/help/about-nypl/history.

[38] New York State Library. What is a Public Library District [EB/OL]. [2017-09-09]. http://www.nysl.nysed.gov/libdev/libs/pldtools/guide/1what.htm.

[39] Office of the legislative auditor State of Minnesota. Public Libraries Evaluation Report [R/OL]. (2010-03-?) [2018-01-01]. http://www.auditor.leg.state.mn.us.

[40] Queens Library. Queen Library [EB/OL]. [2017-12-01]. http://www.queenslibrary.org/about-us.

[41] Ren, X., D. L. Andersen. Public library systems in New York State: A history and survey [J]. Journal of Library Administration and Management, 20084 (1): 20-45.

[42] Robert Allan Carter. Public Library Law in New York State [S/OL]. (2006-07-?) [2017-08-08]. https://www.nyla.org/images/nyla/files/Public_Library_Law.pdf.

[43] Sarah Ann Long, "Systems, Quo Vadis?" In Advances in Librarianship [EB/OL]. (2015-03-09) [2017-12-12]. https://doi.org/10.1108/

S0065-2830（1995）0000019008.
[44] Steven Van Walle, Steven Van Roosbroek, Geert Bouckaert. Trust in the Public Sector: Is There Any Evidence for a Long-term Decline?［J］. International Review of Administraive Sciences, 2008, 74: 45-62.
[45] Takamichi Uesugi. Local Education Authorities' provision for the aged in Japan［J］. International Journal of Lifelong Education, 1991, 10（3）: 207-211.
[46] The New York State Senate. Establishment of a public library［EB/OL］.［2018-01-05］. https://www.nysenate.gov/legislation/laws/EDN/255.
[47] Tokyo Mctropolitan Library［EB/OL］.［2018-05-02］. https://www.library.metro.tokyo.jp/chinese/.
[48] Tom Miller. Quality of Community Life and Whose Responsibility It Is［EB/OL］.（2016-07-07）［2018-03-03］. http://www.n-r-c.com/quality-of-community-life-and-whose-responsibility-it-is/.
[49] TROY D. GLOVER. The 'Community' Center and the Social Construction of Citizenship［J］. Leisure Sciences, 26: 63-83.
[50] Wheeler, Toseph L. The County Library［J］. Library Journal, 1917: 4283-4289.
[51] Xiaoai Ren. New York State Public Library Systems and Their Services［J］. Public Library Quarterly, 2013, 32（1）: 46-67.
[52] Yoko Sone, Heihachi Asano, Takashi Uchida. Disseminating information technology at the kominkan: a strategy for facilities management［EB/OL］. Facilities. 2002, 20（7/8）: 271-278.［2017-09-21］. https://www.emeraldinsight.com/doi/full/10.1108/02632770210435189.
[53] California Library Services Act［EB/OL］.（2017-?-?）［2017-12-12］. https://law.justia.com/codes/california/2015/code-edc/title-1/division-1/part-11/chapter-4/article-2/section-18710/.
[54] Haruki Nagata. Public Libraries in Japan: Triggers for the renovation of library service models［EB/OL］.［2018-01-01］. http://www.kc.tsukuba.ac.jp/div-comm/pdf/Library_in_Japan.pdf.

日语文献

[1] 公民館の現状につい [C/OL]. (2014-07-09) [2018-02-03]. http://www.city.fujimino.saitama.jp/doc/2014111300100/file_contents/kouminkan_genjou.pdf.

[2] 松岡要. 日本の公共図書館 [R/OL]. [2005-03-31] (2018-01-10). http://www.mext.go.jp/a_menu/shougai/tosho/houkoku/06082211/013.pdf.